어린이
Play Therapy 마음 치료

어린이

상처를 힘으로 바꾸는 놀이 치료 심리학

마음 치료

정혜자 지음

Play Therapy

교양인
GYOYANGIN

| 일러두기 |

1. 이 책에 등장하는 어린이들의 이름은 모두 가명입니다.

2. 책에 소개된 그림을 통한 심리 분석은 수준 높은 전문성이 필요한 일입니다. 오랜 기간의 심리 검사 훈련과 임상 경험이 필요하며, 섬세한 감수성과 발달된 직관적 지혜도 필요합니다. 또 신뢰도가 검증된 표준화 검사가 그 객관성을 뒷받침해주어야 합니다. 훈련받지 않은 상태에서 호기심으로 함부로 그림을 해석하려는 시도는 삼가야 합니다.

어린이가 비춰주는 내 안의 '나'

내가 어린이의 아픈 마음에 관심을 기울이는 것은 내 어렸을 적 외로움에 대한 다독임이다. 나의 유년은 전쟁과 함께 흘러갔다. 그 시절 나는 대문에 걸터앉아 돌아오지 않는 아버지를 하염없이 기다렸고, 일터에 빼앗긴 어머니를 대신하여 동생을 돌보며 집을 지켰다. 때로는 혼자 남아, 둥지로 돌아가는 참새들을 부러워하며, 붉은 노을을 입고서 포성에 묻힌 어머니의 발자국 소리에 귀를 모았다. 그러나 저마다 생존의 몸부림이 너무 처절한 시절이어서 그때 내가 겪은 외로움, 그리고 그 곁에 들러붙은 두려움과 배고픔과 기다림에 대해 어느 누구도 마음을 공유해줄 수 없었다. 다만 그것을 홀로 감당해야 했다.

전쟁은 국토의 허리를 동강낸 채 끝났다. 나는 초등학생이 되었고, 그나마 하루하루 땅거미가 지면 만날 수 있었던 어머니와 떨어져 친척 집에 얹혀 사는 세월을 10년 정도 겪게 되었다. 그래서 양이 차기도 어려웠거니와 눈물과 한숨이 섞인 눈칫밥을 먹을 수밖에 없었다. 그 눈칫밥 10년은, 지금 내가 만나는 어린이들의 다양한 아픔을 이해할 수 있는 기반을 다져준 세월이었다. 멀어서 친구 없이 혼잣말을 읊조리며 다니던 등하교 길에서도 다람쥐와 은행나무를 친구로 삼을 줄 알게 되었고, 옷에 구멍이 나면 누구의 도움 없이 꿰매는 방법을 터득했으며, 학교에 제출해야 하는 각종 서류도 한자를 익혀 가며 내가 써서 제출할 수 있었다. 지각이 잦은 탓에 느껴야 했던 수치심도 이겨낼 수 있게 되었고, 준비물을 챙기지 못해서 겪는 조바심도 견딜 수 있게 되었다.

그렇게 그렇게 어지간한 어려움을 이겨냈지만 스스로 해결할 수 없어 괴로운 일 한 가지가 끝까지 남아 있었다. 그것은 바로 뼈저린 외로움을 극복하려 애쓰는 나의 마음을 있는 그대로 이해해줄 어른을 아무리 해도 찾을 수 없었다는 점이다. 그래서 그 시절 마음을 다졌다. "이 다음에 어른이 되면 어린이의 마음을 잘 이해해주는 사람이 되어야지." 아마도 치료실에서, 자기 이야기에 성실히 귀 기울여 준다고 느낀 어린이가 내게 "선생님은 왜 내 말을 잘 들어줘요?"라고 질문하든가, 또는 아무리 심술을 부려도 화내지 않는 나를 보고 "선생님은 왜 화를 안 내요?"라고 물을 때처럼, 그런 어른이 어린 시절 내겐 절실히 필요했다.

어깨에 짊어진 삶의 무게가 버거웠던 어린 시절에, 나를 이해해줄 어른이 곁에 없어 그랬겠지만, 나는 나의 존재와 마음이라는 것이 아주 많이 궁금했다. 나와 치료실에 마주앉아 이야기를 나누는 어린이가 종종 "선생님, 사는 게 왜 이렇게 힘들어요?"라든지, "제 이름은 왜 ○○일까요?", "제 마음은 도대체 어떤 걸까요?", "저는 어떻게 태어난 거예요?", "죽으면 정말로 천국에 갈 수 있나요?" 같은 실존에 관한 진지한 질문을 던질 때면, 그것이 곧 내가 어렸을 적 스스로에게 물던 질문이어서 얼핏 놀라곤 한다. 그러나 오랜 세월 놓지 못했던 그 의문들의 해답을 아직도 찾지 못했기에 어린이들에게 늘 미안하다. 거꾸로, 놀이를 벗 삼아 해답을 찾아가는 어린이의 노력을 지켜보면서 나 자신을 조금씩 발견해 가고 있으니 그런 의문과 해답에서는 오히려 어린이가 나의 스승이다.

　주변 사람들과의 이야기 통로가 없어 갑갑했던 어린 시절의 아쉬움 때문에 나는 심리학에 유별난 호기심을 느꼈다. 내 삶에 남겨진 고통은 심리학을 공부하면서 많은 위로를 얻었다. 그런 이유 때문에 나는 심리학 지식을 기반으로 삼아 마음 아픈 어린이와 교감하는 일이 내게 맡겨진 소임이라 여겼다. 그리고 흐뭇한 마음으로 어린이와 교감하는 여러 해를 보내고 보람도 마음 가득 느꼈다. 그러나 시간이 흐를수록 어린이를 심리학이라는 틀에 가둬 두고 이해하는 것이 얼마나 큰 잘못이고 부끄러움인지를 깨닫게 되었다. 어린이는 우주와 동일한 존재이고 내가 가진 심리학의 지식은 그런 어린이의 아주 작은 일부를 보여줄 뿐인데 그런 사실을 알아차리기까지 꽤 많은 시간이 걸렸다.

　다행스럽게 나는 각처의 대중에게서 존경받는 불가(佛家)의 스승으로부터 그러한 깨달음을 구할 수 있었다. 나는 스승의 가르침에서 심리학보다 더 넓은 인간 이해의 길을 엿볼 수 있었다. 그리고 어린이를 진정으로 이해하고 변화시키는 길은, 심리학적 전문 지식이나 기교보다 사심 없이 비운 마음으로 어린이의 마음과 만나는 것이며, 그렇게 한 마음으로 만날 때라야 자유분방하고 거침 없는 전문적 역량이 솟아난다는 것을 알게 되었다.

지금보다 젊었던 시절, 더러 글쓰기를 요청 받곤 했다. 그때는 월간지에 실릴 정도의 어설픈 원고를 겁 없이 쓰곤 했다. 그러나 세월이 지나면 자신의 글을 다시 거둬들이고 싶어질 수 있다는 스승의 말씀을 들은 후에는 부끄러움 때문에 글쓰기를 삼갔다. 오랜 시간 깊은 가르침을 주신 스승께서는 책이란 본인이 세상을 떠난 지 30년 후에 제자들에 의해 씌어져야 진실로 값진 것이라고 말씀하셨다. 30년이란 세월이 흘러도 그 내용이 많은 사람들의 공감을 불러일으킨다면 그것이야말로 시공을 넘는 홍익 정신의 발현이 될 것이기 때문이다. 무수한 세월이 지났어도 여전히 많은 사람들에게 사랑받는 불경이나 성경, 사서삼경도 모두 성현의 주옥 같은 말씀을 기려 그 제자들이 모으거나 쓴 글인 것을 보면, 평범한 사람으로서 글쓰기가 얼마나 어려운 것인지 지금도 조심스럽다.

그럼에도 불구하고 세 가지 그럴 만한 이유 때문에 뒷날의 후회를 각오하면서 그동안의 망설임을 과감히 깨뜨리고 책을 펴낸다.

첫 번째 이유는, 생활 방식의 급격한 변화와 경쟁이 치열한 사회적 분위기로 말미암아 어린이들의 정신 세계가 많이 복잡해져서 놀이 치료의 필요성이 절대적으로 높아졌기 때문이다. 지금 어린이들은 과거에 비해 더욱 다양해진 병리 증상 때문에 괴로워하고 있다. 또래 사이에서 느끼는 소외감 때문에 어깨를 더 많이 움츠리고 지내며, 사이버 문화에 젖어 현실과 가상의 경계가 흐리고, 생각보다 심각한 비행에 노출되어 있다. 상담 현장의 예를 보더라도, 동일한 증세를 지닌 어린이의 경우 몇 년 전에는 1년의 치료 기간이면 충분했던 것이 최근에는 1년 6개월의 시간이 필요하다. 또 몇몇 학부모의 실제 하소연을 들어보더라도 과거에는 감히 생각하지도 못했을 일들이 가정에서 벌어지고 있다. 이를테면 어린이가 주방 식칼을 들고 동생을 위협하는 것이 그 예다. 상징적인 놀이에서 사람을 죽이는 장면이 과거에 비해 훨씬 더 엽기적으로 표현되는 것도 한 예이다.

두 번째 이유는, 각종 문제로 시달리는 자녀를 도우려 어린이와 똑같이 고통의 세월을 감내하는 학부모에게, 기다림에 대한 위로가 필요한 동시에 놀이 치료에 대해 좀 더 상세한 안내가 필요하기 때문이다. 다음과 같은 경우를 한 예로 들 수 있다.

어떤 학부모들은 어린이의 치료 기간이 짧기를 원한다. 경우에 따라서는 치료자나 어린이에게 치료 기간을 단축하기를 은근히 재촉한다. 그러나 어린이 인성의 성장은 꽃이 피고 열매를 맺는 자연의 이치와 같아서 때를 기다려야지 무조건 서둘러서는 성공을 기대하기 어렵다. 어른들의 욕심에 맞추어 치료자가 적극적으로 치료 기간 단축을 시도하는 것은, 비유컨대 비닐하우스 재배나 유전자 조작으로 수확을 늘리거나 앞당긴 작물을 먹거리 삼는 것, 또는 양계장의 닭이 전깃불을 태양빛으로 착각하여 수면 부족을 겪으며 낳은 달걀을 먹거리 삼는 경우와 같다.

세 번째 이유는, 최근 들어 놀이 치료나 미술 치료 같은 어린이의 심리 치료에 관심과 열성을 기울이는 동료와 후배들이 많이 늘고 있고 그들에게 선배의 경험담이 절실히 필요한데도 정작 현장의 여러 유익한 정보를 전해줄 경험자가 드물다는 것이다. 놀이 치료는 단순히 어린이와 놀아주는 것에서 그치는 것이 아니라 오랜 수련을 거쳐야 하는 진지한 작업이다. 그렇기 때문에 경험자에게서 얻는 현장 지식은 매우 귀중하다. 놀이 치료는 일정 과목을 수강하여 자격을 취득했거나, 전문적 훈련을 한시적으로 마쳤다고 하여 쉽게 시행할 수 있는 것이 아니다. 놀이 치료자는 한 방울의 물이 바위를 뚫는 것같이 쉼 없고 한결같은 장인 정신으로 단단히 무장해야 한다. 놀이 치료는 긴 시간 어린이와 함께 감정을 공유하고 온몸과 온 마음을 하나로 일치시켜 인간애를 체득하는 마음 수련 작업이다. 또한 순발력과 창의력을 요구하는 종합적 예술 활동이기 때문에 신중하고 경건하게 접근해야 할 일이다.

여기에 실린 글들은 놀이 치료를 위한 전문 교재의 성격을 지닌 것이 아니다. 놀이 치료 현장에서 일어나는 일들을 혼자만 알고 있기 아까워서 동료나 후배들에게 실질적인 도움이 되기를 바라며 가볍게 담소하듯 들려주고 싶은 체험을 모은 것이다. 더불어, 놀이 치료에 임하는 치료자들이 한국의 정신적 뿌리가 무엇인지 생각해보기를 바라고, 한국인의 기본 정서를 잊지 않기를 바라고 써 내려간 글이다.

부디 이 책과 인연 맺은 모든 치료자들이 어린이와 호흡을 나누며 행복해지고, 치료자와 인연 닿은 모든 어린이들 역시 힘찬 걸음으로 도약하고 전진할 것을 기대해본다.

2008년 6월

언제나 어설퍼서 쑥스러운

정혜자

차 례 --

9장_동양 정신에서 배우는 치료자의 자질과 덕목

Play

①장 놀이 치료란 무엇인가 ▶▷

Therapy

왜 놀이 치료가 필요할까?

최근 들어 놀이 치료 기관을 찾는 어린이들이 많이 늘고 있다. 놀이 치료에 대한 인식이 확대된 것도 이유의 하나일 것이며 또 어린이들의 정신 세계가 많이 복잡해진 것도 그 이유의 하나일 것이다.

필자의 경험에 따르면 2000년대 이후의 어린이들에게서는 이전에 비해 몇 가지 더 염려스러운 경향들이 늘어나는 추세를 발견할 수 있다.

하나, 충동적이고 산만하며 부산스럽다.

둘, 좌절을 견디는 힘, 일상적인 일에 대한 인내력과 지구력이 약하다.

셋, 자기 중심성에서 벗어나지 못해 타인을 배려하는 능력을 계발시키지 못한다.

넷, 공상 세계와 현실 세계의 분리가 모호하다.

다섯, 전인적으로 균형 잡힌 발달을 이루지 못하고 불균형 상태로 성장한다.

여섯, 원시적이고 엽기적인 공격성이 증가한다.

일곱, 틱 장애 또는 투렛*, 아토피, 탈모, 선택적 함묵, 강박 경향, 섭식 또는 배설의 어려움 등 여러 종류의 외현적 증상이 많이 등장하고 있다.

이렇게 과거에 비해 어린이들이 지닌 문제의 심각성이 더 깊어진 것은 아무래도 사회적 분위기의 변화, 가족 체계의 변화, 디지털 시대 생활 문화가 가속이 붙으며 달라졌기 때문일 것이다.

오늘날 부모들은 대체로, 우리 선조들이 여러 자녀를 기르는 동안 시행 착오를 거치며 일군 지혜롭고 실질적인 자녀 양육 기술을 윗대로부터 전승받지 못해서, 정작 자신들의 자녀 양육에는 대단히 미숙하다.

경제적으로 여유를 누리는 부모들은 넘쳐나는 각종 매체를 통해 건조하게 축적한 자녀 양육 지식으로 소수 자녀의 출세를 위해 전심전력하는 경쟁적 교육 태도를 지니고 있으니 어린이들이 감당하기 어려운 수준의 긴장과 불안과 무력감에 시달리게 된 것은 어쩌면 당연한 결과인지도 모른다. 강남 지역 한 어린이의 하소연이 어쩌면 이런 심각성

----

* **틱(tic) 장애** 근육이 빠른 속도로 리듬감 없이 반복해서 움직이거나 소리를 내는 장애. 주로 얼굴, 목, 어깨에서 나타난다. 원인은 확실히 밝혀지지 않았지만 심리적으로 불안하거나 스트레스를 받으면 심해진다.
투렛(tourette) 틱증과 함께 반복되는 무의식적 행동에 의해 특성화된 신경 장애가 나타나는 질환. 일반적으로 코의 경련을 포함한 안면 경련, 머리 경련, 발을 구르거나 몸을 구부리는 증세가 나타난다.

을 가장 잘 대변해주는지도 모르겠다. "선생님, 우리 집 이사 갔으면 좋겠어요. 우리 동네는요, 애들도 모두 이상하고 엄마들도 모두 경쟁적으로 미쳤어요."

한편, 결혼 생활의 가치관이 달라져서 이혼을 망설이지 않거나 또는 살림살이의 양극화가 크게 벌어져 생활고에 시달리는 부모는 과거와 달리 부모로서 책임감과 역할에 소홀해졌다. 자녀에 대한 책임을 상대 배우자에게 떠맡기거나 방치하거나 학대하거나 유기하면, 어린이의 전반적 발달에 얼마나 큰 손상이 생기는지 그리고 어린이의 마음이 얼마나 오래도록 깊이 상처받는지를 헤아리지 않으려 한다. 이런 부모 역할에 대한 불감증은 결국 어린이를 병들게 하고, 사회 전체를 병들게 하고 그 병폐가 부메랑이 되어 부모 자신에게 돌아온다는 생각을 하지 못한다.

요즘 어린이들은 형제 없이 혼자 자라나는 경우가 많기 때문에 타인과 어울리는 기술을 익히기 어려움은 물론 자기가 최고의 존재인 줄 알기 때문에 타인에 대한 관심과 배려도 올바로 배우기 어렵다. 과잉보호의 후유증으로 독립심과 자발적 의지도 계발하지 못한 상태이니 여럿이 힘을 뭉쳐 약한 친구를 따돌리는 것도 어쩌면 당연한 결과일지 모른다. 더욱 안타까운 일은 그런 행위를 하면서도 수치심을 느끼지 못한다는 것이다.

인스턴트 문화의 발달, 인터넷을 비롯한 통신 시설과 대중 매체의 발달은, 어린이들의 정신을 어지럽게 만들면서도 정작 필요한 사유 능력은 약화시켰다. 또 땀 흘리는 노력의 중요성도 가벼이 여기도록 했으며, 참고 기다리는 것이 이루어주는 보람의 열매가 얼마나 값지고 아름다운 것인지도 모르게 만들었다. 게다가 인터넷 게임의 발달로 더욱 염려스러운 점은, 혼자만의 세계에 갇혀 또래와 교류할 필요성을 느끼지 못하는 어린이들이 늘어나고, 게임 속 상상의 세계와 현실 세계를 분리하지 못해 빚어지는 어린이 폭력이 매우 원시적이고 엽기적으로 변해 간다는 것이다.

앞에 언급한 몇 가지 배경으로 요즘 어린이들의 정신 세계가 많이 복잡해졌을 것이라는 가설은, 똑같은 야뇨 증상으로 놀이 치료를 받더라도 몇 년 전 어린이들에 비해 요즘 어린이들의 치료 기간이 훨씬 길어지고 있으며, 또 놀이 치료와 병행하여 약물의 도움이 필요한 사례들이 점점 늘어 간다는 필자의 경험이 그 타당성을 뒷받침해준다.

필자는 때때로 역설적이면서도 허망하게 마음속으로 혼자 웃을 때가 있다. 주의력결핍과잉행동증후군(ADHD) 어린이를 만나면, "그래, 너희들이 세상을 앞서는 선구자다. 멀티미디어와 벗하며 살아 가야 하는 너희들 시대에는, 음악 듣고 모니터 화면 보고 휴대전화로 말하고 손발까지 동시에 움직이면서 세상과 사물을 탐색하려면 산만함이 필수 아니겠니?" 하고, 또 자폐 성향의 어린이를 만나면 "그래, 너희들이 앞선 것이다. 기계와 인간의 접촉이 인간과 인간의 접촉보다 많아질 세상을 살아 가야 하는 너희들 시대에는 혼자만의 세계에서 즐거움을 누릴 수 있는 것이 특권이며 행복이겠지……. 너희들의 행복과 담박한 마음의 아름다움을 구태여 깨려는 내가 죄를 짓는 모양이다." 한다.

Play Therapy
● ▲ ●

놀이 치료는 무엇인가?

놀이 치료란, 어린이에게 가정에서 부모의 노력으로 해결하기 어려운 심리적 문제가 발생했을 때, 전문가의 도움으로 문제를 극복하는 여러 치료 방법 가운데 하나다. 어린이의 심리적 문제는 전반적인 발달 문제, 정서 문제, 행동 문제, 사회성 발달 문제, 학업 성취 문제, 운동 능력 문제 등을 말한다. 이런 여러 문제는 어린이의 주요 문제가 무엇인지, 어린이의 취향과 성격 및 적성의 장단점은 무엇인지, 문제의 발생과 진행 과정은 어떠했는지, 치료에 들일 수 있는 시간과 비용 등은 어떤지에 따라 알맞은 치료 방법을 선택하게 된다.

예를 들어 어린이가 미술 활동을 좋아한다면 미술 치료를 선택할 수 있고, 이야기 창작을 좋아한다면 독서 치료를 선택할 수 있다. 또 경우에 따라서는 음악 치료, 동작 치료, 연극 치료 등등 다른 치료 방법을 선택할 수 있다. 그러나 음악 치료, 미술 치료, 동작 치료처럼 어느 한 장르의 활동을 주축으로 치료를 전개하는 것은 영양제에 비유하면 단일 영양제에 속한다. 그에 반해 놀이 치료는 음악, 미술, 동작, 이야기 꾸미기, 드라마 전개하기 등을 포함한 다양한 활동을 필요한 상황마다 적절히 선택해 치료를 진행하기 때문에 종합 영양제라 할 수 있다. 따라서 어린이의 전인적 발달을 기대한다면 놀이 치료가 가장 유용한 치료 방법일 것이다.

놀이 치료가 여러 치료 방법 가운데 가장 근본적이면서도 가장 권장할 만한 방법이 될 수 있는 이유는, 어린이의 발달과 심리적 문제의 극복에 기여하는 놀이의 기능이 매우 다양하기 때문이다. 어린이의 성장과 발달 과정에서 가장 자연스럽게 몸에 밴 유익한 생활 리듬이 바로 놀이이며 어린이는 그런 놀이를 통해 자신의 삶을 더 풍부하고 의미 있게 가꿔 갈 수 있다. 즉 놀이는 어린이의 삶에 필요한 총체적 과업이다.

총체적 과업의 속성을 지닌 놀이는 치료 현장에서도 다양한 기능을 수행한다. 어린이들은 놀이에 몰두하면서 공격적 감정을 정화하고, 불유쾌한 기억에서 해방되고, 두려움과 공포를 해결하며, 충격적 외상을 소산시키고(abreaction), 언어와 인지 발달이 진전되고, 자아 기능(자기 내면 세계의 인식과 외부 세계와의 균형 및 조화를 이룰 수 있는 능력)이 강화되고, 운동 능력 함양, 사회적 관계가 증진되고, 인내력과 충동 제어력이 증진되고, 학습 동기가 증진되고, 상상력과 창의력이 발현되는 등 지 · 정 · 의(知 · 情 · 意) 각 분야에서 많은 향상과 인격적 고양을 경험할 수 있다. 따라서 놀이 치료는 어린이의 심리적 문제를 극복하는 여러 치료 방법 가운데 가장 유효하고 화려한 치료라 할 수 있다.

놀이 치료의 주요 수단인 놀이는 어린이들이 활동을 통해 보여주는 속마음의 반영이며, 살아 있음의 증거이며, 그동안 쌓아 올린 각종 경험의 노출이며, 어른과 소통하는 폭넓은 언어이며, 어른이 되어 가는 데 필요한 일상 생활의 탐색과 리허설이다. 더구나 전문가와 특별한 친화 관계를 맺으며 이루어지는 치료적 행위의 놀이는 일상 생활의 단순한 놀이와 달리 다음과 같은 치료의 열매를 거둔다. 즉, 그동안 불균형을 이룬 발달 상태에서 단점을 보완하여 전체적으로 균형을 유지하려는 경향으로 나아가기도 하고, 전반적으로 부진한 상태에 있던 발달 속도에 추진력을 붙이기도 하고, 균열되거나 복잡하게 얽혀 있는 마음을 잘 정리하고 통합하는 방향으로 나아가기도 하며, 평소에 드러내기 어려웠던 호기심과 무의식적 갈등들을 자유롭게 개방하거나 발산하기도 한다.

이처럼 어린이들이 놀이를 통해 갈등과 고뇌를 정화하면서 전인적 성장을 이루려면, 놀이가 일상적 놀이를 뛰어넘어 발달을 촉진하거나 마음의 상처를 치유하도록 분위기가 조성되어야 하고 이런 분위기 조성에 크게 영향을 끼치는 치료자의 전문성이 절대적으로 필요하다. 전문성을 갖춘 치료자와 친화 관계로 결속된 신뢰감 속에서 어린이들은 치료자의 수용, 지지, 공감을 기반으로 안정되고 고무된 새로운 인간관계를 경험하면서 그동안 자신을 가두었던 좁고 어두운 터널을 지나 무지개가 피어오르는 새 세상을 바라볼 수 있게 된다.

어린이들이 놀이로 표현하는 마음의 세계는 구어적 표현이 아닌 상징적 표현의 세계이기 때문에, 놀이 치료에서는 치료적 분위기를 조성하는 치료자의 전문성과 아울러, 은유나 상징적 표현을 심층적으로 깊고 넓게 이해하는 치료자의 전문성 또한 필요하다. 그런데 이런 전문성은 지식을 통해 얻을 수 있는 것이 아니라 어린이들과 희로애락을 공유하면서 세월이 쌓아주는 치료자의 마음 수련과 순수한 직관으로 몸으로 체득되는 것이기 때문에 결코 쉽게 얻을 수 있는 것이 아니다.

일상적 놀이와 달리 치료적 놀이는 교향곡의 흐름과 흡사한 일련의 심리적 과정을 거친다. 일반적으로 놀이 치료 초기에는 아동이 치료자와 친화 관계를 구축하며 새로운 행복감에 젖어 그동안 자신을 괴롭혔던 속 깊은 갈등을 조금씩 조금씩 겉으로 드러낸다. 그러다가 치료자에 대한 신뢰와 치료 분위기에 대한 안전감이 확대되면 억눌렸던 불안과 공포, 적개심 등 복잡하고 격렬한 감정들이 용솟음치듯 자유롭게 표현된다. 때로는 공상의 세계로 후퇴하기도 하고, 아기 시절로 되돌아가기도 하고, 이미 있던 증상이 악화되거나 없던 증상이 새롭게 나타나기도 한다. 그러나 이런 후퇴는 오히려 치료 상황의 진전을 의미하는 것이며 더 많이 전진하기 위한 일시적 퇴행이기 때문에 염려할일이 아니다. 거침없이 표현되는 부정적 감정들이 전진과 후퇴를 거듭하면서 남김없이 정화되면 어린이는 자신의 삶을 새롭고, 밝고, 맑은 눈으로 힘 있게 바라보게 된다.

놀이 치료는 어린이 자신이 종료 신호를 표현할 때까지 치료자와 부모가 모두 인내해야 하는 신중함이 필요한 과정이다. 만일 어린이 자신이 준비가 되어 있지 않은 마음 상태에서 종료를 하게 되면 애착 대상에 대한 상실 경험이 도리어 추가되어 마음의 상처가 더 커질 우려가 있다. 반대로 어린이 자신의 종료 신호에 따라 놀이 치료가 종결되면 어린이는 인생의 여정 어느 한 시점에서 어려운 돌파 과제를 아름답게 열매 맺는 성공 경험을 얻는 것이며, 새로운 도전과 도약에 자신감을 배가시킨 성숙의 계기를 거머쥐는 것이다.

놀이 치료를 전개하는 과정에서 치료자는 심리 검사에서 파악하기 어려운 어린이의 전반적 발달 상태, 발달 불균형의 요인, 핵심적 갈등의 배경 등을 세밀하게 진단하기가 더 쉬워진다. 특히, 심리 검사가 필요한 상황이지만 심리 검사에 매우 부정적인 어린이, 표준화된 심리 검사를 적용하기 어려운 발달 수준이거나 연령대가 낮은 어린이들에게는, 놀이 치료 과정에서 이루어지는 관찰이 매우 유용한 진단의 가치를 지닌다. 그밖에도 서구와 다른 양육 태도와 정신 문화의 차이 때문이거나, 또는 한국만의 독특한 상황에서 발생 가능한 병리 현상을 국제 진단 분류에서 찾아내기 어려운 경우에 놀이 치료 과정에서 하는 관찰이 진단을 넘어 진실로 어린이를 이해하는 지름길이 될 수 있다. 그리고 놀이 치료 과정에서, 언어나 인지 발달, 정서와 사회성 발달, 운동 기능 발달 등을 포함한 발달 영역 전반에 걸친 현재의 발달 수준, 그밖에 어린이의 이해를 돕는 외양, 습관, 천성, 가족 관계, 부모의 훈육 상황 등 세밀한 관찰 내용을 기반으로 한 진단은 놀이 치료의 진전과 함께 어린이들이 나아갈 방향을 설정하고 가족의 도움을 구체적으로 제안하는 데 큰 도움이 된다.

Play Therapy
• ▲ •

놀아주는 것과 다른 점은?

어떤 사람들은 놀이 치료를 어린이와 함께 놀아주는 것 정도로 알고 있다. 그러나 이는 아주 잘못된 생각이다. 치유 기능이 빠진 놀이라면 놀이 치료라 할 수 없으며, 어린이의 발달 전반에 관한 지식을 기초로 심리적 문제와 그 배경을 이해하는 전문성을 갖춘 치료자에 의해 문제의 극복 과정이 단계를 밟아 차근차근 전개되는 것이 아니라면 놀이 치료라고 말할 수 없다.

놀이 치료에서는 놀아주는 것과 달리 치료자는 어린이를 만나는 순간부터 헤어지는 순간까지 항상 미세한 행동 하나하나를 세밀히 관찰함으로써 그 변화의 의미를 놓치지 않는다. 또 어린이와 대화를 나누면서도 그 대화의 내용이 어떤 심리적 의미를 내포하고 있는지, 어휘 사용은 어떤지, 억양의 높낮이와 목소리 강약과 호흡의 장단이 어떻게 변화해 가는지를 세밀히 관찰해 어린이를 최대한으로 이해하려 노력한다. 그뿐 아니라 놀이가 치료가 되려면 어린이의 놀이 행위에 대한 치료자의 반응도 어린이의 성장과 발돋움에 도움이 되는 방향으로 호흡을 맞추어야 한다.

어린이가 치료자와 놀이방에 익숙해진 후 자신이 선택하고 싶은 놀잇감을 찾으며 처음으로 노래를 흥얼거리는 장면을 보고 치료자가 반응하는 예를 보면 단순히 놀아주는 것과 놀이 치료의 차이를 잘 구별할 수 있을 것이다.

단순히 놀아주는 것의 예시

치료자 : "네가 부르는 노래는 무슨 노래야?"

어린이 : "곰 세 마리요."

치료자 : "으응, 그걸 누구한테 배웠니?"

어린이 : "유치원에서요."

치료자 : "그렇구나. 노래를 잘 부르는구나."

놀이 치료의 예시

치료자 : "네가 놀잇감을 고르며 노래를 부르는 건 오늘이 처음인 것 같다."

어린이 : "그래요? 오늘은 기분이 좋아요."

치료자 : "그렇지, 기분이 좋을 때는 저절로 노래도 나오지."

어린이 : "오늘은 할머니네 가요."

치료자 : "오호라, 할머니 댁에 가기로 해서 기분이 좋아진 거구나."

어린이 : "할머니는 나만 보면 우리 예쁜 손주 하면서 안아줘요."

치료자 : "으음…… 할머니의 사랑을 생각하니 기뻐서 노래가 나온

거네"

어린이 : "어렸을 때 나는 할머니랑 살았어요."

치료자 : "그랬구나, 어려서 정든 할머니와의 기억을 마음에 간직하고 있었구나."

단순히 놀아주는 것과 치료를 목적으로 도와주는 놀이의 가장 뚜렷한 차이는 어린이가 속마음을 여느냐 아니냐에 달려 있다. 그냥 동무처럼 놀아줄 때에는 어린이가 깊이 감춰 둔 마음이 잘 열리지 않는다. 어린이의 성장 잠재력을 철저히 존중하는 치료자의 신뢰와 따스함, 긍정적인 마음이든 부정적인 마음이든 모두 수용하고 공감하는 치료자의 지지, 어떤 이야기라도 진지하게 들어주는 치료자의 귀 기울임 등으로 놀이를 돕는 분위기가 무르익어야 어린이들은 비로소 속마음을 연다. 그리고 속마음이 열려야 내면의 갈등의 원인을 찾고 그것을 해결하는 노력을 시작할 수 있는 것이다. 따라서 어린이와 놀아주기만 하면 저절로 치료가 된다고 착각하고 어린이 상담을 폄훼하는 사람이 있다면, 또는 어린이 마음이 뭐 그렇게 복잡하기에 어린이 상담이 어른보다 어렵겠느냐고 여기는 사람이 있다면, 지금 당장 자신의 그릇된 생각을 바로잡기를 바란다.

엄마가 놀이 치료를 할 수는 없을까?

요새는 엄마를 치료자로 훈련시켜 어린이 문제를 해결하는 것에 관심을 지닌 사람들이 늘고 있다. 치료가 끝난 뒤에도 부모에게는 원활히 지속해야 하는 자녀 양육의 과제가 남는다. 이런 점을 감안하면, 어린이의 일상 거동에 대한 관찰과 이상 신호를 발견하는 눈을 높이는 것은 물론, 또 다른 문제가 발생했을 때 그 문제를 해결하려는 의지와 대처 능력을 높여 궁극적으로 엄마가 치료자와 같은 자질을 갖추는 것이 바람직하다. 어린이가 엄마와 애착 형성에 실패했거나 모자(母子) 사이의 마찰이 잦은 상황이라면 전략적 차원에서 엄마와 자녀 사이의 친밀감 형성을 위해 엄마를 놀이 치료자로 훈련시키는 것이 그런대로 바람직하다.

그러나 치료가 진행 중인 상황에서, 엄마의 마음에 퇴행이 일어나거나 또는 어린이의 퇴행에 대해 엄마가 치료자인 놀이에서의 허용과 치료 장면 밖 일상 생활에서의 금지가 모호해지게 되면, 도리어 엄마가 치료자 역할을 맡는 것이 어린이 치료에 혼란을 초래할 수 있어 주의

가 필요하다.

　대체로 어린이의 놀이 치료가 진행되는 동안에는 엄마들도 자신의 과거를 되돌아보게 된다. 지난 시절 모자람이 많았던 엄마 역할에 대한 죄책감을 비롯하여 친정 부모로부터 영향 받은 자신의 문제점에 대한 자각, 자신의 부족한 점을 자녀에게 대물림하게 된 데 대한 좌절과 불만, 치료를 받으면서 건강해지는 자녀에 대한 부러움 등, 엄마의 마음을 동요시키는 여러 가지 요인들이 있다. 그래서 자녀의 치료자에게 어리광을 부리듯 상처 입은 자신의 마음을 의지하고 위안 받고 싶은 마음이 일어난다.

　때로는 자녀의 퇴행과 맞물려 치료자를 가운데 놓고 경쟁하는 상황이 발생하기도 한다. 경쟁적 상황이 아주 나쁘게 전개될 경우에는, 엄마가 치료자에게 자신의 엄마 자리를 빼앗기는 것처럼 오인하여 그 위험에서 벗어나려고 자녀의 치료를 갑작스럽게 중단하기도 한다. 이런 상황에 이르면 엄마에게 치료자 역할을 담당하도록 훈련시키는 것은 엄마에게나 자녀에게나 다 해롭다.

　엄마가 치료자가 될 때에는 자녀와의 관계를 증진하는 역할 이상을 뛰어넘을 수 없는 한계에 부딪힐 수 있다. 전문가 훈련을 받은 치료자와 함께 놀이하는 시간과 공간은, 일상 생활의 시공간과 명확히 다른 경계가 그어져 있다. 일반적으로, 전문적 놀이 치료가 행해지는 치료실은 일단 일상 생활과 이어지는 외부와 벽으로 차단되어 있으며, 치료실 안의 놀잇감 또한 일상적 활동과 달리 치료 전략에 알맞게 마련되어 있다. 치료자와 맺는 관계 또한 우호적 동맹 관계로 맺어진 사이라서 치료실에서만큼은 어떤 마음이든지 숨기지 않고 모두 공개할 수 있는 자유로운 분위기가 보장된다. 그래서 어린이들은 아무런 두려움도 없이 마음을 푹 놓고, 아무에게도 개방하지 못했던 마음을 모두 다 드러낼 수 있다. 가장 깊은 곳에 묻어 두었던 부끄러운 마음들, 일상 생활에서는 이성이 걸러내기 때문에 감춰 두는 마음들을 치료실 안에서 치료자에게는 감출 필요가 없어 비밀이 사라진다. 그런데 엄마가 치료자가 될 때에는, 치료실 안에서와 같이, 또 치료자 앞에서와 같이 자녀의 비밀스러운 마음이 공개되거나 이성으로 걸러내지 않은 원초적 본마음이 공개되기가 어렵다.

엄마가 치료자가 될 때 부딪칠 수 있는 또 다른 한계는, 엄마가 엄마이면서 치료자인 두 얼굴의 모순을 극복하기가 어렵다는 점이다. 만일, 일상 생활과 치료 상황의 시간과 공간의 구별이 모호한 채, 또는 자녀의 행동에 대한 엄마의 허용과 제한이 모호한 채 엄마와 하는 놀이 치료에서 퇴행이(예를 들어, 엄마의 웃옷을 들추고 젖을 빨려는 행동 같은 것) 일어나는 시기를 맞으면, 치료자인 엄마가 일상 생활에서 일어날 수 있는 퇴행을(예를 들어, 엄마의 친구 모임에서 옷을 들추고 엄마 젖을 빨겠다고 요구하는 행동) 감당하기 어렵게 될 것이다. 일상 생활과 치료 상황을 왔다 갔다 하는 뒤섞인 상황에서, 똑같은 행동을 두고 일상의 엄마였을 때는 제한했다가 치료자일 때는 허용하는 두 얼굴의 모순을 극복하기 어려울 것이다.

그래서 엄마를 놀이 치료자로 훈련시킬 때에는, 가능하면 반드시 가정에 마련하는 놀이실도 다른 공간과 분명하게 구별되도록 안내해야 한다. 또 일생 생활에서 제한된 행동과 놀이실에서 허용되는 행동을 명확히 구별할 수 있도록 안내해야 한다.

내 재산은 비밀이에요

취학 전 승환이는 남자 어린이지만 유모차에 인형을 태우고 유모차 바구니에 물건을 채우며 장 보는 놀이를 매우 즐긴다. 삐삐와 휴대폰을 잃어버리지 않도록 유모차 손잡이에 걸어놓고, 꽃으로 장식된 슬리퍼를 신고, 어깨에 가방을 메고 나서면 영락없이 아기를 데리고 시장에 가는 주부의 모습이다. 한 손은 언제나 유모차 손잡이에 얹어 유모차를 굴리고, 다른 한 손은 언제나 돈이 가득 든 지갑을 쥐는데, 지갑이 두둑해서 그런지 물건을 하나씩 구입하여 유모차 바구니에 넣을 때마다 어깨를 으쓱거린다.

승환이는 물건을 하나씩 유모차 바구니에 채우고 돈을 지불하고 나면 어김없이 놀이실 구석으로 아기가 타고 있는 유모차를 이동시킨다. 그리고 자신은 치료자를 등지고 선 채 주변을 한 번 둘러보고 몰래 지갑을 열었다 닫으며 남은 돈뭉치를 확인한다. 놀이실에는 치료자 이외에 자기를 주목하는 사람이 아무도 없는데도 그렇게 한다. 마치 기어가는 벌레를 발견하고는 다른 병아리에게 빼앗기지 않으려고 서둘러 벌레를 입에 문 채 재빨리 날갯짓하며 뛰어 도망가는 병아리처럼……

Play Therapy
● ▲ ▲

놀이 치료의 무한한 응용 범위

  학문으로서 놀이 치료가 발전하는 과정을 살펴보면 초기에는 주로 심리적 문제를 해결하는 데 관심이 컸다. 그러다가 사회 분위기가 매우 복잡해지면서 어린이의 정신 세계도 복잡해지고 문제 유형도 다양해지면서 놀이 치료의 대상이나 방법, 그리고 응용 범위가 점차 넓어졌다. 대략 몇 가지만 떠올려보더라도, 불안이나 우울함 같은 내면화된 정서 문제, 주의 산만이나 도벽처럼 외현적인 행동 문제, 사람과 접촉을 피하는 사회적 적응 곤란의 문제, 공부가 마음 먹은 대로 안 되는 학업 부진 문제, 각각의 발달 영역의 불균형이 심한 전반적 발달 문제, 감각 기관과 운동 신경의 통합이나 협응 능력의 미숙함, 언어 발달의 이상 등등 어린이의 성장과 발달에 속하는 거의 모든 영역의 문제들을 놀이 치료로써 극복하려는 시도가 늘고 있고 또 그 효과에 관해서도 긍정적인 보고들이 늘고 있다.

  그런데 여기서 따로 언급하고 싶은 것은 놀이 치료가 광범하게 응용될 수 있고 그 결과가 긍정적인데도 오해를 빚는 안타까운 경우가 있다는 점이다. 즉, 학업 성취의 좌절을 극복하는 학습 치료나, 발달의 불균형을 극복하는 발달 장애 치료나, 언어 문제를 극복하는 언어 장애 치료에서 때때로 놀이 치료의 형식을 빌렸을 때에 효과가 더 커지는 경우가 많은데도 치료자가 선택한 놀이 치료 방법이 학부모, 심지어는 동료 치료자들의 의구심과 저항에 부딪치는 경우가 종종 발생한다는 점이다.

전체적으로 지적 능력은 평균 이상이지만 특정 인지 영역의 결함 때문에 학업 성취에 실패하는 학습 장애 어린이, 지능은 우수하지만 학업 동기가 낮거나 학습 습관이 나쁘거나 학습 전략에 미숙하여 학업 성취에 실패하는 학업 부진 어린이, 지적 능력이 취약하여 공부를 하기는 하지만 성적이 오르기 힘든 학습 지진 어린이 등은 학업 성취의 좌절 때문에 정서적 문제를 부수적으로 지니고 있는 경우가 대부분이다. 그런데 학습 문제로 괴로워하는 어린이들은 비록 부수적인 문제이긴 해도 이런 정서적 문제가 우선 해결되지 않고는 현실적으로 학습 치료 성과를 바로 거두기가 매우 힘들고 더디다. 그러므로 놀이 치료를 통해 정서적 안정과 자아의 성장을 이끌어 학업 동기를 높인 후 학습 전략을 계획하는 치료 방법이 오히려 더 적절한 경우가 많다. 그러나 부모들은 어린이의 학업 성취에 대한 초조함과 잘못된 인식으로 학습 치료를 정서적 안정 뒤로 미루는 치료자의 치료 전략을 꺼린다.

또한 주의 집중력, 정보 연합, 정보의 범주화, 순차적 정보 처리, 시각 또는 청각 정보에 관한 기억력, 시지각 자극의 형태와 방향 변별력, 시지각 속도, 사고력, 수리력, 어휘의 개념화 능력, 문장 이해력, 공간

지각 능력, 정신 활동의 속도 등 다양한 인지 능력을 검토하여, 놀이 치료 형식을 빌린 두뇌 훈련을 통해 취약한 인지 능력을 함양하고 학습 전략을 세우는 요령을 습득시키는 것이 본래 학습 치료의 목적인데도 불구하고, 당장 학업 성적을 높여주는 학업 지도를 학습 치료라고 오해하는 학부모도 많다. 더욱 당황스러운 일은 어린이의 잠재적 인지 능력의 한계를 고려하지 않고 학습 치료만 받으면 잠재 능력 이상으로 학업 성적이 오르리라고 기대하는 학부모가 많다는 점이다. 이런 잘못된 인식 때문에 학습 치료를 담당하는 치료자가 학부모의 요구로 압박감에 시달리는 일이 종종 일어난다.

언어 발달 문제가 있는 어린이들도 놀이 치료로 상당한 효과를 거둘 수 있다. 놀이 치료의 경우에는, 어린이와 놀잇감 사이에 이루어지는 물리적 상호 관계, 어린이와 치료자 사이의 상호 교류에서 빚어지는 사회적 상황들이 아주 자연스럽게 전개되기 때문에, 그런 상황에 알맞게 어휘를 선택하고 의사 소통을 하는 과정이 반복되면서 화용 언어가 아주 자연스럽게 발달할 수 있다. 그뿐 아니라 치료자와 상호 교류가 진행되는 동안에 분화되는 감정 양식이 다양해지므로 그때마다 어울리는 표현 언어의 능력 또한 섬세하게 발달할 수 있다. 언어 문제 가운데 심리적 원인으로 발생한 유아 언어 사용과 말더듬 문제는, 근본 원인인 심리적 문제의 해결이 곧 말더듬 해결의 열쇠이기 때문에 놀이 치료가 특히 절대적으로 필요하다.

발달 문제 때문에 적응이 곤란한 어린이들도 놀이 치료를 받으면 발달에 추진력이 붙는 것을 필자는 많이 봐 왔다. 아마도 발달 장애의 가장 큰 결함인 언어 발달과 사회성 발달의 취약성을 극복하는 데 가장 많이 요구되는 실질적인 사회적 교류와 언어 교류가 놀이 치료 장면에서 가장 효과적으로 연출되기 때문일 것이다. 그런데 우리가 주목해야 할 점은, 발달 장애아의 놀이 치료는 정서 장애의 경우보다 좀 더 적극적인 치료자의 개입이 필요하다는 것이다. 그러나 이때 적극적 개입이란, 치료자가 주도적으로 선택하는 프로그램을 말하는 것이 아니고, 어린이 자신이 놀이 환경에 마주쳐 자연스럽게 선택한 놀이를 그대로 수용하고 따라가주면서, 발달을 촉진하는 상위 자극을 몇 가지씩(해당 어린이의 발달 수준에 맞아 인지적으로 소화가 가능하고, 또 다음 단계의 발달 과업으로 발돋움이 가능한 자극) 얹어주는 것을 의미한다.

예를 들면, 어떤 어린이가 빨간 자동차를 굴리는 상황이라면, "아무개는 지금 빨간색 자동차를 굴리는구나." 하면서 어린이의 행동을 언어로 표현해주고, 치료자가 노란 자동차를 꺼내고는 어린이의 빨간 자동차 곁에서 나란히 굴리며, "이 노란색 자동차는 아무개의 빨간색 자동차 친구야." 하고 자극을 더 얹어주는 방식의 적극성이다. 이런 방식의 적극적 개입이라야 어린이의 관심과 맞아 어린이 자신의 탐색동기와 충돌하지 않고 발달에 긍정적 영향을 끼치게 된다. 만일, 어린이는 자동차 굴리는 놀이를 선택했는데 치료자가 동그라미 그리는 것을 가르치고 싶다고 생각하여 어린이에게 연필을 쥐고 그림을 그리도록 권유한다면, 이는 어린이에게 일어나고 있는 자발적 관심과 탐색 활동을 꺾는 일이며 발달에도 부정적 영향을 끼치게 될 것이다.

덧붙여, 발달 장애아의 발달 촉진을 위해 치료자가 적극적으로 개입할 때 유의할 점은 어린이의 발달 단계에서 자연스럽게 일어나는 관심과 능력을 존중하고 그 다음 단계에서 나타날 것으로 예견되는 능력을 촉진시키도록 돕는 것이 요령이다. 만약 어떤 어린이가 동그라미 그리는 능력을 향상시키려 애쓴다면, 직접적으로 동그랗게 이어진 점선을 잇는 훈련 과정을 밟도록 돕기보다는, 흰색 칠판에 굵은 펜으로 그린 동그라미를 선을 따라 휴지로 지우는 팔 운동으로 숙달 과정을 거친 후에 자연스럽게 정교한 동그라미를 그리도록 이끄는 것이 바람직할 것이다. 이는 마치 걸음마를 가르치기 위해서, 기어 다니는 아기를 억지로 일으켜 세워 걷도록 돕는 것보다 기는 연습을 많이 하게 도와 걸음마에 진입하는 시기가 저절로 앞당겨지도록 돕는 이치와 같다.

앞으로는 놀이 치료의 응용 범위가 점점 더 확장될 것이다. 지금처럼 개별적으로 행해지는 치료적 성격의 놀이 치료 외에도 음주, 흡연, 임신, 게임 중독, 폭력, 사회적 고립 등 청소년기에 발생하는 문제들을 예방하는 차원의 집단 놀이 치료를 향해 나아가야 할 것이며, 또한 피학대 어린이, 이혼 가정의 어린이, 외국에서 귀환한 동포 가정의 어린이, 외국인 부모를 둔 어린이, 가장 노릇을 하는 어린이, 병리적 부모를 둔 어린이, 병마와 싸우는 어린이, 시설의 보호를 받는 어린이 등 특정 문제 또는 특정 사회 계층을 대상으로 하는 특화된 놀이 치료도 계획되어야 할 것이다. 더 나아가서는 실내에서뿐만 아니고 전원을 이용한 야외 놀이 치료, 사이버 공간을 활용하는 놀이 치료도 필요할 것이다. 나아가 어린이와 청소년만을 대상으로 하는 것이 아니라 노년기 질병의 진행을 막고 치매를 예방하는 데 도움이 될 노인 대상의 놀이 치료도 필요할 것이다.

지금까지는 문제가 있을 때 적용하는 놀이 치료만을 언급했다. 그러나 정신적으로 건강한 어린이에게도 놀이 치료가 매우 고무적이라는 사실을 간과해서는 안 된다. 이 세상에는 완벽하게 훌륭한 부모와 자녀가 있기 어렵다는 것을 감안할 때, 어린 시절의 놀이 치료 경험은 성인이 된 후 자신을 되돌아 볼 때, 좀 더 긍정적으로 자신을 평가하게 도와줄 것이다. 필자의 경험으로는, 비록 어린 시절에는 문제가 있어 놀이 치료를 받았지만, 놀이 치료를 잘 마치고 세월이 흐른 후에는 치료 경험이 없는 다른 또래 친구들에 비해 훨씬 더 성숙하고 훌륭한 인격을 갖춘 사람으로 성장한 사례가 많았다. 이런 점을 고려해본다면, 정신적으로 건강한 어린이에게 놀이 치료 경험을 제공하는 것은, 마치 건강한 사람이 건강을 지키기 위해 보약을 먹어 두는 것과 같은 효과를 기대할 수 있을 것이다.

치료자 중심 대 어린이 중심

현재 많이 적용되는 놀이 치료 방법은 크게 두 줄기로 나뉜다. 하나는 치료자가 주도적으로 놀이 치료를 이끌어 나가는 것이며, 나머지 하나는 어린이가 놀이를 주도해 나가는 방식이다. 경우에 따라서는 이두 가지 방법을 절충하기도 한다. 어느 것을 선택할지는 치료자의 성향과 장점이 무엇인지, 어린이의 문제는 어떤 것인지, 치료에 투자하는 비용과 시간은 얼마만큼 가능한지에 따라 달라진다.

치료자 중심으로 전개되는 놀이 치료

아동이 극복해야 하는 문제가 무엇인지에 따라 치료 목표를 정하고, 그 목표에 도달하기 위한 전체적인 치료 이정표와 전략을 치료자가 체계적으로 기획하여 놀이 치료를 실행하는 것이다. 대체로, 그동안 어린이의 생애에서 발달적인 큰 손상이 없을 경우, 어린이가 겪고 있는 문제의 성질이 그다지 복잡하지 않은 경우, 공통의 특정 문제를(예를 들어, 게임 중독, 흡연, 집단 따돌림 등) 지니고 있는 어린이들을 모아 집단으로 치료를 실행할 경우, 치료 기간을 길게 잡기 어려운 사정이 있는 경우, 경제적 압박으로 단기간 치료를 선택해야만 하는 경우, 치료 효과가 치료자의 주도적 성향으로 더 효과를 발휘할 때 선택할 수 있는 치료 방법이다. 그러나 어린이의 문제나 발달사가 복잡하고, 문제가 발생한 뒤 시간이 많이 흐른 경우에 이 방법의 치료 효과는 일시적 개선에 그칠 수 있다. 더구나 단기간에 끝낸 치료는, 일정 기간이 지나면 같은 문제가 다시 나타나 또다시 치료를 시작해야 하는 경우가 많이 생긴다. 왜냐하면 치료자 중심의 단기 치료는 마치 폐렴 때문에 고열에 시달리는 어린이에게 급한 대로 해열제를 복용시켜 열을 내리게 하고 폐의 염증이 저절로 낫기를 기다리는 것과 같은 대증 처방의 성격을 지니고 있기 때문이다.

어린이가 주도하는 놀이 치료

어린이가 놀이의 흐름을 주도해 나가고 치료자는 어린이의 동반자로서 지지적 입장을 취하는 방법은 기본적으로 어린이의 성장 잠재력을 믿고 존중하는 입장이기 때문에 어린이의 주도에 대한 치료자의 어떠한 간섭도 배제한다. 그러므로 치료의 시작부터 종료에 이르기까지 놀이 흐름은 주로 어린이가 선택하고 주도하며 치료자는 다만 어린이의 마음의 흐름에 발맞춰준다. 치료자는 따뜻한 마음을 유지하면서, 어린이의 성품이 너그럽거나 옹졸하거나 급하거나 느리거나 어떤 경우라도 치료자의 잣대로 재단하지 않고 있는 그대로 온전히 수용하고, 어린이의 말에 귀 기울이고 마음을 함께 나누면서, 모든 어린이가 본성적으로 실현하고 싶어하는 인격적 성장이 순조롭게 진행되도록 돕는 일에 주력해야 한다.

어떤 사람들은 이 방법을 어린이가 놀이를 주도하기 때문에 치료자의 역할이 매우 소극적이고 수동적일 것이라고 오해한다. 그러나 어린이가 주도해 나가도록 지지하는 치료자의 역할은 어린이의 선택과 자발적 의지와 경험을 존중하는 입장이지, 결코 어린이에게 가르침이 없거나 무관심하거나 방치하는 역할이 아니다. 오히려 치료자가 소극적일수록 어린이의 자발적 의지와 자긍심이 점점 상승하므로, 치료자의 역할이 수동적일수록 가장 능동적인 치료자 역할을 수행하는 것이라 할 수 있다.

어린이는 치료자와 접촉하면서 알고 느끼는 치료자의 자질과 성품에 대한 평가가 매우 엄밀하다. 치료자의 반응과 역량이 모자라는 듯하면 치료자를 크게 신뢰하지 않고 마음의 거리를 둔다. 치료자가 과잉 반응을 하거나 너무 앞지르는 듯하면 "선생님 왜 그렇게 '쌩쇼'를 해요?"라며 치료자를 무안하게 만든다. 치료자의 반응과 역량을 신뢰하면 마음의 문을 활짝 열고 "선생님은 왜 내 말을 그렇게 잘 들어줘요?"라든지 "선생님은 내가 말썽 부리는데 왜 화를 안 내요?"라고 물으며, 지금까지 어린이 자신이 경험한 주변 사람들의 반응과 다른 치료자의 너그러운 태도의 이유를 알고 싶어한다. 따라서 어린이가 주도해 나가는 이 치료 방법이야말로 치료자에게는 가장 수승한 성품을 요구하는 것이라 하겠다.

어린이가 놀이를 주도해 나가는 치료 방법은 치료 종료에 이르기까지 인격의 성장 과정을 순차적으로 거치기 때문에 시간이 많이 필요하다. 따라서 시간적·경제적 부담을 감수해야 하는 단점이 있다. 그러나 어린이의 전체적인 인격의 차원에서는, 잘못 구성된 성격 구조를 허물고, 다시 직면하게 될지도 모르는 미래의 여러 가지 위협과 곤란에 과감하고 단단하게 맞서는, 새 사람으로 다시 태어나는 기회가 된다. 인류의 등불이 될지도 모르는 한 어린이가 어둠에 갇혀 있다가 놀이 치료라는 과정을 밟아 빛을 발하게 된다면 이 치료 작업이 인류 발전에 얼마나 큰 공헌을 하는 것이겠는가? 이는 마치 인류가 당면한 기아 문제를 해결하기 위해 식량 정책을 쓰면서, 한편으로 미래를 위해 종의 번식에 유리한 알곡을 갈무리해 두는 것 같은 유익한 일이다. 만일 단기간의 불완전한 치료가 실행되어 어린이의 내재적 자질이 충분히 함양되지 못했다면 이는 알곡을 갈무리해야 하는 식량 정책에서 다만 쭉정이만 얻는 꼴이 될 것이다.

Play Therapy

• ▲ ▲

개별 치료와 집단 치료

자기 문제에 압도되어 스스로 얽어서 만든 고치에 숨어 눈을 감고 지내던 어린이가, 놀이 치료를 진행한 결과 고치를 뚫고 나와 드넓은 하늘을 바라보게 되면, 이 넓게 열린 세상에서 자기가 혼자가 아니라는 것을 알게 된다. 그리고 자기에게 관심을 기울이고 말도 걸어주며, 어떤 일을 함께 해보자고 권유하는 사람들이 있다는 것도 알게 된다. 이렇게 고치 밖 세상에 함께 어울릴 만물과 타인이 있는 것을 알고, 그들과 어울리는 것이 생존에 반드시 필요하므로 관계 맺기를 배우고 연습해야 한다는 것을 깨달으면서, 혼자만의 세계를 즐기던 어린이는 서서히 또래들과 만나고 싶어한다. 그러면 치료자는 어린이가 집단적 어울림에 동참할 수 있을지 발달상의 준비 상태를 점검하고, 어린이의 사회 적응 능력 향상에 보완적 기능을 맡아줄 또래가 있는지 물색한다. 그리고 마침 좋은 짝이 될 또래가 있고, 서로 관심이 생길 만큼 어느 정도 준비가 이루어지면 집단 놀이 치료를 개시한다. 예를 들면 "옆방에서 노는 친구를 초대해서 함께 알까기 하면 안 돼요?" 등의 질문을 한다면 또래에 대한 관심이 생긴 것이다.

또래를 그리워하던 어린이가 또래를 만나 서로 관계를 맺으며 많은 경험을 하는 것은 참으로 큰 기쁨이다. 그러나 그동안 치료자의 조건 없는 사랑을 독차지해 오던 어린이가, 치료자의 사랑을 새삼스럽게 또 래와 나눠 갖게 되는 것은 한편으로는 고통이기도 하다. 어찌 보면 이 고통이야말로 기쁨과 똑같은 무게로 생존에 필요한 귀중품이며, 타인 과 세련된 관계를 맺으며 눈치껏 살아가는 세상살이의 밑거름이자, 고 통을 극복하는 방법을 배워 인격의 고양으로 나아가는 훈습의 과제이 기도 하다.

함께 놀이할 또래를 찾을 때에는, 성향이 지나치게 비슷해서 서로 아무 이익이 없거나 마찰을 빚을 수 있는 경우는 피하는 것이 좋다. 예 를 들어, 공격적 성향이 짙거나 또는 산만함이 지나친 두 어린이가 만 나 공격성 또는 산만함이 더 상승하게 되면 집단 놀이의 효과를 기대 한 만큼 거두기 힘들 것이다. 또 지나치게 조용하고 소극적인 두 어린 이가 만나면 상호 놀이에 대한 자극이 약해서 집단 놀이 진행에 활기 가 떨어질 것이다. 그러므로 또래끼리의 합류는 자석의 N극과 S극이 서로 만나 찰떡 궁합을 이루듯, 서로 보완적 성향의 어린이끼리 구성 하는 것이 바람직하다. 예를 들면, 수줍은 어린이와 활달한 어린이, 타 인에게 관심이 적은 어린이와 사람을 그리워하는 어린이 등이 만나면 상대를 보며 자신에게 부족한 면을 채우고 좋은 점을 배울 수 있어 긍 정적인 또래의 어울림이 될 수 있을 것이다. 마찬가지 이치로 발달 수 준의 차가 커서, 서로에게 관심이 적거나 고무적인 자극을 줄 수 없는 경우라면 집단원 구성에서 제외하는 것이 좋다.

집단 놀이 치료의 바람직한 예를 들어보자. 언어 표현 능력이 우수한 내향성 어린이와 언어 표현 능력이 취약한 외향성 어린이가 함께 어울려 치료자와 함께 일정 기간 치료 회기를 진행하면 양쪽 어린이 모두의 단점이 보강되며 사회적 관계의 기술이 향상될 수 있다.

또래끼리의 놀이 치료도, 집단원 전체가 일정 기간을 정해 만났다 헤어지는 경우가 있고, 개별 치료의 진행 상황을 참고하여 필요에 따라 집단원 각자가 수시로 합류하고 종료하는 개방형 치료가 있다. 일정 기간을 정해 진행되는 집단 치료에는 주의 집중력 향상이라든지, 학습 동기의 향상이라든지, 타인에 대한 관심 늘리기 같은 공동의 특정 목표 달성을 위한 치료도 포함된다.

개방형 집단 치료에서 중요한 것은, 맨 처음에 놀이 집단으로 구성된 또래끼리 협동이 잘 이루어지고, 집단 규칙을 서로 존중하는 전통이 세워지며, 누구나 모범적인 리더가 될 수 있도록 리더십 훈련에 잘 적응하는 것이다. 이렇게 첫 번째 집단에서 필요한 모든 사항들이 잘 지켜지면, 수시로 들고 나는 어린이가 있더라도 집단의 전통은 깨지지 않는다. 새로운 또래가 합류할 때마다, 집단 놀이에 익숙한 기존의 어린이가 새로 맞이하는 또래에게 집단 분위기 유지를 위한 안내자 역할을 잘 수행할 수 있기 때문이다.

많은 학부모가, 타인에 대한 관심이 생기지도 않은 자녀를 집단 치료에 합류시키기 원한다. 아마도 집단 속에 있으면 저절로 집단에 적응하는 것이 가능해질 것이라는 믿음 때문인 것 같다. 그러나 이는 마치, 걷기만 가능한 어린이를 달리기를 하는 어린이들 틈에 넣어 당장 함께 뛰어보라고 요구하는 것같이 무모한 일이다. 다른 영역의 발달과 마찬가지로 사회적 적응 능력의 발달도, 개별 치료를 통해 충분히 준비가 완료되어야만 가능해지는 것이다. 어린이가 집단에 어울릴 준비가 되었다는 것을 알리는 가장 그럴듯한 신호는, 놀이실을 오가며 만나는 다른 어린이에게 관심을 기울이거나 질문을 던지기 시작하는 것이다. 만일, 발달적 준비가 완료되지 않은 상태의 어린이를 무리하게 집단에 합류시킨다면 그것은 곧 모래성을 쌓는 일과 다름없다. 또 결과적으로 어린이 마음에 무리한 압력으로 작용해 시간과 비용과 노력을 투자하면서도 손해를 보는 일이 될 것이다.

때로는 학부모의 기대에서 비롯한 초조감 때문에, 아니면 치료자 자신이 학부모 못지않은 성급한 기대를 품고 준비되지 않은 어린이를 서둘러 집단에 합류시키기도 한다. 치료자는 언제나 무게 중심을 잃지 말고 적절한 시점에 적절한 처방을 내려야 한다는 점을 명심해야 한다.

동시에 다른 놀이 치료를 받는다면?

개중에 어떤 부모는 두 군데 치료 기관에서 동시에 놀이 치료를 받는 것이 치료 효과를 배가시킬 것으로 생각하여 어린이가 두 치료자를 만나도록 계획하는 경우가 있다. 만약에 어린이의 발달 손상 문제를 개선하는 데 초점을 맞추어 두 곳에 치료 교육을 의뢰했다면 그것은 다양한 경험의 차원에서만 치료 효과를 증대시킬 수 있다. 그러나 심리적 문제가 있어 놀이 치료를 의뢰한 경우라면 위험성을 고려해야 한다. 왜냐하면 놀이 치료 과정에서는 어린이가 치료자를 애착 형성의 대상으로 삼는 시기를 거치기 때문이다. 놀이 치료에서 어린이가 애착 대상으로 삼는 치료자는 일상에서 엄마와 같은 존재다. 그러므로 어린이에게 동시에 놀이 치료자를 두 명 만나게 하는 것은, 어린이에게 두 엄마를 만들어주는 것 같은 결과를 낳을 수 있다. 일상 생활에서 엄마가 둘이 생긴다고 가정했을 때 어린이가 겪을 혼란을 생각하면 두 놀이 치료자에게 어린이를 맡기는 것이 얼마나 위험한 일인지 해답이 나온다.

이러한 이치는 어린이가 어떤 유형이든 한 차례 심리 치료를 마치고 잘 지내다가 또다시 새로운 문제가 생겨 다시 치료를 받아야 하는 경우에도 똑같이 적용된다. 이왕이면 먼저 만났던 치료자를 만나게 해주는 것이 새로운 치료자를 만나서 새롭게 치료를 받는 것보다 치료 효과가 더 좋다. 이것은 고향을 그리워하는 나그네가 필요할 때마다 자기가 나서 자란 고향을 방문하여 안식을 얻는 것과 같은 이치다. 산마을에서 자라서 산마을의 공기를 맛보고 싶은 나그네에게 어촌에 내려가 바다 공기를 맡으라고 한다면 얼마나 어색한 위로가 되겠는가? 만약 면접 상담을 하면서 치료자가 그런 상황을 알게 되었다면 예전 치료자를 다시 방문하도록 권유하는 것이 전문가로서 윤리적인 행동이다.

때로는 한 치료자에게 놀이 치료를 맡기고 또 다른 치료자에게 미술 치료 내지 기타의 다른 치료를 동시에 맡기고자 하는 경우도 있다. 이럴 때에는 미술 치료보다 놀이 치료에서 더 짙은 애착 형성 대상을 만들 가능성이 높기 때문에 두 치료자가 의논하여 놀이 치료자에게 어린이와 애착 관계를 형성하도록 맡기는 것이 좋다. 그리고 다른 치료자는 애착 형성이 이루어지지 않도록 유의하는 것이 어린이를 위해 더 바람직하다. 그러나 만일 이미 미술 치료자와 많은 회기를 진행하여 애착 관계가 이루어진 상태라면 놀이 치료는 접어두든지 아니면 미술 치료가 끝난 다음에 새로 놀이 치료를 시작하는 것이 좋다. 물론 놀이 치료가 진행된 상태였다면 미술 치료는 놀이 치료를 끝낸 다음에 시작하는 것이 당연히 좋다. 이런 이치는 비단 미술 치료에만 해당하는 것이 아니다. 음악 치료와 동작 치료를 비롯한 다른 치료와 겹치는 경우 모두에 해당한다.

일반적으로 놀이 치료는 다른 치료 방법에 비해 치료자와 어린이 사이의 정신 역동이나 관계 맺기의 역동이 매우 복잡하게 전개된다. 그때그때 현장에서 일어나는 희로애락의 감정 배설이나 정화는 물론이고 깊은 잠재의식 속에 저장되어 있던 과거의 감정 양식 등이 표출되면서, 놀이를 비롯하여 이야기 나누기, 노래 부르기, 그리기, 작품 만들기, 게임하기 등등의 다양한 활동을 시시각각 자유분방하게 일으키고 꺼뜨린다. 그러므로 놀이 치료는 애착 형성 과정은 물론 저항과 전이의 감정 모두를 잘 해결해야 하는 복잡한 절차가 다른 치료에서보다 더 많이 요구된다. 바로 이 점 때문에 놀이 치료자에게 애착 형성 과정을 맡기는 것이 더 합리적일 수 있다.

놀이 치료의 A to Z

1. 부모가 하소연하는 어린이의 문제가 언제부터 시작되었는지 알아야 하는 것은 물론이거니와 그 문제가 어린이의 연령에 해당하는 발달 과업과 얼마나 상관 있는 병리 수준인지를 잘 고려해야 한다. 예컨대, 흔히 하소연하는 공격성, 주의 산만, 거짓말, 두려움, 배설 장애 등이 그 어린이의 발달 연령에서 있을 수 있는 발달 과업의 한 현상인지 아니면 정도가 심한 병리적 현상인지 잘 가늠해야 한다.

2. 스스로 치료자를 선택하는 어른의 심리 치료와 달리, 부모 손에 이끌려 치료실을 찾는 어린이는 낯선 치료자에게 신뢰감이 쌓일 때까지 아주 많은 시간이 필요하다. 어린이가 몇 살인지, 보호자가 누구인지, 성장 환경은 어땠는지에 따라 치료자를 신뢰하고 속마음을 공개할 때까지 걸리는 시간은 개인 차가 매우 크다. 어른에게 의구심이 낮은 어린이의 경우에는 빠르면 네댓 번의 만남이 지나면서부터 치료자를 신뢰하기 시작한다. 그러나 보호자에게 버려지고 여러 시설을 전전하

며 어른의 학대를 경험한 어린이의 경우에는 일 년이라는 긴 시간이 지나도록 치료자에게 마음을 열지 않을 수도 있다.

3. 치료 장면에서 직접적으로 노출되는 어린이의 언행, 또는 간접적으로 놀이 행위로 표현되는 상징들은, 위장되지 않고 순수한 어린이의 심성이 그대로 반영된 것이기에 매우 진솔하다. 그래서 회기가 진행되며 변화하는 어린이의 속마음이나 치료의 진전 과정을 어른의 경우보다 훨씬 더 쉽게 간파할 수 있다.

4. 치료자가 어린이와 세대 차를 최대한 극복하려고 노력할 때 치료 효과가 커지고 치료가 느슨하게 전개되는 것을 예방할 수 있다. 치료자가 어린이의 눈높이에 맞추어 어린이의 세계를 최대한 가깝게 이해하려면 가능한 한 동심을 유지하도록 애써야 한다. 어린이들의 문화와 예술, 언어와 의사 소통 방식, 감정 교류 방식 등에 익숙해지려면 아주 많은 노력이 필요하다. 예를 들어 어린이들이 즐겨 보는 만화 영화의 줄거리와 주인공을 알아두면 그 어린이가 등장시키는 만화 이야기를 통해 치료자에게 전하고자 하는 메시지를 파악하기 쉽다.

5. 어린이가 어른의 언행을 보고 배우는 것은 마치 스펀지가 물을 흡수하는 것과 같다. 그러므로 치료자는 어린이의 모방 가능성을 생각하여 경계를 늦추지 않고 모범적 언행을 보이도록 최선을 다해야 한다. 거칠고 투박한 엄마의 말과 행동을 닮았던 어린이라도 치료자의

언행이 부드럽고 유연하면 놀이 치료를 계기로 이전의 모습에서 탈피할 수 있다. 때로는 어린이를 향해 거칠고 투박한 언행을 보였던 엄마조차 치료자의 영향을 받아 바뀔 수 있다.

6. 치료에 영향을 끼치는 놀이실 환경은 어른의 심리 치료에 비해 훨씬 더 중요하며, 놀이실 환경을 바꿀 경우에는 어린이의 정서 상태, 관심과 욕구, 탐구와 조작 능력 등을 충분히 고려해야 한다. 또 놀이실의 변화도 반드시 예고해야 한다. 어느 날 느닷없이 놀이실이 바뀌면 후유증이 심한 어린이는 마치 돌아갈 고향을 통째로 잃은 어른처럼 상실감을 크게 앓는다.

7. 문제 해결의 진전을 앞당길 수 있게 가정의 변화가 필요할 때가 많으므로 필요한 경우에는 계획적인 가족 상담을 병행해야 한다. 또 형제끼리 우호적인 관계를 맺을 수 있게끔 치료 혜택을 받지 않는 다른 형제들에게도 치료자의 크고 넓은 포용심을 나눠줘야 한다. 다른 형제들에게 나눠주는 치료자의 포용심은 도리어 치료받는 어린이를 더 위하는 것이며 치료받는 어린이의 관용이 더 크게 자라도록 도와주는 거시적 안목의 실천이 될 수 있다.

어떤 사람들은 어린이에게 영향을 크게 주는 생활 환경(전학, 이사, 부모의 재혼 등)이나 부모의 변화가 없다면 어린이의 치료적 진전을 실질적으로 기대할 수 없지 않느냐는 의문을 품는다. 필자의 경험으로는 생활 환경의 조작이 가능하거나 부모가 변화를 위해 애쓰면 더할 수 없이 긍정적인 효과가 나타난다. 물론 생활 환경 조작과 어른의 변화가 쉽지 않아서 때때로 그 변화에 대한 기대가 좌절되는 경우도 많다. 그러나 생활 환경 조작이나 부모의 변화를 조금도 기대할 수 없는 최악의 상황이라 하더라도 어린이는 크게 변화할 수 있다. 왜냐하면 어린이는 치료자와 새로운 인간 관계를 통해 그동안 발견하지 못했던 자신의 성장 잠재력을 최대한으로 끌어올리기 때문이다.

8. 대부분의 놀이 치료는 주변 사람들의 권유 또는 부모의 자발적 선택으로 시작된다. 그러나 놀이 치료가 아무리 부모의 선택으로 시작되었다 하더라도 종료는 반드시 어린이의 선택에 맡기는 것이 좋다. 만일 어린이가 자각하는 종료 시점에 이르기 전에 종료를 서두른다면, 이는 마치 벼농사를 지으면서 알곡이 여물기도 전에 쭉정이를 수확하는 것과 같은 헛수고가 될 수 있다. 또 불가피한 상황으로 치료가 중단되면 그것 때문에 어린이가 겪어야 할지도 모르는 위험과 상실감을 최소화하도록 노력해야 한다.

9. 부모의 사망, 재난, 심각한 경제적 위기 등 급격한 환경의 변화가 생긴 것이 아닌데도 부모가 치료를 중단하는 것은, 어린이의 의사와 상관없는 부모의 일방적인 저항 때문인 경우가 많다. 치료자 요인에 의한 것이 아닌 부모의 저항 중에는, 치료자에게 어린이가 느끼는 친밀감 때문에 엄마가 치료자에게 질투를 느끼거나 또는 엄마의 자리를 치료자에게 빼앗기는 것 같은 불안을 느끼는 경우가 많다. 따라서 어

린이가 치료자에게 친밀감을 표현하기 시작하면, 치료자가 어린이와 부모의 친밀감을 이어주는 징검다리 역할을 수행한다는 것을 부모에게 이해시키고 그런 친밀감이 머지않아 엄마에게 표현될 친밀감의 예행 연습이라는 것을 충분히 알려서, 엄마의 저항과 치료 중단의 위험을 넘기도록 해야 한다.

10. 일반적으로 어린이의 문제가 심각하지 않으면, 놀이 치료가 아주 순조롭게 잘 진행된다 하더라도, 원하는 만큼 성공적으로 문제가 해결되기까지는 일 년 이상 오랜 시간이 걸린다. 때로는 그보다 더 많은 시간이 걸릴 수도 있다. 놀이 치료 과정에서 어린이의 문제를 해결하는 데 가장 중요한 열쇠는, 치료자와 어린이 사이에 이루어지는 애착 형성의 새로운 경험이라 할 수 있다. 그래서 치료 과정에서 특히 애착 형성이 이루어지는 시기에는 가능한 한 애착 대상자인 치료자와 이별을 경험하지 않는 것이 좋다. 그러나 오랜 시간 치료가 진행되다 보면 어쩔 수 없이 치료자를 바꾸는 경우가 종종 생긴다. 이럴 때는 반드시, 애착 대상에 대한 어린이의 상실감을 최소로 줄이도록 기존 치료자와 새 치료자가 합류한 놀이 치료 시간을 마련하고, 새로 만날 치료자와 충분히 낯을 익히도록 배려해야 한다. 이렇게 함으로써 새로운 치료자에게 인계할 준비가 충분히 이루어지면, 어린이는 기존 치료자에게 남는 아쉬움을 덜어내고 새로운 치료자에게 더 빨리 적응할 수 있다.

11. 어린이의 문제, 어린이가 속한 가족과 그 가정의 문제는 단지 치료자만의 도움으로 해결되지 않는 경우가 많다. 때로는 교사나 의사와 협력해야 할 때도 있고, 때로는 사회복지사나 법률가 등 사회 각 부문의 도움이 필요할 때도 있다. 어린이 개인의 자존감과 관련된 일은 비밀을 유지해야 하지만, 어린이의 인권이나 생명에 위협이 따라서 공공 서비스를 받아야 할 때는 공개할 필요가 있다. 사회 각 부문의 전문가 또는 지역 사회와 협력이 필요할 때에는 치료자의 역할과 역량의 한계를 잘 인식하고 그 한계를 벗어나는 일이 없어야 한다. 또 덧붙여 주의할 점을 언급한다면 치료자의 도움도 공적인 도움과 사적인 도움의 한계를 분명히 해야 한다. 부모가 치료자에게 하소연할 것이 있어 전화를 걸더라도 치료자가 소속된 기관에서 근무 시간에 통화를 한다면 공적인 도움이 된다. 그러나 근무지와 근무 시간을 벗어나 치료자의 개인 생활을 쪼개어 통화를 하게 되면 사생활 침해의 우려도 생기고, 사적인 감정에 시달릴 우려도 생길 수 있다.

12. 일반적으로 심리 치료의 기능을 좁은 의미에서 생각하면, 치료실이라는 환경 안에서 치료자의 전문적 도움으로 내담자가 겪는 심리적 역기능이 개선되거나 해결되는 것으로 국한할 수 있을 것이다. 그러나 심리 치료 대상이 성장 과정을 밟고 있는 어린이인 경우에는 이와 같은 좁은 의미의 치료적 기능에만 그 개념을 국한하기 어렵다. 왜냐하면 어린이의 성장은 어른과 달라서, 어느 두어 가지 심리적 역기능을 선택적으로 개선했다 해도 유기적으로 얽혀 서로 복잡하게 맞물

려 돌아가는 전인적 성장 기능에 바람직하게 기여할 것이라고 보기 어렵기 때문이다. 전체적으로 여러 요인이 긴밀히 맞물려 돌아가는 성장에서 두어 가지 심리적 역기능만을 개선한다는 것은, 마치 첼리스트의 무능 때문에 오케스트라의 화음이 깨지니까 첼리스트만 교체하면 곧바로 멋진 오케스트라가 될 거라 생각하는 것과 다름없다. 오케스트라가 전체적으로 아름답게 울리는 화음을 이루려면 교체된 첼리스트가 나머지 단원들의 연주에 맞추어 소리를 고르고 박자를 맞추는 세세한 예술적 연주 기능을 발휘해야 할 것이다. 이와 마찬가지로 어린이의 성장에서도 두어 가지 역기능 개선에 추임새를 넣듯, 치료실 안에서 행해지는 좁은 의미의 치료적 기능 이외에도, 치료실 밖에서 일어나는 다양한 상황이나 예측할 수 없었던 돌발 상황에 대응하는 교육적·사회적 기능을 포함시키는 것을 도외시하면 안 된다. 그러므로 놀이 치료에서 치료자와 어린이의 우호적 관계는 단순한 치료자—내담자라는 치료적 관계에만 머무르지 않는다. 어린이를 만나서 헤어질 때까지 시시때때로 일어날 수 있는 돌발 상황에 적절히 대응해야 하는 치료자에게는, 때때로 치료자로서 어른 모습과 서로 모순되지 않으면서도 어린이에게 모범이 되는 자상한 부모이자 교사이며 사회의 어른으로서 다중적인 역할을 원활하게 연출할 수 있어야 한다.

13. 어린이는 위험에 대한 경험과 지식이 모자라기 때문에 자칫 아차하는 순간에 사고를 당할 수 있다. 따라서 치료자는 놀이실 안팎으로, 치료자와 아동의 안전을 소홀히 여길 수 없다. 언제 어디서라도 발

생할 수 있는 제반 위험 상황의 예방과 대책을 미리 마련해 두는 것이 좋다. 치료자는 어떤 경우가 생기더라도 어른의 보호 없이 어린이를 혼자 남겨 두는 일이 없도록 해야 한다. 예컨대, 화장실을 갈 때도, 활동 자료를 구하러 장소를 이동할 경우에도, 치료자는 반드시 어린이를 동반해야 한다. 또한, 때때로 일어날 수 있는 응급 상황에 대비하여 어린이에게 알맞은 응급 처치법도 익혀놓아야 하며 상해 보험도 마련해 두는 것이 좋다. 특히, 임신 중인 치료자는 자신의 뱃속에서 자라는 태아의 안전에 각별히 유의해야 한다. 그러나 태아의 안전을 위해 치료받는 어린이가 서운함을 느낄 만큼 심리적 거리가 생겨서는 안 된다는 것도 명심해야 한다.

14. 성장 과정의 어린이는 환경 변화에 민감하다. 치료가 성공적으로 끝나더라도 생활 환경에 새로운 위험 요소가 생겨 다시 마음의 건강을 잃을 수 있다. 그러므로 언제나 종료 이후의 위기 상황에 대응하는 추후 상담의 가능성을 넓게 열어 두어야 한다.

태산보다 더 큰 건포도 한 알

은결이는 전철 안에서 먹을 것이 입에 당겨 엄마가 미리 마련해 둔 건포도를 먹었다. 배가 출출했던 참이어서 건포도가 한결 더 맛있었다. 그래서 남김없이 한 봉지를 다 먹고 싶었다. 그런데 맛있게 먹노라니 문득 선생님도 이 맛난 것을 함께 먹으면 얼마나 좋을까 싶은 생각이 들었다. 그래서 마지막 한 알은 아쉽지만 입에 넣지 않고 설레는 마음으로 엄마에게 휴지를 달라고 하여 꽁꽁 쌌다. 곁에 있던 엄마가 은결이의 마음을 알아채고는 "은결아! 엄마도 그 건포도 먹고 싶은데……." 했다. 그러나 은결이는 엄마 마음은 안중에도 없다는 듯 단호하게 대답했다. "안 돼, 이건 선생님 거야."

건포도를 아주 소중하게 쥐고 온 은결이는 치료자를 만나자마자 의기양양하게 손을 내밀었다. "선생님 이거 선생님한테 주는 선물이에요."

세상에서 가장 귀한 존재인 엄마조차 맛볼 수 없던 건포도 한 알이 대단히 희귀한 보물처럼 제 몸보다 훨씬 큰 휴지 몇 겹 속에 깊이 싸여 있었다. 치료자가 말했다. "어머나! 이렇게 좋은 선물을 받다니 선생님은 정말 행복해."

감격스러운 그 순간, 그리고 건포도 한 알에 담긴 은결이의 마음을 무엇으로 다 표현할 수 있으며 또 이 세상 무엇과 비겨 상량할 수 있을까?

Play

2장

어린이의
- -
발달 과정 ▶ ▷

Therapy

어린이 이해를 돕는 주요 발달력

치료자는 놀이 치료를 시작하기 전에, 일정 기간 치료자와 함께 동고동락할 어린이의 현재와 지난날을 더듬어야 한다. 현재의 어린이를 객관적 기준에서 있는 그대로 이해하려면 표준화 절차를 거치는 종합 심리 검사가 도움이 된다. 그러나 심리 검사는 어디까지나 어린이를 이해하는 데 참고 수준에 해당하는 정보일 뿐이다. 치료자는 행여 심리 검사 결과에 따라 어린이에게 어떤 방식으로든지 편견을 갖지 않도록 주의해야 한다. 또 어린이에게 문제가 발생하여 고통스러운 현재가 있게 된 배경을 알려면 부모와 면담하는 것이 도움이 된다. 그중에서도 어린이가 그동안 밟아 온 발달의 역사를 더듬는 것은 특히 더 중요하다. 다음에 언급하는 발달 사항들은 필자가 경험한 바에 따라, 어린이를 이해하기 위해 알아 두면 크게 유익한 내용들을 가려 뽑은 것이다.

태교와 임신

요즘 임산부들은 태교에 많은 정성을 기울인다. 태교의 중요성을 강조하는 사회 분위기의 영향 때문인 것 같다. 그런데 우리가 요새 흔히 접하는 태교 지식들은 대부분 과거의 우리 선조들이 훌륭한 자녀를 낳아 기르려고 실천했고 다음 세대에 전수해주었던 것들이다. 한동안 그런 가르침들을 소홀히 여기더니 아이러니하게도 서양 학자들이 태교의 중요성을 연구하면서 다시 역수입되어 우리에게 가까이 다가온 것이다.

일반적으로 많은 사람들이 태교의 시작을 임신하고 난 다음부터라고 생각한다. 그러나 태교는 임신을 준비하는 부부의 마음가짐에서부터 시작해야 한다고 보는 것이 옳다. 우리 옛 어른들은, 태어난 뒤 백 년보다는 뱃속 열 달이 더 중요하고 뱃속 열 달보다는 수태 전 한 시간이 훨씬 중요하다면서, 훌륭한 부모가 되기 위해 일상 생활 전반에 걸쳐 손색 없는 노력을 기울이도록, 임신 전 부부의 온전한 마음가짐을 무척이나 강조했다. 모든 부부들이 임신을 준비하는 마음을 갖추고 아기를 가지면, 우리가 치료 현장에서 발견하는 안타까운 일들도 많이 사라질 것이며, 가족은 물론 사회가 감당해야 하는 사회적 비용도 많이 절감할 수 있을 것이다. 예컨대, 원하지 않는 아기였기 때문에 어린이 자신이 겪는 마음의 고통을 줄일 수도 있을 것이고, 장애를 지녔기 때문에 겪는 어린이 자신과 가족의 고통도 훨씬 많이 줄일 수 있을 것이다. 필자의 현장 경험에 따르면, 원하지 않은 상태에서 수태된 아기는, 마음의 준비를 거쳐 수태된 아기보다 생애의 시작이 불행한 경우가 많다. 그리고 생애 출발 지점에서 시작된 불행은 알게 모르게 출생 후의 삶에 검은 먹구름을 드리운다.

태교의 중요성은 아무리 강조해도 귀에 거슬리거나 넘치지 않는다. 이에 반론을 제기하는 사람은 아마 없을 것이다. 그러나 필자는 간과하기 쉽지만 꼭 유념해야 할 한 가지, 즉 뱃속의 아기가 똑똑하고 재능을 갖춘 인재가 되도록 기대하는 태교는 이미 진정한 의미의 태교에서 벗어나 있다는 것을 말하고 싶다. 왜냐하면 태아에게 거는 어떤 기대는 자칫 엄마의 욕심이 덧붙은 것일 수 있기 때문이다. 실제 어떤 사례에서는, 영어를 잘하는 아기가 태어나기를 바라며 임산부가 영어 단어를 열심히 외웠는데, 얄궂게도 태어난 뒤 서너 해가 지난 후 그 어린이는 한국어 발달에서조차 문제가 드러나 치료자의 도움을 받아야 했다. 엄마의 욕심은 곧 태아가 느낄 스트레스의 원인이 될 수 있으며 또 엄마의 욕심으로 태아도 욕심을 배우게 될지도 모른다. 따라서 임산부의 건강한 태교는, 태아의 지식과 재능 축적을 위한 노력이 아니라, 태아가 건강하고 마음이 편안하여 행복이 무엇인지를 배울 수 있게끔 엄마 자신의 정서적 안정을 위해 애쓰며 태아와 정겨운 교류를 위해 애쓰는 것이라 할 수 있다. 예를 들어, "아가야! 뱃속에서 네 움직임이 쾌활하여 고맙구나. 건강하게 잘 지내다가 때가 되면 우리 서로 행복한 얼굴로 만나자." 같은 진심 어린 말을 건네며 아기의 생을 축복하는 마음이야말로 진정한 의미의 태교일 것이다.

엄마 뱃속에 있는 열 달은, 태어난 후 세상을 향해 나아가는 긴 생애의 준비 기간이다. 세상에서 여러 가지 위험을 굳건히 물리치려면 임산부와 태아는 이 짧은 기간 동안에 앞으로 이어질 긴 생애의 튼튼한 주춧돌을 밀밀히 세워야 한다. 임산부의 건강 유지는 태어날 소중한 생명의 건강과 안전을 짊어진 경건하고 엄숙한 의무다. 그래서 우리 선조들은 임산부의 건강 관리에 대해 행주좌와(行住坐臥, 다니고 머물고 앉고 눕고 하는 일상의 움직임)의 거동이나 음식물 섭취에 이르기까지 아주 세밀한 지침을 마련하였으며, 조그만 수정란에서 오장육부와 수족을 갖추기까지 진행되는 위대한 과업에 매진하는 아기를 생명을 지닌 온전한 한 인격체로서 존중해주었다. 서양 사람들이 태어난 이후부터 나이를 세는 것과 달리, 뱃속에서부터 나이를 세어주는 우리 전통이 그것을 대변해준다 할 것이다.

뱃속의 아기와 엄마는 생명도 공유하지만 사고(思考)와 감정과 그밖의 것도 공유한다. 아기를 가진 엄마가, 직장 생활 때문에 또는 가족 관계가 복잡해서 높은 긴장 상태에 놓인다면, 아기도 당연히 높은 긴장 상태를 경험할 것이다. 이렇게 뱃속에서 경험하는 아기의 긴장은 출생 후의 삶에 견주어볼 때 대단히 불안하고 위험한 전주곡이다. 긴장감이 볍씨의 발아와 성장에 끼치는 영향을 연구한 어느 보고서를 보면, 긴장을 다스리는 수행자들의 손길이 닿은 볍씨는, 긴장 속에서 살아가는 일반인의 손길이 닿은 볍씨보다, 발아와 성장이 훨씬 더 촉진되었다고 한다. 볍씨의 발아와 성장도 그러할진대 하물며 태아의 정신 건강에서야 어찌 더 보탤 말이 있겠는가?

마찬가지 이치로 만일 임산부가 화공 약품을 취급하는 직업에 종사하거나 또는 질병, 약물 복용, 충격적 사건 등을 경험했다면 뱃속 아기에게 직·간접으로 상처와 후유증을 남길 수 있다. 그러므로 엄마 뱃속에서의 성장과 발달의 이상(異常)이 단초가 되어 태어날 아기의 삶을 속박하는 무거운 멍에가 만들어지지 않도록 임산부는 몸가짐, 마음가짐에 각별히 신경 써야 한다. 이 점은 아무리 강조해도 넘치지 않는다.

출산

출산은 태어나는 아기가 수많은 위험이 도사리고 있는 세상살이에서 처음으로 직면하는 고통스러운 경험이다. 엄마 뱃속과 다른 새로운 삶으로 행진하기 위해, 좁은 산도(産道)를 통과하려고 혼신의 힘을 다하는 아기의 고통도 어찌 보면 분만을 위해 목숨을 건 엄마의 고통 못지않게 위대하다. 비록 출산 과정이 순조로웠다 할지라도 그 순간의 고통을 형언하려면 이 세상의 모든 언어를 동원해도 모자랄 텐데 하물며 난산으로 태어난 아기의 고통은 얼마나 크겠는가?

난산으로 힘겹게 태어난 아기는 순조롭게 태어난 아기보다 삶에 대한 인식이 더 무겁거나 어두울 수 있다. 또 순산한 아기보다 공격적일 수도 있다. 아니면 반대로 난산을 이긴 바로 그 힘과 경험으로 좀 더 강인하게 세상을 헤쳐 나갈 수도 있을 것이다.

제왕절개로 태어난 아기는 산도를 통과하는 과정이 생략된 까닭에 인생에서 부딪히는 온갖 어려움에 대한 인내력이 약하거나, 희로애락의 감수성이 미약하거나, 안일한 사고방식을 지니게 될지도 모른다. 아니면 순리대로 돌아가지 않는 세상에 대한 울분에 남들보다 더 쉽게 폭발할지도 모른다. 또 출생에 필요한 과업을 모두 마치기 전에 바깥 세상으로 끌려 나온 것이 원인이 되어 실존적 불안에 시달리거나 적대감에 젖어 살지도 모른다.

미숙아와 과숙아로 태어나는 일은 자기 생애의 시간 조율에 실패하였음을 의미한다. 그리고 그 조율 실패는 무엇인가 결함이 내재되어 있음을 말하는 것이며 출생 이후의 삶에 부정적 영향을 끼칠 것을 예고하는 것이다. 그 부정적 영향의 예고는 결국 오랜 시간에 걸쳐 어린이를 괴롭히는 어떤 문제와 연결되기도 하다.

이와 같이 생애 첫 경험에서 발생하는 차이는, 유전적으로 물려받은 천성(天性)의 차이와 함께 여러 가지 측면에서 아기의 성격 형성이나 정신 건강에 다양한 종류의 영향을 끼칠 수 있다.

출생 후 엄마와의 결속

아기가 세상에 태어난다는 것은 자궁의 삶과 확연히 다른 삶의 조건에 들어섰다는 것을 의미한다. 자궁에서는 영양 섭취와 산소 흡입을 탯줄에 의존하면서 살았지만, 태어난 이후부터는 스스로 숨을 쉬어 폐를 움직여야 하고 스스로 젖을 빨아 위의 움직임을 촉진해야 하며 배설 기능도 스스로 작동해야 한다. 먹고 숨 쉬고 잠자고 배설하는 것을 비롯하여 그밖의 모든 생존 과업을 자궁에서와 달리 새로 접촉하는 세상의 물리적 조건에 맞추어 서서히 적응시켜야 한다. 그리고 출산 당시 느꼈던 고통을 위로받고 탯줄로 연결되어 있던 엄마와 접촉이 끊어지면서 느낄 외로움도 위로받아야 한다. 그러므로 열 달 동안 마음만으로 소통했던 엄마와 아기의 만남과 접촉은 아기에게 앞으로 전개될 세상살이에 용기를 북돋는 일이며 큰 위로가 되는 일이다. 그러기에 더더욱 주변 사람들에게 아기의 탄생이 축복받을 일이 되는 것일 것이다.

동물을 관찰하면 인간이 생각하지 못하는 지혜를 많이 발견할 수 있다. 그중에서도 새로 태어난 아기 동물에게 베푸는 어미 동물의 배려를 살펴보면 우리가 신생아를 어떻게 배려해야 하는지 답이 나온다. 동물들은 대체로 여명의 시각에 아기를 출산한다. 참새나 제비의 번식을 쉽게 목격할 수 있었던 필자의 어린 시절을 되돌아보아도, 어느 날 갑자기 아침이 되자 처마 밑 둥지에서 어미 새들이 바삐 움직이고 새끼들은 재촉하듯 저마다 지즐대는 광경을 쉽게 발견했다. 또 전혀 아무런 낌새도 없었는데 자고 일어나니 마당 한쪽에서 강아지 울음 소리가 들리곤 했던 일이 기억난다. 필자도 과거에는 아침만 되면 동물에게 새 식구가 생기는 이유를 알지 못했다. 그러나 어린이 놀이 치료의 경험이 쌓이면서 그 이유를 저절로 알게 되었다. 그렇다. 그것은 여명의 시각에 출산해야만 세상에 태어나 새롭게 경험하는 빛에 아기 동물의 눈이 잘 적응할 수 있기 때문이었다. 아기 동물들은 엄마의 깃털로 감싸인 품 안에 있었거나 자궁 속에 있기 때문에 어둠에는 익숙하지만 빛은 낯설다. 그런데 여명의 시각은 어둠으로부터 점진적으로 일조량이 늘어나는 시각이니 어미 동물들의 지혜로움에 어찌 감탄하지 않을 수 있겠는가? 어미 동물들의 출산 시각 선택은 바로 아주 자연스러운 리듬으로 어둠에서 빛으로 향하는 눈의 적응 능력을 고려한 것이었다.

감탄스럽게도 우리 선조들은 태어나는 아기가 빛에 적응하는 것을 고려해 출산 환경을 만들었다. 필자의 어린 시절을 돌아보면 산모의 방은 따뜻하고 어둡게 만들었는데 이는 바로 차가운 공기에 노출되거나 강력한 빛 때문에 아기가 당황하는 것을 예방하는, 즉 아기의 생태를 잘 고려하여 탄생을 반기는 지혜로운 관습이었다.

그뿐 아니다. 어미 동물은 아기들이 태어나면 끝없는 위로와 사랑을 표현한다. 시시때때로 어미 새는 자신의 부리로 아기들의 성근 깃털을 골라주고, 포유류 어미는 아기의 피부를 끝없이 핥아줌으로써 아기들을 격려한다. 필자는 그런 광경을 목격할 때마다 어미 동물의 사랑이 얼마나 위대한 것인지, 생존이란 과업을 위해 아기들은 또 얼마나 지극히 애를 쓰는지, 경외감으로 가슴이 뭉클하고 눈물겹다. 그렇다. 어미들이 아기에게 시시때때로 피부 접촉을 통해 마음과 마음을 이어주는 것은, 낯선 환경에 적응하는 아기들에게 삶의 용기를 불어넣음과 동시에 동료들과 어울려 살아야 하는 사회성 발달의 기초를 다져주는 사랑의 표시였다.

조금만 더 깊이 생각해보면 갓 태어난 아기와 엄마의 만남은 익히 알고 지내던 이들끼리의 만남이 아니다. 이 만남은 호기심 가득 아기를 기다리던 엄마와 아기의 목소리가 처음 공명하는 순간이며, 엄마와 아기의 눈빛이 처음 마주치는 순간이며, 서로 상대의 부드럽고 따스한 체온과 손길을 처음으로 느끼는 만남이다. 진정 경이로운 만남이 아닐 수 없다. 그리고 이 만남은, 비록 한 몸에서 갈라져 두 몸이 되었지만 아직은 서로 생명을 공유하고 마음도 하나로 공유하는 만남이다. 아기의 입장에서는 엄마에게 절대적으로 의존하여 자신의 목숨을 연명해야 하는 관계이니 갓 낳아 배꼽이 아물 때까지 아기를 쓰다듬고 안아주는 엄마와의 신체적 접촉이 얼마나 중요한 것이겠는가?

생각날 때마다, 필요할 때마다, 아기를 안고 쓰다듬으며 젖을 먹이고 기저귀를 갈아주는 동안, 아기는 비록 새로 태어나 얼마 안 되는 시간 동안이라도 많은 것을 발달시킬 수 있다. 눈을 떠보면 보이는 갖가지 모습들, 서로 다른 음색의 갖가지 소리들, 엄마의 정겨운 목소리, 배설물의 감촉, 엄마의 옷자락 스치는 소리와 젖 냄새와 따스한 손길, 자신의 의사 소통 신호에 대한 엄마의 반응 등등, 실로 많은 자극들을 엄마와의 관계에서 수용하고 인지한다. 특히 일정 기간 동안 어미 동물이 아기를 정성껏 핥아주는 것과 동일한 기제의 행동으로 짐작되는 엄마와의 피부 접촉은, 자신의 몸이 개체로서 이 세상에 존재하게 된 이후 최초로 경험하는 타인과의 접촉이기 때문에 아기의 사회성 발달의 기초를 닦는 결정적 사건일 수 있다. 엄마와의 피부 접촉이 전신에 걸쳐 이루어지는 이 생애 초기에, 아기는 피부에서 대뇌로 연결되는 각종 신경계의 발달을 촉진할 것이니 결국 엄마와의 피부 접촉은 모든 영역에 걸친 총체적 발달을 가능케 하는 가장 기초적인 큰 공사일 것이다. 정서가 메마르고 사회적 관계에 서툴며 부드러운 감촉에 유난히 목말라 하는 어린이가 신생아기에 엄마와의 접촉이 부족했던 어린이라는 것은 치료 현장에서 많이 발견되는 현상이다. 요즘은 그렇지 않지만, 한동안 태어난 아기를 신생아실로 보내 엄마와 결속을 단절시킨 종합병원의 처분은 어쩌면 우리 어린이들의 발달을 크게 저해한 일이었다.

신생아기에 반드시 필요한 엄마와의 결속은 이후에 발달하는 엄마와의 애착 형성 작업에 기여하는 바가 매우 큰 발달 과업이다. 만일 이 시기에 엄마와 결속이 부실하여 엄마와 심리적 · 사회적 거리가 멀어졌다면 다음에 이어지는 애착 형성의 발달 과업은 당연히 장애를 겪을 것이다. 이는 기초가 부실한 공사에 얹은 기둥은 부실할 수밖에 없는 이치와 같다. 그런데 이처럼 신생아기에 매우 중요한 엄마와 아기의 결속은, 출산 후 몸조리가 필요한 엄마에게도 필요하고, 생존을 지키고 발달의 기초를 닦아야 하는 아기에게도 다같이 필요한, 쌍방의 생리적 적응 과업인 데 비해, 이후에 발달하는 엄마와의 애착 형성 작업은 아기가 엄마에게 일방적으로 좀 더 강력히 애정을 기울이는 심리적 적응 과업이다.

출생 후의 생리적 반응들

삶의 조건이 엄마 뱃속과 판이하게 다른 이 세상에 태어난 후 대략 한 달 정도는 아기가 생리적인 적응을 위해 부단히 노력하는 시기다. 어떻게 해서든지 살아남으려고 타고난 생명력을 최대한 동원하는 모습을 보면 도리어 애처로울 정도다. 입술 부근에 무언가가 닿을라치면 곧 입술을 갖다 대려 애쓰고, 손바닥에 물건을 쥐어주면 놓치지 않으려는 듯 주먹을 꽉 쥔다. 젖을 토하여 소화 기능을 발달시키고 호흡을 조절하기 위해 재채기를 하며, 횡경막 운동을 발달시키는 딸꾹질도 한다. 이럴 때 아기를 얼러주는 엄마의 목소리는 뱃속에서부터 들은 익숙한 목소리이므로 삶의 뿌리를 내리기 위해 전력을 다하는 아기에게 큰 위안이 된다. 또한 엄마의 따스한 품에 포근히 안기면 뱃속에서 익숙하게 듣던 엄마의 심장 소리도 계속해서 다시 들을 수 있다(대부분의 엄마들은 아기가 엄마의 심장 소리를 들을 수 있도록 왼쪽 가슴에다 아기의 머리를 두고 젖을 먹인다). 이때 엄마와의 접촉은 아기를 안심시키며 삶에 대한 용기를 크게 고취한다. 그래서 아기는 끊임없이 엄마의 기척에 마음을 기울이며 자신의 과업인 생리적 적응에 박차를 가한다.

생리적 적응을 위해 부단히 노력하는 이 시기에 엄마는 당연히 아기의 생리 활동을 눈여겨 살펴야 한다. 특히 다음과 같은 경우에는 정신병리와 관련이 깊기 때문에 임상적인 의미를 두고 더욱 세밀히 관찰해야 한다.

1. 울음 소리의 강약을 살피고 빨기, 삼키기, 쥐기 등의 반사 능력을 살핀다. 만약에 이런 능력에 결함이 보인다면, 뇌 손상의 가능성이나 언어 발달 및 운동 능력 발달에 장애가 예견되는 신호일 수 있다.
2. 섭식, 소화, 배변 기능을 살핀다. 이는 대체로 아기의 정서적 민감성과 불안과 관련이 깊다. 필자의 경험으로는, 엄마가 임신했을 때 불안과 긴장이 높았으면 아기의 이런 기능이 원활하지 않을 때가 많

다. 때로는 갑상선 기능 장애 때문에 섭식, 소화, 배변에서 이상이 나타날 수 있는데, 갑상선 기능이 온전하지 않으면 발달 부진이 오기 쉽다. 놀이 치료 현장에서 부모 면접을 통해 정신 지체 아동이나 자폐 아동의 발달력을 점검해보면 섭식, 소화, 배변 가운데 어느 한쪽, 또는 그 이상으로 기능이 약한 경우가 많이 발견된다.

3. 수면 상태를 살핀다. 잠투정이 유별나게 심한 경우, 깊이 잠들지 못하는 경우, 깨어나서 늘 보채고 우는 경우 등이 이에 해당하는데 심한 경우 일 년 내내 거의 잠다운 잠을 이루지 못하는 사례도 있다. 수면 불량 또한 아기의 정서적 불안과 관련이 있고 때로는 전간(癲癇, 간질)이나 중추신경계 손상과 관련이 있기도 하다.

4. 그밖에 머리 둘레가 정상 범위를 벗어날 정도로 크거나 작지는 않은지 살펴야 하는데, 대두증(大頭症)이나 소두증(小頭症)은 지능 발달에서 지체를 초래한다.

병력

영아기 건강 상태는 대체로 태내 건강 상태와 연장선에 있으므로 건강하게 출생한다면 영아기 건강에도 별다른 적신호가 나타나지 않는다. 신체가 건강하면 정신도 따라서 건강하기 때문에, 건강하게 태어난 아기에게는 보호자의 간호와 정성이 특별히 까다롭지 않다. 그러나 병약하게 태어난다면 보호자가 남다른 간호와 정성을 쏟아야 한다. 인간이 내재하고 있는 자생력은 위대해서 병리적 소인이 있다 해도 영아기의 보살핌이 정성스러우면 건강한 성장 발달을 기대할 수도 있다. 그러나 임신 당시의 외부 환경과 출생 후가 크게 달라지지 않는 한 보호자가 아기에게 쏟는 정성도 크게 달라지지 않는 것이 일반적인 경향이다. 그런 까닭에 병약한 출생은 병약한 영아기로 이어지기 쉽다. 질병에 대한 저항력이 낮아 병고(病苦)를 자주 경험하는 아기에게서 원만한 성격을 갖추거나 정서적 안정감이 유지되기를 기대하기는 어려운 일이다.

건강하게 태어났다 하더라도 예측하지 못한 질병과 외상으로 심리적 충격을 경험하는 경우가 생긴다. 어린 시절의 충격적인 외상 경험은 무의식 깊은 곳으로 숨어 들어가서 한 개인을 오래도록 괴롭히기 때문에, 아픔을 겪은 당시는 물론이고 이후에도 후유증에 시달리지 않을 만큼 충분히 심리적 위안을 받아야 한다.

특별한 사건을 경험하지 않더라도 영아기에는 종종 황달과 경기가 나타나기도 한다. 황달은 아기가 탯줄에 의존하여 성장하는 태내에서는 그다지 중요한 역할을 수행하지 않던 간이, 출생을 계기로 젖을 먹고 소화시키면서 시작되는 해독 작용에 무리가 생겨 나타나는 후유증일 때가 많아 자연스럽게 나을 수 있다. 생애 초기 수 개월 이내에 어쩌다 일으키는 경기 또한 아기의 뇌 기능 발달 과정에서 간혹 생길 수 있는 부작용이므로 자연스럽게 호전되는 경우가 많다. 그러나 황달이나 경기의 정도가 심하면 아기의 발달에 역기능이나 부작용을 초래할 수 있으므로 의사의 조언을 구해 후유증을 예방하는 것이 좋다.

대소변 훈련

　대소변 훈련은 아기의 자율적 조절 능력과 훈련을 시도하는 보호자의 성격이나 태도에 따라 순조로울 수도 있고 그렇지 못할 수도 있다. 필자의 경험으로는 배설 장애 문제는 다른 문제에 비해 어린이의 정신 역동이나 가족 관계의 역동이 더 복잡한 경우가 많다. 예를 들어 같은 수준의 생리적 조절 능력을 지닌 자녀들이 어쩌다 배설에서 실수를 했을 때, 실수에 관용적인 부모보다는 까다롭고 엄격하게 훈련시키는 부모의 강한 질책이, 어린이의 정신 건강이나 자녀의 성격 형성에 더 복잡하고 부정적인 영향을 끼친다. 어떤 어린이는 부모의 엄격한 훈련에서 오는 긴장을 해소하면서 동시에 긴장을 상쇄하는 쾌감 경험이 필요하여, 의식적으로나 무의식적으로 내장의 압력을 받아 배설 기관이 강하게 자극받은 후 대소변을 방출하려는 경향을 보일 수 있다. 또 어떤 어린이는 아기 때처럼 엄마의 따뜻한 손길을 끌어들이려고 배설에 문제를 나타낼 수 있을 것이다. 때로는 자신의 실존을 가치 있는 것으로 확인하고 싶은 본성적 욕구 때문에 배설 문제가 나타날 수 있을 것이다.

　대소변 가리기 훈련이 끝나려면 오랜 시간 동안 여러 단계를 거쳐야 한다. 이를테면 자율신경이 성숙해 변의를 알아차리는 것에서 시작하여, 소변이 마려운지 또는 대변이 마려운지 의사 표현이 가능해야 하고, 옷을 벗을 수 있어야 하며, 대변 후의 뒤처리를 할 수 있을 만큼 손놀림이 발달해야 하고, 뒤처리가 모두 끝난 후 옷매무시를 야무지게 가다듬을 수 있도록 여러 발달 단계를 거쳐야 한다. 또 변기 사용만 보더라도 아기 변기에서 어른 변기로 이동이 가능해야 한다. 일반적으로 대변은 돌 무렵에, 소변은 두 돌 무렵에 변의를 느낀다. 따라서 아기들이 변의를 알아차릴 때부터 훈련을 시작하는 것이 바람직하다.

특히 주의할 점은 훈련 과정에서 대소변 가리기에 성공했다 해도 그것은 특별히 칭찬할 일이 아니고 실패했다 해도 비난할 일이 아니라는 점이다. 만일 대소변 가리기에 칭찬과 처벌이 사용된다면 그 칭찬과 처벌에 따라 배설이나 실수가 잦아질 수 있고, 부모의 관심을 끌려는 마음에서 배설이 잦아지거나 실수가 잦아질 수도 있기 때문이다. 대소변 훈련에서 부모가 까다롭고 엄격하면, 어린이가 소극적으로는 청결 강박증, 권위에 대한 굴복, 억압된 분노 등을 일으킬 수 있으며, 반대로 적극적으로는 자신을 지저분하게 하거나 어지럽힘으로써 부모에게 맞서 폭발적인 분노를 표출할 수도 있다. 그밖에도 대소변 가리기 훈련에서 지나치게 방임하면, 어린이가 자기 통제력을 상실하거나 유뇨증, 누분증* 등의 병리 현상을 보일 수 있다.

자율감과 자조 기술 습득

어린이가 걸음마가 가능하여 여러 장소로 자유롭게 공간을 이동할

....

* **유뇨증** 배뇨 습관에 의해 방광 기능을 조절할 수 있는 어린이가 낮과 밤에 수면 중에 무의식적으로 배뇨하는 증상을 말한다.
누분증 괄약근 조절에 안 되어 대변을 자주 지리는 증상을 말한다.

수 있고, 팔다리나 손발의 움직임이 자유로워지면 그 움직임에 따라 얻는 결과에 경이로워하고 자랑스러워한다. 어린이들에게는 그런 다양한 경험을 쌓는 것이 자못 흥분되는 일이다. 어린이들을 유심히 관찰해보면, 호기심을 일으키는 것은 무엇이든지 탐색하고 말지 처음부터 포기하는 일은 없다. 그리고 현재의 발달 과업을 숙달시키면서 다음 발달 과업으로 한 단계 높이는 일이라면 어떤 일이든지 도전한다. 가능한 한, 혼자 할 수 있는 일이면 무엇이든 스스로 해보려고 애쓰고 어른의 도움은 한사코 사양한다. 예를 들어, 음식물을 많이 흘리면서도 한사코 혼자 숟가락질 하여 밥 먹으려 하고, 비누가 얼굴에 남아 있더라도 혼자 세수하려 애쓴다. 이렇게 자신의 능력을 가능한 한 최고 수준까지 끌어올리려는 강한 욕구와 노력은 아마 일생에서 다신 볼 수 없을 것이다.

어린이 때문에 집안이 지저분하고 어지러워지며, 일상 생활에서 말썽과 사고의 위험이 높아지는 것도 어린이들이 스스로 탐색하고 도전하려는 왕성한 동기와 욕구를 실현하기 때문이다. 어린이가 어른의 도움 없이 스스로 무엇이든지 다 해보려는 이 발달 시기에 어린이 마음을 잘 공감하고 격려해주면, 어린이의 자율감과 자조 기술이 한 걸음 더 나아가 인격의 성숙으로 이어지는 데 크게 도움이 된다. 어쩌면 전생애에 걸쳐서, 미지의 일에 호기심을 느끼고 그것을 해결하기 위해 정진하는 자세에 매우 중요하고 긍정적인 영향을 끼칠 것이다. 그래서 우리의 옛 어른들은 세 살 버릇 여든까지 간다는 훈시로, 자율감의 발달 시기와 자조 기술의 중요성을 후세에 전승했는지도 모른다.

만일 자율감과 자조 기술이 발달하는 시기에 어른의 불신이나 불안, 조바심 때문에 어린이가 숙달할 일을 어른이 대신 해주면, 어린이의 의존성이 점점 커질 것이며 또 그 의존성은 어린이의 자존감과 홀로 서기 노력에 큰 장애가 될 것이다. 따라서 어린이의 홀로 서기 노력을 격려하는 것은, 어린이의 독립심과 인격의 성숙을 존중하는 일로 끝나는 것이 아니라 미래의 희망을 키워주는 것이며 창의력의 바탕을 다져주는 일이기도 하다.

아우 출생과 엄마와의 분리

막내가 아닌 거의 대부분의 어린이는, 아우의 출생으로 생애 초기에 마음에 상처를 입는다. 이것은 어찌 보면 생존 법칙에서 강인한 생존자로 살아 남기 위해 배워야 하는, 자연적으로는 필요한 상처일 수도 있다. 그렇지만 필자의 경험으로는, 부모의 사랑을 아우에게 빼앗기고 난 어느 날부터 느닷없이 경험하는 마음의 공허가 너무 큰 어린이는, 그 공허함의 무게에 압도되어 다른 어떤 것도 보고 느낄 수 없게 된다. 그 정도가 아주 심한 경우엔 거의 지각(知覺)의 혼미 상태에 빠지기도 하고 성장을 멈추어버리기도 한다.

형제 관계에서 볼 때, 특히 여동생을 둔 오빠가 괴로움의 정도가 더 심각하다. 일반적인 가정 분위기에서 아들이기 때문에 가족의 사랑과 관심을 독차지할 수 있었던 오빠가 여동생을 보면, 가족의 사랑과 관심이 컸을수록 그 사랑의 박탈감이 훨씬 더 크게 느껴진다. 대체로 여동생을 볼 나이에 이르면 오빠는 미운 짓을 하는 나이가 된다. 오빠는 행동이 거칠고 부잡스러워 사고가 잦고, 고집이 세져서 부모를 피곤하게 한다. 자연히 오빠를 나무라는 일이 늘어난다. 그러던 차에 여동생이 태어나면 부모는 새로 태어난 아기가 더 예뻐 보인다. 게다가 일반적으로 아들을 기를 때와 달리 딸을 기르는 재미가 더 각별하다. 어쩌다 형제 사이에 시비가 붙으면, 부모의 사랑은 흔히 내리사랑이어서, 미운 짓이 늘어나는 아들보다 어리고 예쁜 여동생에게 오빠의 관용을 강요하게 된다. 게다가 부모들은 흔히 큰 자식을 나이보다 어른스럽게 보면서 어른다운 행동을 하도록 강요하는 반면 작은 자식은 나이보다 어리게 봐주고 어리광을 부려도 너그럽게 이해한다. 그런데 오빠와 여동생의 시비를 가려야 하는 상황에서 부모가 오빠에게 강요하는 어른스러움은, 부모에게 매달려도 보고 어리광도 부려보고 싶은 오빠의 마음은 아랑곳없이 도리어 오빠의 외로움과 허탈감을 부채질할 뿐이다. 오빠의 마음은 머무를 곳이 없어지고 심하면 현실 적응에서 정반대쪽으로 방향을 틀게 된다. 따라서 부모는 오빠에 대한 사랑이 여전하다는 것을 확인해주기 위해 언제나 오빠부터 관심을 기울여준 뒤에 동생에게 관심을 기울이도록 해야 한다.

아우의 출산으로 일시적이지만 엄마와 헤어져 다른 집에서 지내게 된 어린이는 이별의 아픔 때문에 후유증을 오래도록 안고 살 수 있다. 어느 날 갑자기 낯선 집에서 낯선 사람과 함께 지내야 하는 괴로움은 마치 망망대해에 떠 있는 조각배처럼 유아기 어린이가 감수하기 어려운 고통이다. 평소에 낯이 익었던 친척 집이라 해도 그럴진대, 낯익힘이 전혀 없는 사람들에게 의탁해 지내야 한다면 그 충격이 얼마나 클지 넉넉히 상상할 수 있을 것이다. 그러므로 잠시 동안이라도 이별이 부득이한 경우라면 아우의 출산이 가까워지면 엄마와 헤어질 자녀의 상처를 예방하는 대책을 반드시 마련해야 한다. 이를테면 어린이를 맡길 집안 환경과 가족들과 미리 친해지도록 대비하고, 엄마 물건을 비롯하여 어린이가 애착하던 물건까지 함께 보내 외로움을 덜어줘야 한다.

엄마의 성품과 주 양육자

엄마는 이 세상에 태어난 아기가 인간 관계를 맺는 첫 대상이다. 태어난 아기가 어떤 성격을 갖추어 나갈지, 이 세상을 어떻게 지각할지는 거의 엄마와 맺는 관계에 달려 있다. 애완견의 성격도 주인의 성격을 닮는 법이니 아기에 대해서는 더 이를 바가 없을 것이다.

엄마의 건강 상태와 성품에 따라 아기를 대하는 양육 태도가 달라질 것이며, 엄마의 정서적 안정감이 어떤지에 따라 아기에 대한 반응이 달라질 것이다. 자신의 건강 문제로 여유가 없는 엄마는 아이를 보살피는 일이 부담스러울 것이고, 자신의 감정을 다스리지 못하는 엄마는 아기와 바람직한 정서적 교류가 어려울 것이다. 마음씨가 부드럽고 따뜻한 엄마는 목소리도, 몸짓도, 말씨도, 솜씨도, 옷맵시도 고울 것이다. 마음씨가 거친 엄마는 숨결도, 음식 맛도, 손길도, 눈길도 거칠고 투박할 것이다. 누누이 강조하지만 엄마의 부드러움과 따뜻함은 아기의 미래를 부드럽고 따뜻하게 열어줄 것이며, 비바람을 피하고 싶을 때면 언제라도 마음 놓고 문을 두드릴 수 있는 마음의 고향이 되어줄 것이다.

만일 엄마가 선천적으로든 후천적 여건 때문에 그렇게 되었든, 엄마 역할을 충분히 수행하지 못하거나 우울한 엄마라면, 또 엄마가 지속적으로 아기를 양육할 수 없어 양육자를 자주 바꿔야 한다면, 아기는 자기의 미래를 향해 가시밭길을 헤쳐 나가야 한다. 아기의 성장 발달이 위축될 것이며, 엄마와 애착 관계에도 공백이 생길 것이다. 또한 정서적으로 둔감할 것이며, 언어적 표현과 사회적 관계도 미숙하거나 두려움이 클 것이다. 피부는 거칠고 눈빛은 어두우며 걸음이 무겁고 하고 싶은 일도 없을 것이다. 서너 살 이후에 생길 수 있는 이성 부모에 대한 관심과 애착 관계도 해결하기 어려울 것이다. 실제로 치료적 도움이 필요한 어린이들의 문제를 근원에서 추적하다 보면 거의 엄마와 애착 관계에 실패했음을 발견할 수 있다.

엄마의 양육을 제대로 받지 못하는 아기의 성장과 발달은, 마치 뿌리를 내리지 못한 식물의 성장과 같다. 그리고 엄마를 대신하여 자주 바뀌는 대리자의 양육으로 자라는 아기는, 익숙해진 토양으로부터 척박한 땅으로 이리저리 옮겨져서 자라는 식물과 같다. 어느 경우든 아기에게는 삶의 질곡이다. 엄마의 사랑은 이 세상 어떤 것으로부터도 찾아볼 수 없는 무한하고 위대한 힘을 지닌 묘약이다. 다정다감한 정서, 기발한 창의력, 풍부한 언어, 친밀한 사회적 교류 등은 모두 그 묘약의 효험이다.

가족 관계와 가정 환경

부모의 경제력과 사회적 지위, 주거 환경 등은 자녀들 마음의 안정이나 성장과 발달을 비롯하여 성인이 되었을 때 사회적 성취에 크게 영향을 끼친다. 핵가족인지 대가족인지, 부모의 사이가 좋은지 나쁜지, 부모의 성격은 어떤지, 부모에게 병리적 요소는 없는지에 따라 자녀의 성장과 발달은 제각기 달라진다. 특히 부모의 과음과 폭언, 구타 등은 자녀에게 치명적 손상을 입힌다. 반대로 아빠의 덕향(德香)이 그윽할수록, 엄마의 자애로운 그늘이 넓을수록 자녀가 뻗는 가지는 하늘 높이 치솟을 것이다.

우리 옛 어른들은 부모의 역할을 엄부자모(嚴父慈母)로 규정했다. 아버지를 가리키는 글자는 손에 회초리를 쥔 모양으로 만들어진 글자이며, 엄마를 가리키는 글자는 엄마가 아기에게 젖을 물린 모양을 본떠 만들어진 글자다. 글자가 그렇게 만들어진 까닭을 새겨보면 아버지는 자녀에게 바람직한 행동을 가르쳐주는 훈계를 맡고, 엄마는 자녀의 아픔을 위로해주는 자비를 맡으라는 뜻인 것 같다. 한편, 부모(父母) 두 글자에 함축된 의미를 자세히 들여다보면, 어린이 놀이 치료 현장에서 치료자가 유지해야 할 수용과 제한의 규칙이 들어 있다. 즉 자비로써 어린이의 어떤 마음이라도, 어린이의 어떤 인격이라도 있는 그대로 전부 수용하라는 치료자의 철학과 역할은 어머니라는 글자에 함축되어 있고, 바람직하지 않은 어린이의 행동은 엄밀한 규칙에 따라 명확히 제한하여 어린이가 놀이 치료를 안정적인 것으로 인식하게 하고 나아가 사회적 규범에 알맞은 행동이 무엇인지를 배우도록 이끄는 역할과 철학은 아버지라는 글자에 담겨 있다. 자녀 양육에 관한 옛 어른들의 지침이 현대의 상담 이론을 이미 실천했던 덕목이었음을 생각하면 놀랍기도 하다.

'엄부자모'에서 또 한 가지 감탄할 일은, 그것이 곧 양쪽 부모 모두 자신의 역할을 깔끔히 분담하여 일관성 있게 지켜 나가라는 뜻을 담고 있다는 점이다. 즉 자녀가 보고 배울 성 역할의 모범이 되고 그 역할 학습의 혼란을 예방하려면 부모가 서로 역할의 침범이나 혼돈 없이 일관성 있게 자녀를 기르라는 엄밀한 뜻이 담겨 있다. 사회적 변화의 탓이 있기는 하지만 부모의 역할이 혼란스러운 요즘 우리 부모들에게는 참으로 귀한 가르침이 아닐 수 없다.

'엄부자모'에서 또 우리가 착각하지 말아야 할 일은, 아버지 글자 모양에서 손에 쥔 회초리는 자녀에게 권위를 사용하라는 뜻이 아니고, 아버지 자신이 솔선수범하지 못했을 때 스스로에게 엄격히 사용하는 회초리인 것이다. 요즘 사람들은 흔히 엄부를, 아주 권위적이며 고지식하고 경직된 도덕관으로 자녀를 훈육하는 아버지로 연상하지만, 실제 우리 옛 어른들의 도덕 관념으로는 그 회초리를 아버지 자신에게 아주 엄밀한 잣대로 적용하는 것이다.

똥 싸는 피카추

서영이에게 피카추는 바로 자기 자신이다. 피카추의 기쁨은 서영이의 기쁨이고, 피카추의 슬픔은 서영의 슬픔이다. 서영이는 피카추가 되어 무릎을 오므렸다 폈다 하며 종종 모래가 담긴 욕조에 들어가 앉아서 온몸을 적시며 놀았다. 마치 엄마 뱃속의 양수에서 놀았던 그 시절을 회상하며 즐기는 듯했다. 그러고는 가끔씩 가슴에 타오르는 번뇌라도 식히듯 서영이 피카추는 모래 상자에서 무더위를 잠재우는 소나기 모래 비를 머리 끝에서 발 끝까지 주룩주룩 맞곤 했다.

그렇게 모래 상자에서 마음껏 뒹굴던 어느 날 서영이 피카추는 지금까지 경험하지 못했던 최고조의 환희를 경험했다. 아주 자유롭고 미묘한 경험이었다. 앉아서도 똥 싸고, 누워서도 똥 싸고, 자면서도 똥 싸고, 울면서도 똥 싸고, 뛰면서도 똥 싸고……. 오랜 시간 피카추의 가슴에 고여 있던 오물들이 모조리 빠져나가는 후련한 배설 경험이었다. 어디 그뿐이랴. 산더미처럼 쌓이는 똥, 흙탕물처럼 튀기는 똥, 사람의 입으로 흘러내리는 똥, 집과 나무들을 더럽게 훑어 내리는 똥……. "똥이야, 히히, 똥, 똥, 똥……." 그동안 피카추를 괴롭혔던 모든 대상들을 향해 이렇게 통쾌한 파괴와 공격을 해본 적이 없었던 만큼 참으로 귀중한 경험이었다. 모래는 양수도 되고, 비도 되고, 똥도 되면서 피카추의 새로운 탄생을 축복해주었다. 이 경험은 서영이를 아주 활달한 어린이로 만들어주었다.

발달 과업

식물이 자라는 것을 보면, 씨앗이 트고 떡잎이 벌어지고 줄기가 자라 기둥을 만들고 가지를 벌려 풍성하게 잎을 매달면서 꽃을 피우고 열매 맺는 일정한 순서를 밟아 그 일생을 보낸다. 인간도 마찬가지여서 일정한 순서로 정해진 과업들을 완수해 나가며 한 생애를 엮는다. 개중에 몇몇 과업들은 순조롭게 진행되지 않을 때 인간의 성장과 발달에 큰 손상을 입히는데, 아기를 키우는 엄마들이 결코 소홀히 여겨서는 안 되는 것들이다.

빨기

빨기는 태어나자마자 나타나는 아기의 반사 반응이다. 아기는 젖꼭지가 닿아도 그렇고 다른 사물이 입에 닿아도 반사적으로 빤다. 젖꼭지를 빨려는 아기의 욕구는 아주 중요한 본성적 욕구인데, 젖 떼기가 완료되고 걸음마를 배우며 '맘마' '까까'와 같이 두 개로 연결된 같은 발음의 단어로 언어 표현이 가능할 때까지 지속된다. 백일쯤 자라면 주먹을 입에 가득 넣고 손가락을 쭉쭉 빨기도 한다. 그렇게 아기가 주먹 빨기에 몰두하는 동안 아기의 몸은 침 분비를 위해 분주해지고 그러다 얼마간 시간이 지나면 드디어 침도 많이 흘린다. 아기가 젖꼭지 빨기를 비롯하여 어떤 사물을 만날 때 혀 끝을 내밀어보고 또 그 사물을 열심히 빠는 것은, 이 세상에 포진해 있는 사물을 면밀히 탐색하는 아기의 위대한 인지 활동이다. 그러므로 아기의 빠는 힘이 약하다면 발달의 이상 신호는 아닌지 잘 관찰해야 한다.

아기가 잘 빨기 위해서는 언어 표현에 필요한 기관, 즉 위아래 입술과 혀, 턱의 움직임이 각기 잘 조절되어야 하며 서로 원활하게 협응해야 한다. 이 기관들의 움직임이 서로 잘 협응해야 그것과 유기적으로 연결되어 있는 대뇌의 제반 영역이 고르게 발달할 수 있고, 씹기 단계로 잘 넘어갈 수 있다. 놀이 치료 현장에서 어린이의 발달력을 점검하다 보면, 언어 발달에서 이상을 나타내는 어린이는 아기 때 빠는 힘이 약했던 경우가 많다.

또 달리 주목해야 할 점은, 아기는 생리적인 허기를 만족시키기 위해서도 빨아야 하지만, 정서적 허기를 만족시키기 위해서도 빨아야 한다는 점이다. 대부분의 아기는 배가 불러도 젖꼭지를 입술 밖으로 밀어내지 않고 빨기를 계속한다. 이는 아기가 정서적 허기를 면할 때까지 빤다는 것을 보여준다. 정서적 허기에 대한 포만감은 생리적 허기에 대한 포만감 못지 않게 아기를 정신적으로 살지게 해준다. 만일 정서적 허기를 채우지 못했을 때는 여러 가지 심리적 후유증이 남을 수 있는데, 놀이 치료 장면에서 관찰해보면, 빨기에 대해 정서적 욕구 좌절을 경험했던 어린이들은 식탁을 꾸미거나 음식을 만드는 놀이에 좀 더 많이 열중하고 때로는 우유병을 직접 빨기도 한다.

따라서 인공 수유로 아기를 기르는 엄마들은 수유가 끝난 후 인공 젖꼭지 물리는 일을 잊어서는 안 된다. 간혹 치열이 망가지는 것을 우려해 인공 젖꼭지 물리기를 피하는 엄마들이 있는데, 영아기의 인공 젖꼭지 물리기로 치열이 손상될 우려는 거의 없다. 오히려 인공 젖꼭지 물리기를 꺼리다가 대여섯 살까지 손가락을 빨게 되면 그것이 치열에 더 큰 손상을 주게 되는 것이다.

쥐기

아기는 업거나 안아줄 때 손에 닿는 대로 엄마의 머리카락을 쥐기도 하고 옷자락을 잡기도 한다. 마치 물체에 의지해서 매달리기라도 하듯 주먹을 꼭 쥐어 잡아당긴다. 비록 아기라고 해도 그 쥐는 힘은 주먹을 펴기가 쉽지 않을 만큼 세다. 만일 업거나 안아줄 때 손에 닿는 물체를 꼭 쥐지 못하거나 쥐는 힘이 약해 주먹이 쉽게 펴지면, 빨기 힘이 약한 것처럼 발달의 이상을 예견할 수 있다.

옹알이

아기가 세상에 태어나 세상살이에 적합한 생리적 리듬을 어느 정도 갖추는 두어 달 정도가 지나면, 아기는 엄마와 정서적으로 교류하는 데 적극적으로 마음을 기울이려 한다. 그래서 엄마의 얼굴을 익히려 눈 맞춤도 많이 하고, 엄마와 의사 소통하려고 옹알이도 많이 한다. 그렇게 엄마와 눈 맞춤과 정서적 교류에 점점 익숙해지다가 백일 즈음이 되면 아기의 옹알이는 점점 더 폭주하듯 활발해지고 그 옹알이를 분화시켜 그때그때 감정을 실어 표현한다. 기쁨이 충만하면 소리를 지르는 듯한 옹알이가 나오고, 멜로디와 리듬이 섞여 노래를 부르는 듯한 옹알이도 나온다. 마음이 상하면 어리광 밴 옹알이나 칭얼거리는 듯한 옹알이가 나온다. 그러면서도 아기는 자기가 발성하는 옹알이들을 탐색한다. 자신의 옹알이를 유심히 듣고 탐색하면서 아기는 자기 음성의 고르기와 음량, 음의 높낮이를 조절한다. 때로는 자신의 옹알이에 엄마가 보이는 반응을 연합해 적극적으로 소리도 질러보고 감정을 실은 억양도 나타내 보인다. 이렇게 옹알이를 하면서 아기는 말 배울 준비를 차근차근 갖추어 나간다. 아기는 수많은 옹알이를 거치는 동안 혀의 움직임이 유연해지고 호흡 조절이 능숙해진다. 영아기의 옹알이는 엄마가 수다스럽게 반응해줄수록 활발해진다. 그렇기 때문에 아기의 언어 발달을 촉진하려면, 영유아기에 엄마가 수다스러울 필요가 있다. 필자의 경험으로는, 가족끼리 대화가 빈곤하거나 엄마와 상호 교류가 미약했던 어린이는 언어 발달이 미숙한 경우가 많다. 정신 지체아는 옹알이가 미약하거나 지연되어 나타나는 경우가 많고 자폐아는 옹알이가 나타나지 않은 경우가 대부분이다. 옹알이가 거의 없어서 혀의 움직임이 둔해진 어린이는 나중에 자라서도 씨를 뱉어야 하는 포도나 참외, 씹기가 어려운 음식물 등은 먹지 않으려고 한다.

사회적 미소

앞에서 언급한 바와 같이 백일 정도 지난 아기를 안아주면 배냇짓인 웃음과 달리, 눈동자를 맞추고 뚫어지게 바라보며 누군지 탐색하다가 곧 방실방실 웃는 모습을 발견할 수 있다. 그리고 재미있게 얼러주면 까르르 웃는다. 이는, 아기에게 사람의 인상과 사물의 모양새를 분별하는 능력이 생기고 있다는 것을 알려주는 웃음이면서 동시에 다른 사람과의 만남에서도 적극적인 교류가 가능하다는 것을 알려주는 신호다. 즉 타인과 관계를 맺는 데 필요한 지식과 사회적 기술의 기초를 다진다는 뜻이다. 따라서 아기의 사회적 미소는 사회성 발달의 탐색 지표로서 영아기 발달력을 점검하는 데 빼놓을 수 없는 아주 중요한 발달 과업이다. 현장에서 발달력을 점검하다 보면 자폐아의 경우는 대부분 이 시기에 눈 맞춤이나 사회적 미소가 나타나지 않았던 경우가 많다.

네 발로 기기

아기가 네 발로 기는 것은 두 팔의 힘이 기어다니는 온몸의 움직임을 감당할 만큼 강해지고, 각각 움직이던 사지(四肢)의 운동도 분화와 통합을 시작한다는 뜻이다. 기어다니는 발달 시기가 끝나 사지를 자유롭게 분리해 조절하려면, 그 기초 작업인 기기 연습이 충분히 이루어져야 한다. 또 기어다니는 발달 과업을 수행하는 동안에는 사지와 연결된 대뇌 중추신경의 분화와 통합도 함께 발달하므로, 기어다니기 발달 과업을 결코 소홀히 여길 수 없다. 만일 보행기를 너무 애용하여 기어다니는 발달 과업에 소홀해지면, 보행기 걸음에 맞추느라 아킬레스건이 비정상적으로 발달해 까치발로 걸을 우려가 있고, 사지의 움직임에 따라 발달할 수 있는 분화와 통합의 운동 기능도 둔화될 것이다. 필자의 경험으로는 기어다니는 발달 과업을 생략한 어떤 어린이가 놀이 치료를 하는 동안에 기어다니는 연습을 많이 함으로써 자신의 손상된 발달을 보충하는 경우도 있었다. 이런 사례는 놀이 치료 효과의 경이로움을 참으로 잘 보여준다.

손 유희 모방

네 발로 기는 발달 과업이 끝날 때쯤에 이르면 아기가 고개를 숙여 안녕 하는 움직임을 흉내낼 수 있으며 빠르면 쬠쬠이나 곤지곤지 같은 손 유희 모방도 가능해진다. 이때의 모방 행동은 인지 발달과 말귀 알아듣기의 발달, 그리고 대근육과 소근육 운동의 발달이 정상 궤도를 달리고 있다는 신호다. 사회성 발달 또한 정상적임을 알려주는 행동이다. 백일 때쯤에 눈 맞춤과 사회적 웃음이 없었던 아기는 이 시기에 손 유희 모방을 기대하기 어렵다. 옛날 우리 할머니들이 이 시기의 아기에게 쬠쬠, 곤지곤지를 가르친 것은 아기의 언어 발달, 사회성 발달, 소근육 운동 능력 발달을 위한, 그리고 그런 발달의 이상 여부를 점검하는 슬기로운 방편이었다.

씹기와 침 삼키기

빨기와 마찬가지로 씹기와 삼키기 역시 혀나 턱의 운동, 목구멍 주변의 미세한 근육 운동이 유연해져야 가능하다. 그러므로 씹어 먹는 음식물을 꺼리는 유아나 침을 삼키지 못해 잘 흘리는 유아는 혹 뇌 손상이나 발달 이상은 없는지 세밀한 관찰이 필요하다. 필자의 경험을 참고한다면, 침을 흘리거나 언어 발달에 결함이 있는 어린이는 씹기에 어려움이 있었던 경우가 흔하다. 그런데 만일 씹어 먹기는 하지만, 꼭꼭 씹어서 먹는 것이 아니고 몇 번 정도 우물우물 씹어서 금방 삼키는 수준의 씹기 행동을 보인다면, 이를 정상적인 씹기의 발달로 보기 어렵다. 꼭꼭 씹어서 삼킬 수 있다는 것은 미세한 근육 운동이 정상적으로 발달하고 있다는 뜻이기 때문이다. 임상 현장에서 볼 때, 우물우물 씹어서 삼키는 어린이들의 경우 섬세한 수준의 소근육 운동 발달에 취약할 때가 많다. 필자의 경험으로는, 딱딱한 음식을 씹기 싫어하거나 침을 많이 흘리는 어린이들에게 구슬 꿰기 같은 소근육 운동 촉진 프로그램을 적용했을 때 치료 효과가 매우 컸다.

예전에 우리 할머니들이 유치가 모두 생긴 후 손주들에게 질겅질겅 씹도록 마른 오징어를 입에 물려주던 것은 씹기와 삼키는 움직임의 발달 상황을 점검하는 동시에 발달의 촉진을 도모하던 슬기로운 교육이었다.

젖 떼기

아기가 대부분의 음식물을 잘 씹어서 먹을 수 있고 소화에도 무리가 없다면 이유(離乳)를 시도할 때가 됐다는 뜻이다. 빨기 욕구가 충분히 채워졌다면 이유가 아주 자연스러워서 엄마가 특별히 애쓰지 않아도 어린이 스스로 엄마 젖꼭지에서 멀어진다. 그러나 빨기 욕구가 충분히 채워지지 않았을 경우에는, 유아의 빨기 욕구가 남아 있기 때문에 흔히 엄마와 유아의 실랑이를 거쳐 이유의 과정을 밟게 된다. 여기서 주의할 점은, 가능하면 유아와 실랑이를 거치는 것보다 유아 자신의 의지를 고려하여 자연스럽게 때가 되었을 때 이유를 완료하는 것이 바람직하다는 것이다. 만일 유아의 의지를 고려하지 않은 채 엄마의 편의대로 강제로 이유 과정을 밟으면 손가락을 빨거나 손톱을 물어뜯는 후유증이 나타날지도 모른다. 그리고 그 다음 발달 과업으로 넘어가는 작업이 지연될지도 모른다.

걸음마

이유가 가능한 시기에 이르면 걸음마도 동시에 가능해진다. 그리고 이유와 걸음마의 완료는 곧 엄마에게 전적으로 의존했던 삶으로부터 일부 독립된 의지의 삶이 가능해졌다는 뜻이기도 하다. 따라서 걸음마가 늦어질 때는 뇌 손상이 있는지, 발달이 지연되고 있는 것은 아닌지 등의 점검이 필요하다. 물론 유아의 독립심도 지연될 수 있다는 것을 헤아려야 한다.

걸음마를 배우는 유아의 행동을 유심히 관찰하면 어느 정도 유아의 성향을 짐작할 수 있다. 예를 들어, 겁이 많은 유아는 넘어지지 않으려고 아주 조심스럽게 걸음마를 배우고, 두려움이 적은 유아는 꽈당꽈당 넘어지더라도 과감하게 걸음마를 배운다. 독립심이 강한 유아는 누구의 부축도 거부하고, 의존적인 유아는 누군가가 부축하는 것을 허용한다. 따라서 유아의 성향을 살피고 그 성향에 맞추어 보호자가 반응하거나 양육할 수 있다면 매우 바람직한 일이 될 것이다. 그런데 여기서 참고할 것은, 어린이들은 누구의 도움 없이 스스로 하려는 경향이 강한 것이 본성이라는 점이다. 그러므로 걸음마를 비롯하여 그 밖의 다른 발달 과업들을 스스로 숙달하고자 하는데 공연히 엄마가 도와주는 것은 오히려 어린이의 독립심과 자주성을 해치는 일이라는 것을 잘 새겨 둬야 한다. 만일 어떤 일의 숙달 과정을 어른에게 의존하는 어린이가 있다면 아마도 발달적 취약성이 있기 때문이거나 아니면 태어나서 살아온 짧은 동안에도 어떤 불안 요소가 있었기 때문임을 간파해야 한다.

말 배우기

걸음마가 시작되면서 유아는 말귀 알아듣기(수용 언어)가 증가함은 물론, 몸짓을 포함하여 한두 발음이 연결된 또는 한두 단어로 연결된 말을 사용하여(표현 언어) 의사 소통이 가능해진다. 이렇게 표현 언어가 증가함으로써 추진력이 붙는 의사 소통 기술의 발달은 엄마와 상호 교감의 질이 어떤가에 따라 폭주하기도 하고 완만해지기도 한다. 만일 이 시기에 유아가 정서적 불안을 경험하면 인지 능력의 발달은 물론 언어와 사회성 발달에도 큰 문제가 생긴다. 특히 말을 배우는 이 결정적 시기를 놓치면 이후 아무리 많은 학습을 통해 이 시기의 손상을 메우려 해도 사실상 회복이 어렵기 때문에 언어 습득 가능성이 크게 줄어든다. 필자의 경험으로는 반응성 애착 장애* 아동이 보이는 언어 발달상의 결함은 대체로 말을 배우는 이 결정적 시기에 사회적 관계에서 상호 교류와 의사 소통의 기회를 제대로 갖지 못했기 때문에 초래된 경우가 많았다.

고집과 소유욕

유아가 걸음을 걷고 짧게나마 말을 할 수 있게 되면, 행동 반경이 넓어지고 이 세상 사물에 대한 호기심도 크게 증가한다. 눈에 보이는 모든 사물의 이름을 알고 싶어하고, 용도를 알고 싶어한다. 또한 그 사물들의 속성을 구석구석 알고 싶어서 던지기도 하고 찌르기도 하고 헤쳐 놓기도 한다. 위험 여부를 판단하는 능력이 없기 때문에 안전 사고도 많이 일으킨다. 그래서 일일이 따라다니며 제지하는 것이 많아질 수밖에 없는 엄마와 자주 마찰을 빚는다. 유아는 엄마의 제지를 이해하지 못하므로 그 제지에 순응하지 않고 떼를 쓰거나 완강하게 고집을 부린다. 유아의 입장에서 보면 이는 엄마에게 의존하던 삶에서 벗어나 자주적인 삶으로 삶의 방식을 전환하겠다는 강렬하고도 위대한 독립 선언이다. 그리고 이 독립 선언을 계기로 엄마와 관계에서 벌어지는 마찰을 어떻게 경험하느냐에 따라 감정의 표현 양식이 다양해지고 감정의 분화도 활발해진다.

....

* **반응성 애착 장애** 여러 원인으로 부모와 친밀한 관계 형성에 실패해 아무에게나 강한 애착 반응을 보이거나, 접촉을 거부하고, 성장이 지연되며, 체중이 늘지 않는 상태. 대부분 한 살 이내에 문제를 알 수 있다.

때때로 엄마와 마찰에 직면하게 되면 유아는 고집을 넘어 공격적인 행동을 할 수도 있다. 이때의 공격성 출현은 자신의 욕구를 달성하기 위해 본성적으로 나타나는 원초적 반응일 수도 있고, 부모에게서 보고 배운 행동일 수도 있다. 따라서 부모는 흉내 내는 능력이 뛰어난 자녀에게 질 나쁜 공격성을 가르치지 않도록 세심하게 주의를 기울여야 한다. 그러나 다른 한편으로 유아가 보이는 공격성은 상호 간 타협과 조화라는 사회적 기술을 배울 기회를 얻는다는 뜻이며, 더 나아가 친사회적 행동을 배울 기회를 얻는다는 뜻이기도 하다.

간혹 생기는 유아와의 충돌을 해결할 때, 엄마는 유아의 마음을 충분히 수용하면서 바람직하지 않은 유아의 행동은 나무라지 않고 설득하면서 말려야 한다. 예를 들면, 울고 떼쓰며 엄마를 때리는 자녀의 손목을 더는 때리지 못하게 붙들면서, "아무개야~ 네가 아무리 속상해도 엄마를 때리면 안 돼. 네가 엄마를 때리면 엄마가 아프거든. 그 대신 울고 싶으면 네 마음이 풀릴 때까지 얼마든지 울어도 좋아. 엄마는 울고 싶은 네 마음을 이해하니까. 그리고 네가 아무리 졸라도 지금은 그 곰돌이를 줄 수가 없어. 네가 곰돌이를 개울에서 놓치는 바람에 먼 곳으로 흘러가버려서 다시 만날 수 없거든. 그 대신 내일 백화점에 가서 비슷한 곰을 찾아보자." 같은 메시지를 전하는 반응이다. 반드시 명심해야 할 일은, 바람직하지 않은 유아의 행동을 설득하여 말릴 때는, 말리는 이유를 꼭 설명하고 대안을 제시해주어야 한다는 것이다.

유아가 어느 정도 사지의 몸놀림이 자유로워진 독립된 개체로서 자신을 인식하면 자기를 사랑하는 마음이 생긴다. 그리고 자기를 사랑하는 마음은, 자기가 모든 것을 더 많이 소유하려는 마음으로 이어진다. 그래서 이 시기의 유아는 욕심이 많다. 밤하늘에 떠오른 둥근 달도 자기만의 것이고, 이웃집 강아지도 자기의 강아지다. 할머니도 내 할머니고 엄마도 동생 것이 아닌 나만의 것이다.

그런데 이 시기에 발달하는 고집이나 욕심에 대해 많은 부모가 유의해야 할 점은, 그 고집과 욕심에 엄마가 보이는 반응이 유아의 성격 형성, 합리적인 자기 주장 방법, 인간 관계에서 마찰을 해결하는 방법, 타인을 수용하고 거절하는 마음, 타인에 대한 우호적 또는 거부적 태도를 배우는 데 매우 큰 영향을 끼친다는 점이다.

아빠에 대한 관심

유아가 젖을 떼고 팔다리를 자율적으로 사용할 수 있으면 엄마에게 의존했던 마음에서 서서히 벗어난다. 그리고 엄마에게 집중했던 관심을 서서히 엄마 이외의 타인에게로 돌린다. 엄마 이외의 첫 번째 타인은 아무래도 한 울타리 안에서 함께 사는 아빠다. 아빠와의 교류는 엄마를 제외한 타인과의 교류라는 측면에서 첫 번째로 맛보는 확장된 사회적 관계 경험이다. 때로는 동생이 태어나서 동생과의 관계로부터 확장된 인간 관계를 경험할 수도 있다. 이렇게 울타리 안에서 아빠 또는 동생을 통해 맛보는 인간 관계 경험은, 더 넓게 가족의 울타리를 벗어난 바깥 세상에서 경험할 사회적 관계의 초석이며 연습의 장(場)이기도 하다. 생각건대, 이 경험이 모자랄 때 유아의 사회성 발달은 위축될 수밖에 없다.

유아가 아빠에게 관심을 집중하면서부터는 아빠가 엄마와 여러 측면에서 다르다는 것을 알게 된다. 즉 생김새, 목소리, 행동, 역할 등 많은 부분이 서로 다르다는 것과, 나아가 그것이 곧 성별의 차이라는 사실을 알게 된다. 그리고 자신의 성별이 부모 중 누구와 닮았는지 알게 되고, 나아가 자기의 성별에 알맞은 성 역할도 부모를 통해 배운다. 뿐만 아니라 이성(異性) 부모를 통해 자기와 다른 성의 성 역할에 관한 지식을 갖추는 것은 성인기에 이르러 배우자를 만나고 온전한 부모가 되는 데 필요한 훈습의 과정으로서도 큰 의미가 있다.

어린이의 발달을 면밀히 관찰하다 보면 참으로 오묘한 자연의 이치를 발견하게 된다. 일반적으로 유아가 아빠에 대한 관심이 고조되는 시기에 이르면 공교롭게도 자연 터울로 아우를 보게 된다. 이렇게 생기는 자연 터울이 어쩌면 유아로 하여금 저절로 아빠에게 관심을 집중시키도록 하는 자연의 혜택인 것 같기도 하다. 왜냐하면 아우를 보면 좋든 싫든 엄마를 아우에게 양보해야 하기 때문이다. 만일 아우를 보지 않으면 유아가 엄마에게서 분리되어 아빠에게로 이동하는 시기가 더 늦어질지도 모른다. 그렇게 되면 타인과의 관계로 사회적 관계를 확장하는 것도 늦어질 것이고, 자기의 이익만 챙기는 이기심에서 벗어나지 못해 타인과 나누는 것을 배우는 이타심 배우기도 늦어질 것이며, 자신의 고집과 주장을 양보하며 타인과 어울리는 사회적 기술을 배우는 것도 늦어질 것이다.

최근의 어린이들은 외동이 많아 아우 출생으로 인한 심리적 변화를 경험하지 못해서 사회적 관계의 발달이 미숙할 수 있다. 이런 경우에는 사회적 기술 향상을 위해서라도 이웃 어린이와의 어울림, 사촌 형제들과의 교류를 의도적으로라도 많이 경험하도록 해주어야 한다.

선생님, 나 마음에 들어?

눈도 맞추지 않고 사람을 피하면서 필요할 때만 제삼자가 말하듯 미숙한 수준의 반향어를 쓰는 자폐아가 있었다. 엄마의 걱정은 매우 컸지만 그럭저럭 어색하게나마 의사 소통이 가능해져서 자신의 취학 연령에 맞게 입학을 했다. 다행스럽게도 학교에서는 조용하기만 하고 별다른 말썽을 일으키지 않았다. 재연이의 문제를 잘 모르는 선생님은 눈이 까맣게 반짝이며 우유처럼 맑은 얼굴의 재연이가 기억력과 수리력에서 천재적인 능력을 발휘하였기 때문에 관심을 많이 기울였다. 나중에 재연이의 사정을 알게 된 선생님은 또래들에게 재연이를 이해시키려고 솔선수범하여 재연이를 귀여워해주었다. 선생님의 후의 덕에 재연이는 학급에서 제일 인기 있는 어린이가 되었고 또래들은 서로 경쟁적으로 재연이를 도왔다. 그중에서도 선생님의 배려로 좀 더 성숙한 여자 친구들의 도움을 많이 받을 수 있었다. 재연이는 다만, 각별한 관심으로 자신을 도와주는 또래 여자 어린이에게 "감사합니다"라는 어색하고 건조한 답례만 했을 뿐이었다.

학교 선생님의 배려와 또래들의 협조로 학교 생활은 나름대로 잘 해결해 나가고 있었다. 그러나 재연이에게 많은 어린이들과 접촉하는 것은 매우 힘겨운 일이었다. 취학 후 얼마 지나 재연이는 고추를 만지거나 엎드려서 방바닥을 비비는 행동으로 자신의 긴장을 풀었다. 엄마에게 또 다른 걱정거리가 생긴 것이다.

놀이실에서 놀 때도 재연이는 자주 엎드렸다. 그림을 그릴 때도 고추를 비비고, 퍼즐을 맞추면서도 고추를 비볐다. 치료자는 그렇게 엎드려서 땀을 많이 흘리고 온몸을 비비면 얼굴이 자꾸 미워지니까 아빠 다리 하고 앉아서 놀자고 권했다. 치료자의 권유가 잘 안 통할 때는 "선생님은 네가 그렇게 엎드릴 때는 마음에 안 들고, 아빠 다리 할 때는 마음에 들어." 하면서 자세를 고쳐주곤 했다. 그렇게 몇 번을 말했지만 재연이는 자신과 타인의 관계에 별로 관심이 없었기 때문에 치료자의 말을 주목하지 않았다.

그러다 어느 날 놀이실에 들어가려고 치료자와 마주친 순간이 있었다. 바로 그때 느닷없이 치료자를 좀 더 오랫동안 눈을 맞춰 또렷이 보면서 재연이가 말했다. "선생님, 나 마음에 들어, 안 들어?" 아! 이렇게 반가울 수가……. 치료자도 가슴이 하늘만큼 넓어지는 것 같았다. 자폐아가 자신을 지칭할 때 자신의 이름을 부르지 않고 대명사 '나'를 쓴다는 것은 너와 나의 이자 관계(二者關係), 그리고 제삼자와의 인간 관계를 터득했다는 뜻이기도 하고, 더구나 상대에게 마음에 드는지 안 드는지를 묻는 것은 대인 관계에서 다른 사람에게 자신을 잘 보이려는 노력을 하겠다는 뜻이 아닌가?

Play

③ 장

놀이 치료의

진행 ▶ ▷

Therapy

놀이 치료의 6단계 과정

이 세상 모든 생명은 싹이 자라서 꽃피고 열매 맺는 생성과 성숙의 과정을 거친다. 음악과 소설 등의 예술도 많은 경우 이런 성장 과정에 준하여 기승전결의 정서적 틀을 근간으로 전개된다. 놀이 치료 역시 치료자와 어린이의 만남을 시작으로 어린이의 홀로 서기 선언이 이루어질 때까지 일정한 성장 과정을 거친다. 미세한 씨앗이 자라서 거목이 되기까지 오랜 인내의 시간이 필요하듯이 이 과정도 서두름 없이 매우 진지하고 경건하게 진행되는 과정이다. 어린이가 치료 과정에서 보이는 다양한 반응들을 면밀히 살피고 오류 없이 받아들이는 것은 거의 온전히 치료자의 안목과 성품에 속하는 것이므로 치료자가 결코 방임할 수 없는 몫이다. 그러나 우리는 얼마나 많이 방임한가? 때때로 이런 질문에 부딪치면 부끄럽기 그지없다.

어린이가 진지하게 한 걸음씩 내딛는 놀이 치료 과정을 전체적 맥락에서 보면, 탐색의 시기 → 밀월의 시기 → 격랑의 시기 → 훈습의 시기 → 독립을 다짐하는 시기 → 종결의 시기로 나눌 수 있다.

탐색의 시기

치료자와 어린이가 처음 만났기 때문에 서로 탐색이 필요한 시기다. 어린이 입장에서는 낯선 치료 환경과 치료자가 불안과 경계심을 일으키기 때문에 치료자의 인격적 분위기가 큰 영향을 끼치는 시기다.

이 시기에 어린이가 보이는 반응은 그들이 자라 온 배경이 각기 다른 만큼 겉으로 드러나는 행동도 다르다. 어떤 어린이는 불필요한 수다로 불안을 줄이려 노력하고, 또 어떤 어린이는 자신을 최대한 보호하기 위해 입을 꼭 다물기도 한다. 인간을 신뢰하지 못하고 자란 어린이라면 눈 맞춤 없이 한구석에 불편하게 앉아서 가끔씩 치료자의 눈치를 볼 것이고, 여러 사람의 손에서 자랐지만 진정하게 교감한 일정한 양육자가 없었다면 치료자에게 피상적이고 분별 없는 친근함을 보일 것이다. 마땅한 의지처 없이 자란 어린이라면 애착 대상으로 삼은 친숙한 물건을 안전 기지로 삼아 들고 다니며 치료자를 만날 것이고, 통제력이 길러지지 않은 어린이라면 들뜨고 산만한 행동을 보일 것이다. 평소에 인정받고 싶은 욕구가 컸으면 자기 자랑을 늘어놓으려 할 것이며, 낯선 것에 대해 불안이 높은 경우에는 화장실을 자주 드나들 것이다. 또 비행을 보이거나 엄마와 관계에서 분리 불안이 높은 어린이라면 놀이 치료에 저항이 심할 것이다.

이 시기에는 어린이 자신이 지니고 있는 핵심적인 갈등이 잘 노출되고 문제가 되는 증상(틱, 손가락 빨기 등)도 쉽게 발견된다. 만일 치료자의 분위기가 편안하고 친근한데도 어린이가 강한 두려움을 보이고 회피한다면 어린이의 심리적 문제가 많이 심각한 경우이기 쉽다. 또 이 탐색기가 긴지 짧은지는 어린이가 습득한 인간에 대한 신뢰감 여부에 따라 결정된다. 대체로 이 시기가 짧아야 전체 치료 기간도 짧아진다.

이 시기의 어린이들이 불안과 경계심을 노출하는 것처럼 치료자도 흔히 이 시기를 거치는 동안 불안과 조급함이 생긴다. 어린이가 빨리 놀이 치료 상황에 적응하기를 바라는 마음에서 엄마와 분리를 서두르거나 어린이에게 서둘러 접근하려 하기도 한다. 그러나 이런 조급함은 자칫 잘못하면 어린이의 의존성을 부추기거나 치료실 적응을 더 늦추는 부작용을 낳을 수 있으므로 조심해야 한다.

밀월의 시기

어린이가 치료자에게 의구심을 거두고 신뢰감을 구축하면서 친밀한 감정을 형성해 나가는 시기다. 그동안 어느 누구와의 관계에서도 경험하지 못했던 온정, 수용, 격려, 자유로움을 색다른 느낌으로 만끽하면서 어린이의 용기가 커 나가는 시기며, 그동안 겪었던 좌절을 딛고 일어나 의욕적인 삶을 마음 놓고 누려보는 시기다.

이 시기에 접어들면 어린이의 많은 긍정적 변화들이 쉽게 눈에 띈다. 정서적으로 많이 안정되어 웃음이 늘고, 움츠리던 어깨가 펴지고, 발걸음도 가벼워지며, 말소리도 커진다. 식욕이 늘고 얼굴이 뽀얗게 피면서 발육에도 가속이 붙는다. 외현적 변화에 발맞춰 심리적 성숙에도 가속이 붙어 정신 기능도 활성화된다. 그래서 가정 생활과 학교 적응, 학업 수행 능력이 호전된다. 일상 생활 전반에 걸쳐 즐거움이 생기기 때문에 어린이를 따라다니던 여러 증상들도 좋아진다. 손가락 빨기, 야뇨증, 거식증, 틱 장애, 주의 산만, 아토피, 원형 탈모, 악몽, 누분증 등등…… 어린이들은 그동안 자신을 괴롭혔던 많은 증상들로부터 해방감을 느낀다. 그러나 이 시기에 나타나는 긍정적 변화는 어린이가 자신의 내면 관찰을 통해 이루어낸 변화가 아니기 때문에 일시적인 것이기 쉽다. 따라서 이 시기의 긍정적 변화는 다만 치료자와 밀착된 관계에서 나타나는 밀월 효과(honeymoon effect)일 뿐이다. 진정으로 바람직한 변화는 어린이 스스로, 자신을 바로 세우기 위해 자신의 깊은 의식 세계를 관찰하는 심층 작업을 하고 난 후에 보여주는 변화다.

이 시기의 어린이가 치료자에게 보여주는 신뢰와 사랑은 매우 견고하다. 치료자의 무엇이라도 몸에 지니고 싶어서 치료자의 물건을 집에 들고 가겠다고 요구하는가 하면, 한 알의 땅콩이라도 먹다가 남겨서 치료자에게 선물로 주고 싶은 돈독한 사랑이 어린이의 온 마음을 휘감는다. 그래서 이 상황을 지켜보는 어머니는 경이롭기도 하면서 도리어 외롭고 불안을 느끼는 시기이기도 하다. 따라서 치료자는 이 시기의 어머니들에게 엄마의 자리를 빼앗기는 것 같아 안타깝겠지만 장차 어린이가 엄마에게 보여줄 사랑의 표시를 치료자에게 미리 연습하는 것이니 안심하라고 일러줘야 한다. 그리고 이 시기가 지나면 치료자와 어린이와 어머니가 함께 헤쳐나가야 할 격랑의 시기가 올 수도 있음을 예고해줘야 한다.

격랑의 시기

치료자의 따뜻한 이해와 넓은 수용으로 치료자와 사회적 관계에서 신뢰와 친밀함이 충분히 익으면, 어린이는 안심하고 자기 마음을 옭아맨 많은 긴장으로부터 풀려나려 한다. 타인에게 잘 보이려고 애썼던 그동안의 노력을 허물고 깊이 숨겨둔 울분을 마음껏 방출하고 싶어한다. 즉 이성(理性)으로써 자신을 지탱하고 보호해 왔던 방어 기제와 논리를 버리고 과거의 삶을 반추하거나 의식에 의해 감춰진 잠재 의식의 세계로 들어간다. '현재'와 '의식'과 '논리'의 문턱을 되돌아서 '과거'와 '잠재 의식'과 '감성'에 좀 더 충실한 삶으로 접어드는 것이다. 많은 어린이들이 이렇게 격랑의 시기를 거치는 동안에는 앞에서 보여준 밀월 기간의 긍정적 변화와 전혀 상반되는 부정적 행보를 보인다. 그러나 이 부정적 모습들은 얼핏 보면 퇴보인 것 같지만 어린이 자신의 왜곡된 인격 구조를 차곡차곡 재구성하는 심층 작업이 시작되었다는 신호이며 대단히 경건하고 건설적인 작업이다. 따라서 치료적으로는 매우 반가운 신호다. 이 시기의 격동은 마치 겉보기엔 거품이 부글거리고 냄새도 고약하지만 건강에도 좋고 맛도 좋게 하는 발효 음식의 발효 과정에 비유할 수 있는 과정인 것이다.

이 시기의 어린이들은 치료자와 교류하기보다는 자기 내면 세계의 재건에 필요한 상징 놀이에 더 몰두하기 때문에 치료자보다 놀이와 대화가 더 증가한다. 놀이와 대화로 표현하는 자기 인식과 자기의 내면 세계는 일정한 단계를 건너며 발달해 나간다.

어린이들이 쌓여 있던 울분을 남김없이 배설하고, 가능한 만큼 확장해보려는 자기 의지의 표현은 때때로 가족과 이웃 그리고 치료자와 자주 충돌을 일으킨다. 그래서 이 시기를 순조롭게 건너가기 위해서는 치료자와 부모의 부단한 인내와 노력이 필요하며 이 시기에 자주 나타나는 다음과 같은 상황들에 대한 올바른 이해도 필요하다.

집에서도 잠이 늘고 치료실에서도 자고 싶어한다.

이는 일종의 자궁 경험으로서 삶에 무력감을 느껴 안식을 취하고 싶거나 또는 엄마 뱃속에 있던 생애를 다시 조율하고 싶을 때 많이 나타나는 행동이다.

인간은 누구나 삶이 고달파지면 모태로 회귀하여 휴식을 취하고 싶은 심정을 느낀다. 태어난 이후의 삶에 견줄 때 아늑한 엄마의 자궁은 장구한 인류 역사와 광대한 우주를 담은 우리의 영원한 고향이기 때문이다. 어린이들이 이불을 뒤집어쓰고 놀기를 좋아하거나 또는 책상 밑, 장롱 안, 상자 속, 우산 속 같은 어둑하고 비좁은 공간에서 웅크리고 있기를 좋아하는 것도 모두 엄마의 자궁을 찾아 안식을 취하고 싶은 마음의 표현이다. 놀이 치료실에서 자궁 경험을 실감나게 하려는 어린이 중에는 놀이실의 불을 꺼 달라고 요청하고 놀이용 텐트 속에 들어가 눈을 감고 웅크리고 누운 채 부드러운 모포를 덮어 달라는 경우도 있다.

엄마 뱃속에 있던 시절이 고통스러웠던 어린이는 상징 놀이로 곧잘 자궁 속 시절을 회고하거나 재현하면서 심층 작업을 진행하고 또 아늑한 상태의 자궁을 다시 경험하기 위해 굳이 치료실에서 자고 싶어하는 시기를 거친다. 이럴 때에는 치료자가 어린이에게 잠을 자도록 허용하는 것도 좋다. 다만 생체 리듬이 깨지지 않도록 20분 이내에 깨운다는 것을 예고해주고 치료자가 깨울 때 금방 일어나야 한다는 암시를 주는 것이 좋다. 20분 이내의 수면은 반의식 상태의 얕은 잠이어서, 깊은 수면에 비하면 자궁에 있을 때의 잠과 좀 더 가깝기 때문에, 자궁 경험에 더 도움이 된다.

악몽을 꾸거나 자다가 깨서 우는 일이 생길 수 있다.

어린이가 놀이와 대화로 심층 작업을 해 나가다 보면 잠재 의식 속에 깊이 감춰져 있던 두렵고 슬픈 기억들이 서서히 꿈 속에서 그 모습을 드러낸다. 현실적인 의식 저편에 그림자처럼 애매하게 뒤섞여 있던 내용들이 좀 더 구체화되면서 깨어 있는 분명한 자각으로 이어지려면 꿈이라는 징검다리를 건너야 하기 때문이다. 그래서 악몽에 시달리기도 하고 자다 말고 깨서 울기도 한다. 이런 현상은 모두 어린이가 성숙으로 나아가는 데 필요한 도약의 한 과정이므로 염려할 일이 아니다.

치료자와 밀월 관계를 유지하는 동안 사라졌던 틱이나 야뇨, 고추 만지기 등의 증상들이 더 악화되거나 또는 눈에 띄지 않던 새로운 증

상들이 나타날 수 있다.

어린이도 자신을 괴롭히는 증상이 무엇인지, 자신이 버려야 할 행동이 무엇인지 다 알고 있다. 그리고 그것이 뜻대로 해결되지 않아 매우 속상해하면서도 어떻게 해서라도 해결하려는 긴장과 노력을 쉬지 않는다. 그런 상황인데 만일 주변에서 한마디 말로라도 어린이의 그러한 약점을 건드린다면 어린이 마음은 마치 불길에 기름을 붓는 것처럼 더 큰 고통이 따를 것이다. 그러나 치료자와 함께 만들어 나가는 치료적 상황은 이런 고통과, 그것을 극복하기 위한 긴장으로부터 모두 벗어나는 자유로움을 누리게 해준다. 그래서 가장 깊은 의식의 한 켠에 자리 잡고 있던 자아 방어 기능조차 다 풀어헤치고, 지금까지 자신을 괴롭히던 문제가 나타나거나 사라지거나 개의치 않고 자신의 증상에 마음 놓고 젖어보는 것이다.

그동안 나타나지 않던 증상이 새로 나타나는 경우는, 어떤 계기가 생기면 그 증상이 표면화될 가능성이 마음 안에 이미 존재하고 있었음을 의미한다. 이것은 서서히 자라는 암세포가 있는 줄 몰랐다가 우연한 계기로 발견하는 것과 같은 현상이므로 오히려 다행스러운 상황이다.

개중에 어떤 어린이는 없었던 야뇨 증상을 나타내기도 하는데, 여자 어린이의 야뇨는 깊이 숨었던 불안과 두려움에 직면하는 고통의 표현일 때가 많고, 남자 어린이의 야뇨는 불안과 두려움의 직면을 포함하여 남자로서 자존감 회복의 표현일 때가 많다. 또 어떤 경우에 남자 어린이는 야뇨증 대신 고추 만지는 행동을 일시적으로 나타내기도 한다.

남자 어린이에게 없던 야뇨 증상과 고추 만지기 등의 행동이 새로 나타나는 것은 대체로 프로이트가 구분한 남근기 발달 시기를 거치는 동안에 많이 나타난다. 아마도 남근을 통해 성 정체감을 확인하고 싶은 까닭에서인지도 모른다. 이럴 때 부모는 이 같은 행동이 일시적으로 나타났다가 사라지는 것이므로 구태여 고치려 애쓸 필요가 없다. 자연스럽게 사라지기를 기다리는 것이 오히려 무리가 없다.

이유 없이 한바탕 앓는 때가 있다.

어린이가 놀이실에서 마음껏 노니까 즐거우리라 생각하는 것은 대단한 착각이다. 오히려 자신의 아픈 마음을 바라보고 그 상처를 뛰어넘어야 하는 매우 힘겨운 작업과 직면하고 있다고 보는 것이 맞다. 그래서 오랜 시간 심신의 에너지를 있는 대로 다 소모하고는 종종 앓기도 한다.

그러나 치료 기간 동안의 병치레는 어린이가 더 강인해지고 성숙할 수 있도록 추진력을 붙여준다. 치료라는 큰 작업에 매진하는 것이 온몸의 재활 기능을 더 활발하게 작동시키기 때문인 듯하다. 그래서 치료자의 눈에는 한바탕 앓는 어린이의 모습이 애처로우면서도 장하다.

과다한 식사, 군것질, 막대사탕 물기, 물건을 사 달라고 마냥 요구하는 것, 수다스러움, 떼떼거리는 말투, 엄마 곁에 붙어 있으려 하기, 어리광 부리기 등이 증가하는 때가 있다.

이런 경향은 어린이가 자기를 재건하기 위해 심층 작업을 진행하면서 프로이트가 구분한 발달 단계 가운데 구강기를 건너갈 때 흔히 나타나는 현상들이다. 프로이트가 언급한 구강기는 엄마 품에 안겨 놀거나 젖을 빨며 배고픔과 빨기 욕구를 충족시키고, 엄마와 부드럽게 신체 접촉도 하고, 눈빛과 언어를 나누며 정서적으로 교감하면서 삶의 기쁨을 누리고 배워 가는 매우 중요한 시기이다. 이 중요한 생애 초기에 욕구 좌절을 경험하고 마음에 허기가 지면 그 한을 풀려고 놀이 치료에서 위와 같은 행동을 보이며 그 아픔을 보상받으려는 것이다.

침 뱉기, 침 바르기, 트림하기, 코 흘리기, 체취 풍김, 방귀 뀌기, 잦고도 많은 양의 대변 보기, 똥과 똥꼬 이야기, 떼쓰기, 반항하기, 지저분하게 놀이하기 등이 증가하는 때가 있다.

이런 경향은 프로이트가 구분한 항문기를 건너갈 때 흔히 나타나는 현상들이다. 프로이트가 언급한 항문기는 엄마와 공생 관계에서 벗어나 스스로 독립하여 걸을 수 있고, 팔과 다리를 자유롭게 쓸 수 있어 사물에 대한 탐색이 많아지고, 대소변 가리기에서 자율감을 경험하는 시기이다. 또 '나'와 '대상'을 분리해 인식하고, 따라서 자기 주장과 고집이 생기고, '나'에 대한 인식으로부터 분화하는 '나에 대한 사랑'과 '내 소유의 중요성'에 대한 자각이 뚜렷해지므로 욕심 부리기를 알게 되는 발달 시기다. 이 항문기 시기에 좌절 경험이(자기 주장의 관철이 좌절되거나 자기 소유물의 박탈 같은) 큰 어린이는 치료 기간 동안 그 좌절을 극복하려고 위와 같은 행동을 보이며 자신의 존재와 존재의 귀중한 가치를 확인한다.

이렇게 자기 사랑의 항문기를 거치는 동안 어린이는 이기심이 고조되기 때문에 이 세상 만물이 자기를 위해 존재해야 하고 자기의 소유이기를 바란다. 놀이공원의 미끄럼틀도 나만의 것이어야 하고, 엄마도 내 동생의 엄마가 아니고 나만의 엄마이기를 주장하는 것이 바로 이런 예에 속한다.

어린이들의 놀이를 관찰하다 보면 동물의 생태에서 유추할 수 있는 원초적 성향의 심리 반응을 많이 발견할 수 있다. 이런 반응들은 대체로 반사적이고 무의식적으로 출현한다. 놀이 치료를 진행하는 동안 일시적으로 '내 소유'를 선언하기 위해 방귀를 많이 뀌거나 똥 이야기를 많이 하는 것도 어쩌면 인간이 약육강식의 세계에서 살아남기 위한 동물의 생존 본능을 간직한 채 진화했기 때문인지도 모른다. 놀이 치료에서 어린이가 똥 이야기를 강조하며 즐거워하는 것은, 동물이 자기를 위협하는 적으로부터 자신을 지키기 위해 방귀를 뀌기도 하고(예를 들어 스컹크), 적의 침입을 막고 생존하기 위해 대소변으로 영역을 표시하거나 냄새를 풍기는 것과 상관이 높아 보인다.

'내 소유(내가 갖고 싶은 것들)'의 소중함을 표현하느라 자주 침을 뱉는 어린이의 치료적 행동은, 어린아이가 자기 몫의 과자를 빼앗기지 않으려고 침을 묻혀놓는다든지, 상인이 그날 처음 개시하고 번 돈에 침을 묻히는 행동과 매우 유사하다.

어린이가 방귀 냄새 풍기기, 똥 이야기 즐기기, 똥 그림 그리기, 화장실 자주 가기 등으로 이 시기의 좌절을 극복할 때, 치료자는 때를 놓치지 않고 익살스럽게 "으앗! 이거 웬 미사일 방귀?", "도망 가자! 고약한 독가스다!", "살려주세요! 무시무시한 대포 소리예요.", "아니 이건 아무개의 금똥?" 하면서 그 마음을 잘 읽어주면 어린이의 자아는 한껏 크게 팽창한다.

드물기는 하지만 필자의 경험으로는 포만감을 즐기듯 일부러 큰소리로 트림하여 자기의 존재 가치를 높이려 애쓰는 어린이도 있었고, 손바닥이나 발바닥에 침을 바르거나 평소에 흘리지 않던 코를 흘려서 자신의 존재 가치를 높이려 하는 어린이도 있었다. 엄마가 깔끔하게 관리해주는 장애아들도 어떤 경우에는 이렇게 자존감이 팽창하는 시기에 이르러 침이나 오줌 냄새가 밴 체취를 더 강하게 풍긴다. 어쩌면 어린이들이 치료 도중에 나타내는 침 흘리고 코 흘리는 이런 현상들도, 경쟁력을 갖추고 당당하게 살아 있음을 세상에 알리려는 의도로 생존을 위해 냄새를 이용하는 동식물의 생태와 닮은 자연스러운 현상인지 모른다. 동물은 짝짓기 철에 방향(芳香)이 강해지고, 꽃은 달콤한 향으로 벌이나 나비를 유인해 열매를 맺는다. 이런 것을 고려하면 생존 경쟁에서 살아남으려는 어린이들의 이런 행동이 납득된다.

필자는 6·25전쟁을 겪은 세대다. 전쟁 중에도 그랬거니와 전쟁이 끝난 후에도 그 시절 많은 어린이들이 코를 흘렸다. 필자는 치료 경험이 쌓이기 전까지는 그 이유가 가난 때문에 영양이 모자라고 위생 관리가 어려워서 그런 줄로만 알았다. 그러나 과거에 비해 풍요로운 요즘, 치료에서 어린이들이 보이는 코 흘림의 원인을, 전쟁 직후 같은 절대 빈곤으로 돌릴 수가 없다. 빈궁했던 그 시절 어린이와 요즘 어린이들에게서 코를 흘리는 이유의 공통점을 찾는다면, 그 시절 어린이도,

놀이 치료를 진행하는 요즘 어린이도 생존의 위협에서 살아남아야 하는 절박한 생의 과업이 있다는 점이 아닐까. 아마도 생명이 있는 모든 존재는 자기의 실존을 지키기 위해 자기 몸에서 끌어낼 수 있는 모든 유기물을 동원하여 자신을 사방에 알리는 본성이 있는 것 같다.

공격적이며 얄미운 행동들이 나타난다.

치료 도중 상승하는 공격성은 치료자와 맺은 신뢰 관계와 결속으로부터 획득한 인간 관계에 대한 자신감의 표현이다. 현실에 적응하기 위해 혹은 상대에게 양보해야만 하는 상황이어서 그 동안 억압했던 여러 공격적 감정들을 남김없이 걸러내고 힘을 기르는 작업이므로 일정한 시간이 지나면 자연스럽게 소강 상태에 접어든다.

공격성이 분별없이 강력해지면 많은 어린이들이 물건을 파괴하는 과격한 행동을 거침없이 표현한다. 그럴 경우 치료자는 반드시 때를 놓치지 않고 명확하게 제한을 두어 어린이의 행동을 바로잡아주어야 한다. 그렇게 함으로써 어린이는 자신의 행동 범위를 바람직하게 설정할 수 있고, 또 자기 행동에 스스로 책임지는 법을 배울 수 있다.

아주 파괴적으로 자신을 망가뜨려본다.

치료를 시작하기 전에 나름대로 곧잘 꾸려 가던 일상 생활을 납득할 수 없이 흩뜨려버리는 행동이다. 정돈 잘하던 어린이가 정돈도 안 하고, 숙제 잘 하던 어린이가 숙제도 안하고, 글씨체도 엉망, 시험 성적도 엉망이 된다. 깔끔하게 가꾸던 외모에도 무관심해지고, 존댓말도 사라진다. 이렇게 어린이들은 그동안 칭찬받고 잘 관리하던 자신의 여러 행동을 망가뜨릴 수 있을 때까지 망가뜨려본다.

어린이 스스로 잘 관리하던 일상 생활이 놀이 치료 시작 후 흐트러지면 부모와 주변 사람들은 더 훌륭한 어린이가 되기를 기대하며 치료를 시작했는데 오히려 더 나빠지기만 한다고 우려하게 마련이다. 그러나 치료 과정에서 보이는 이런 파괴는, 마치 집을 새로 고치려고 잘못 세워진 기둥과 벽을 모두 해체하는 것처럼, 어린이가 현재의 자기보다 더 만족스러운 자기로 변화하기 위해 선택한 치료적 작업이라는 것을 알려서 주변 사람들의 우려를 거두어줘야 한다.

가족을 자주 시험한다.

어린이가 자신감이 생기면, 자신의 미운 행동을 가족이 어디까지 용서해주는지, 언제까지 참아주는지, 자신을 얼마나 진실로 믿어주는지, 자신에 대한 가족의 신뢰와 사랑이 말뿐인지 아닌지 등을 확인하기 위해 많은 질문과 행동으로 가족을 끊임없이 시험한다. 가족들이 어린이의 이런 행동을 견뎌내려면 많은 인내가 필요하다. 그러나 가족을 상대로 하는 어린이의 시험은 그동안 잘못 형성된 가족의 역동이나 관계가 바로잡히는 계기를 마련한다. 따라서 치료자는 가족을 위로하고 격려하면서 동시에 가족의 이해와 협조를 구하도록 애써야 한다. 어려운 과정을 거치면서 가족에 대한 시험이 끝나고 신뢰감이 확고해지면, 어린이는 자신의 본능적 성장 욕구에 따라 스스로 건전하고 여유롭고 바람직한 행동을 보이기 시작한다.

치료자와 실랑이를 벌인다.

어린이가 치료자와의 관계에 믿음이 생기면 자기 주장을 관철하기 위해 때때로 치료자와 대치하고 실랑이를 벌인다. 상황에 맞지 않는 고집을 부리기도 하고, 자신을 경멸했던 누군가에게 되돌려줄 감정들을 치료자에게 전이시켜 표현하기도 하고, 반항하기도 하고, 치료자를 때리거나 비난하기도 한다. 심한 경우에는 어린이가 끊임없이 치료자를 골탕 먹이려 애쓴다. 그럴 때 치료자는 그런 행동을 수용하거나 견디는 것이 몹시 어렵다. 그러나 어린이들이 그런 행동을 마음 놓고 표현하는 것은 치료자에게 느끼는 직접적 울분의 표현이 아니고, 치료자에 대한 절대적 신뢰의 표현이므로 서운해하지 말아야 한다. 만일 어린이들이 그동안 미워하던 어떤 사람에 대한 적개심을 치료자에게 전이시켜 표현하는 행동에 치료자가 동요하면, 어린이는 치료자에게 그동안 쌓아 온 신뢰감을 철회할지도 모른다.

치료자는 아무리 고약한 언행이 나타나더라도 동요하지 않아야 한다. 개중에 어떤 부모는 치료자와 어린이가 벌이는 실랑이에 매우 당황하여 그 상황을 중재하려 애쓴다. 그럴 때 치료자는 부모에게, 치료자가 적절한 방법으로 해결하니까 편안한 마음으로 기다려 달라고 요청하는 것이 좋다. 비가 온 뒤 땅이 더 굳는 것처럼 실랑이가 끝나면 치료자와 어린이의 관계는 더욱 돈독해지고 놀이 치료는 한결 더 진전을 보인다. 그러나 반대로, 실랑이 때문에 어린이가 쑥스러워서 놀이 치료를 멈추고 싶어할 수도 있으므로, 그것을 예방하기 위해 마무리를 잘하는 것도 잊지 말아야 한다. 어린이와 실랑이를 정리하고 헤어질 때 "선생님은 다음 시간에도 기쁜 마음으로 아무개를 기다릴 테니 웃으며 만나자."라는 인사를 건네주는 것은 마무리를 잘하는 방법중 하나다. 또 부모에게는 치료자와 벌인 실랑이를 두고 아무런 언급이나 비판도 하지 말아 달라는 부탁을 해두는 것이 좋다.

훈습의 시기

어린이들이 놀이를 통해 억압되어 있던 내면 세계의 격정을 토로하고 나면 마치 폭풍우가 지난 뒤 만물의 소생이 활발해지는 것처럼 어린이들의 마음도 쾌청해져서 여러 모로 심리적 기능이 향상된다. 즉, 옹색했던 마음이 크고 넓고 강해져서 못마땅했던 사람들과 일들을 여유롭게 대할 수 있고 괴로웠던 증상들도 사라진다. 자기 중심성에서 벗어나 타인의 입장을 이해하게 되고, 승부에서 불리해도 견디게 되고, 삶의 의욕이 살아나서 일상 생활에 성실해진다. 비교적 흔한 예를 든다면, 형제 관계에서 너그러워지고, 치료자와 게임할 때 규칙을 잘 지키며, 학습 동기가 높아지고, 또래 관계가 원활해지는 등 모든 발달 영역에서 적응 능력이 향상된다.

그런데 이 시기에 이른 뒤의 향상은 어린이가 자신의 잠재 능력을 발견하고, 그 능력과 외부 세계와 균형과 조화를 이루도록 몸에 익히는 과정이므로, 초기의 밀월 효과와 달리 견고하고 지속성이 있는 것이어서 겉보기만으로도 참으로 대견한 성장의 모습을 보여준다.

때로는 어떤 일에 대한 어린이 자신의 욕구와 기대 수준이 실현 가능성보다 높아서 무력감과 좌절을 다시 경험하기도 한다. 그러나 이 시기에 다시 겪는 무력감과 좌절은 긍정적 측면의 무력감과 좌절이어서 처음 놀이 치료를 시작했을 때처럼 무방비 상태인 무력감이나 좌절과는 다르다. 다시 말해, 자신의 희망과 현실 사이의 괴리를 인식하고 자기의 입지와 한계에 대해 적절히 안목을 갖추게 하는 무력감인 것이다. 이 시기에 어린이가 이런 무력감을 극복하는 동안은 어린이 자신도 부모도 치료자도 매우 힘들고 안타깝다. 그러나 그것을 극복하고 받아들이고 최선을 다해야 함을 깨닫는 것은 누구도 대신할 수 없는 어린이 자신의 몫이다. 그리고 어린이들은 위대하게도 자신의 역량을 스스로 잘 깨닫는다.

독립을 다짐하는 시기

어린이들이 잃었던 자기를 되찾고 자신의 능력을 가늠하면서 여러 방면에 적응하는 연습을 어느 정도 하고 나면 세상을 바라보는 눈에 변화가 생긴다. 어둡고 파괴적인 분위기에서 건설적이고 희망적인 분위기로, 갈등과 대립의 분위기에서 화합과 축복의 분위기로 빛깔이 달라진다. 따라서 이 시기에 이르면 치료실의 매력은 줄고 오히려 치료실 밖의 생활에 더 많은 관심을 기울이기 때문에, 치료자와 이야기하면서 과거의 자기보다 현재의 자기를 더 많이 알려준다. 또 치료실이

라는 공간에 있으면서도 치료적 작업 대신 일상 생활에 복귀하는 데
필요한 준비 작업에 더 힘을 쏟는다. 예를 들면, 놀이에 마음을 기울이
는 대신 시험을 잘 보려고 들고 온 과제를 풀기도 하고, 생일이 다가오
는 친구에게 선물해줄 작품을 만들기도 한다. 그러고는 서서히 치료자
에게 의존했던 마음에서 벗어나 독립하려는 마음을 기른다.

이 시기에는 종종 치료실에 와서 아무것도 하는 일 없이 시간만 채
우다가 가는 것처럼 보이는 어린이가 있다. 아무것도 하는 일이 없으
므로 종료 의사가 있는지 타진하면 치료실에 오는 것 자체가 의미 있
기 때문에 종료는 나중에 생각하겠다고 말한다. 대체로 이런 경우는
치료적 의미는 퇴색했어도 치료실에서 치료자와 만나는 것이 어린이
에게 오아시스의 의미가 있기 때문에 그렇다. 따라서 이런 경우는 삭
막한 삶에서 한 가닥 희망인 오아시스를 조급하게 박탈하지 않도록 주
의해야 한다.

종결의 시기

치료실에 오는 것이 점차로 느슨해지고 치료 진행이 막바지에 이르
러 이제 치료자의 도움 없이 세파를 헤쳐 나갈 수 있으면 많은 경우에
어린이가 스스로 치료 기간 동안 자신이 거친 과정을 되돌아본다. 한
예로, "선생님! 그동안 제가 그렸던 그림 모두 다시 보고 싶어요."라는
주문을 하면 그건 곧 머지않아 어린이의 독립 선언이 나올 것을 예고

하는 것이다. 그리고 정말로 머지않은 시점이 되어 종결 의사를 밝힌다. "선생님! 이제 저 여기 그만 다니고 싶어요", "선생님 이제 학원 다녀야 해서 이 달까지만 여기 올래요." 같은 자발적 진술이 나타나면 그게 바로 부모와 치료자가 기다리고 기다리던 독립 선언인 것이다. 그리고 이것은 병아리의 부화처럼 줄탁(병아리가 깨어 나오려고 알을 쪼는 소리에 맞춰 어미 닭이 알을 쪼아주며 탄생을 돕는 것)이 동시에 이루어지는 거룩한 부활이다.

어린이의 독립 선언에 즈음하여 놀이에 나타나는 상징 가운데 자주 등장하는 것을 예로 들면, (새로운 탄생을 의미하는) 생일 파티, 여럿이 모이는 축제, 아군 진영에 태극기를 꽂는 놀이, 애국가 부르기, "대한민국"이라고 구호 외치기, 〈독도는 우리 땅〉이라는 노래 부르기, 무지개 피는 마을 또는 평화가 찾아든 마을 만들기, 새로운 모험의 항해 놀이 등이 있다.

어린이가 자발적으로 표현한 독립 의지를 존중하여, 종료 시기를 합의해 결정하고, 조촐한 종료 의례를 거쳐서 어린이와 만남을 자연스럽게 마감하면, 그것을 계기로 치료적 중재가 없는 이후의 생활에서도 스스로 갖춘 성장의 힘으로 대견스러운 모습을 보인다. 그리고 치료 기간에 쌓은 내공으로 그 이후의 삶에서 부딪치는 위험을 나름대로 이겨내며 꾸준히 성장한다. 마치 청년기에 이르러 성인식을 치르면 그 전과 달리 자신의 위치를 자각하면서 어른스러운 행동을 하게 되는 것과 비슷하다.

치료 기간 노력으로 이룩한 어린이의 성장은, 비유컨대 식물의 뿌리

내림과 같다. 시간이 지날수록 성장이 배가되어 뿌리가 굵고 넓고 깊게 내려지고, 또한 뿌리의 성장과 비례해 무성하게 가지를 뻗어서 모진 비바람에도 끄떡없이 견디다가, 마침내 흐드러지게 꽃을 피우고 다닥다닥 열매를 맺는 나무와 같다. 종료 후 일 년이 지나면 열 개의 열매를 맺다가 종료 후 이 년이 지나면 백 개의 열매를 맺는 것처럼 수확은 갈수록 커진다.

어린이가 결정한 종료 시기는 때때로 어린이의 성격 경향에 따라서 치료자가 앞당길 수도 있고 늦출 수도 있다. 만일 어린이의 성격이 충동적이어서 종료 날짜를 급하게 잡았다면 충동성을 조절하는 의미에서 종료 시기를 약간 늦추는 것이 좋다. 반대로 불안이 높거나 조심스러워서 종료 날짜를 멀리 잡은 어린이라면 안심을 시키면서 좀 더 날짜를 당겨 잡도록 격려할 필요가 있다.

놀이 치료가 순조롭게 잘 진행되고 여러 가지 긍정적인 신호들이 보여서 종료가 가깝다고 여기고 있던 차에 어린이가 느닷없이 퇴행 조짐을 보여 치료자를 당황시키는 경우가 종종 있다. 이런 경우는 대체로 두 가지 측면에서 이해할 수 있다.

첫째는 어린이 자신이 그동안 행했던 자기의 성숙 과정을 차근차근 정리하는 마음으로 과거로 거슬러 내려가며 되돌아보는 작업으로서 일시적 퇴행이다. 마치 우리가 논문을 제출할 때, 논문 뒷부분에 논문 전체의 내용을 압축, 요약하여 정리하는 것과 같은 이치다. 어린이들도 논문을 간결하게 다듬는 것처럼 자신의 복잡한 마음을 정리하는 마지막 작업에 정성을 기울인다. 이런 종류의 퇴행은 그동안 경과한 순서대로 짧게 지나가기 때문에 종료를 미룰 만한 사안은 아니다. 마지막 되돌아보기 작업을 마치면 경쾌한 앞날이 전개되기 때문이다.

둘째는 종료를 하고 난 후에 잘 지낼 수 있을지를 염려해서 생기는 가벼운 불안 증상이다. 좌절 경험이 많았던 어린이, 조심스러운 성격의 어린이, 낯선 것에 대한 도전에 용기를 내기 어려웠던 어린이 들에게서 가끔 나타난다. 이 경우의 퇴행도 종료를 잠시라도 연기하고 싶은 마음이 한구석에 남아 있어 머뭇거리는 것이므로 크게 걱정할 일이 아니다. 어린이가 스스로 독립에 대한 자신감을 되풀이해 다지고 나면 저절로 마음이 쾌청해질 것이다.

어떤 경우에는, 어린이가 충분히 독립에 자신감을 내보였는데도 부모 쪽에서 종료를 망설이기도 한다. 대체로 부모 자신이 부모 역할에 자신감이 없거나 어린이의 성장 잠재력에 대한 신뢰감이 낮아서 그럴 수 있다. 이런 문제는 추후 상담으로 관망해보자고 안심시키고, 부모만 따로 더 지속적으로 상담하여 극복할 수 있다.

특별한 사정이 생겨 어린이 뜻에 따르지 않고 부모나 치료자가 종료를 결정하게 되는 경우도 있다. 이럴 경우에는 종료 시점을 달력에 표시해놓고 몇 번의 만남이 남았는지 점검하면서 어린이에게 종료하는 마음의 준비를 갖추도록 이끌어줄 필요가 있다. 그러면 어린이는 참으로 신통하게도 자신의 치료 속도를 종료 시점에 맞추어 차분히 조절하고 정리하면서 자신의 계획대로 마음 작업에 종지부를 찍는다.

꽃잎이 아프다고 그러죠?

영서는 색종이만 보면 상상의 나래를 마음껏 펼친다. 무지개 색으로 염색된 종이들이 아름답기도 하고, 종이를 접을 때 양손의 손가락이 정교하게 움직이는 것도 경이롭거니와, 접는 순서와 모양과 각도에 따라 갖가지 사물의 형상이 나타나는 것 또한 경이롭기 그지없는 일이었다. 풀과 가위를 사용하여 서로 붙이기도 하고, 오려내기도 하고, 생각이 일어나는 대로 그림을 덧그릴 수도 있고, 스티커를 덧붙일 수도 있고……. 이처럼 다양하고 자유분방한 활동으로 얻을 수 있는 만족감은 다른 무엇과도 비교할 수 없었다.

어느 날 영서는 갖가지 색으로 비행기를 여럿 접었다. 그러고는 자신이 접은 비행기에 몸을 싣고 미국에도 가고, 일본에도 가고, 달님에게도 날아가고, 구름도 만났다. 우주 공간을 훨훨 날아다닌 영서는 다시 땅으로 내려왔다. 그러더니 그 비행기들을 모두 둥그렇게 배열해 꽃을 만들었다. 영서는 둥그렇게 피어난 꽃잎 한가운데에 쏙 들어가서 만다라 우주의 핵이 되어 두 손으로 턱을 받치고 눈을 감은 채 꿈을 꾸듯 쪼그리고 앉아 있었다. 꿈에서 깨어난 영서는 손가락을 튕겨 꽃잎 하나를 헤쳤다. 마치 병아리가 알 껍질을 깨고 세상에 나오듯이. 그 바람에 옹기종기 모여서 영서와 함께 꿈꾸던 꽃잎들도 꿈에서 깨어났다. 자신의 손가락에 꽃잎 하나가 튕겨 나간 다음 순간 영서는 갑작스럽게 울먹였다. "선생님 꽃잎이 아프다고 그러죠?" 치료자가 대답했다. "그랬나 봐. 그렇지만 넓은 세상을 구경시켜줘서 고맙대."

● ▲ ●

놀이로 표현되는 진전 신호

어린이의 마음은 그들의 놀이를 면밀히 관찰함으로써 총체적인 이해가 가능하다. 그리고 마음의 변화에 따라 놀잇감 사용이나 놀이 내용이 변하기 때문에 놀이 치료의 진전이라고 여길 만한 신호도 발견할 수 있다. 이제 그 진전의 신호를 몇 가지 틀로 나누어서 살펴보자.

고독한 존재에서 타인과 어울리는 존재로

어린이들이 고립되어 있을 때는 놀잇감도 외롭다. 한 마리의 전갈이 모래 벌판에서 쓸쓸히 놀거나, 한 대의 트럭이 이리저리 다니며 힘겹게 흙을 퍼 나르거나, 한 마리의 물고기만 심심하게 여기저기 헤엄치며 다닌다. 그러다가 어린이가 타인과 교류하게 되면 놀잇감도 따라서 외로움을 벗는다. 혼자 놀던 전갈이 모래 위를 기어가는 개미에게 아는 체하거나, 홀로 모래만 실어 나르던 트럭을 돕는 포클레인 친구가 등장하고, 외로웠던 물고기에게 거북이가 먹이를 물어다 준다. 그밖에도 기차만 갖고 혼자 놀던 어린이가 치료자와 함께 승부를 가리는 게임으로 관심을 돌리거나, 상어만 갖고 놀던 어린이가 인물 모형인 군인들을 갖고 논다면 타인과 어울림에 대한 관심이 생겼음을 알려주는 것이다.

시간과 공간 인식의 변화

치료자와 친화가 미흡한 초기 놀이는 대체로 현실에 가까운 내용이 전개되므로 어린이의 놀이에서 나타나는 시간은 현재에 속한다. 그러다가 치료자를 신뢰하고 은밀한 속마음을 개방하는 일에 두려움이 사라지면 심층 작업이 시작되면서 과거로 돌아간다. 가장 먼 과거로 돌아갈 경우에 어린이는 개별적 존재로 분화되기 이전, 즉 우주에 속해 있으면서 시간과 공간의 개념을 초월한 세계에 존재한다. 이렇게 시공을 초월한 우주적 존재(=정신적 존재)였다가 엄마의 자궁에 들어가면(=정신과 육체가 만나는 존재) 시간과 공간의 개념이 생긴다.

예를 들어 여러 무리의 싸움에서 최후로 승리한 힘센 공룡이 큰 우산 밑에 들어가 누워 있을 때 그 우산 속에 가구가 놓이고 시계가 가구 위에 놓여 있는 장면을 묘사했다면 우산 밑에 누워 있는 공룡은 시간과 공간이 존재하는 태아가 된다.

그런데 어린이가 표현하는 자궁 안의 시간 인식은 우리가 생물학적인 임신 기간으로 계산하는 40주가 아니고 우주의 역사를 담은 영겁의 시간이다. 다만 광대한 우주의 한쪽인 이 세상에 태어나려면 엄마의 자궁에서 차근차근 육신을 갖추어야 하므로 지구상의 인간인 우리가 인위로 정한 시간 단위 40주의 조율이 필요한 것이다.

놀이 치료를 통해 어린이가 성숙해진다는 것은 시간이 존재하지 않는 세계에서 시간이 존재하는 이 세상으로 옮겨와 시간의 흐름을 타고 성장한다는 것을 의미한다. 그러므로 놀이에서 일시적으로 아득한 과거로 되돌아갔다가 다시 현재로 이동하고 놀이 치료에 몸과 마음을 맡긴 시간이 더 흐르고 자기에 대한 긍지가 새로워지면 앞으로 전개될 미래로 나아간다.

좁은 무대에서 넓은 무대로 도약

어린이들의 놀잇감 사용 공간, 또 놀이방 안에서 어린이가 실제로 접촉하는 공간 등을 살펴보면 그들이 지각하는 세계의 크기와 그들의 행동 반경을 알 수 있다. 예를 들어, 조그만 자동차 한 대가 모래 상자 한쪽 구석만 뱅글뱅글 돈다면 현실에서 어린이가 접촉하는 공간은 그만큼 좁은 것이다. 놀이 치료가 진행되면서 움직임이 거의 없는 상태로 구석에만 있던 자동차가 모래 상자 중앙으로 나오고, 시간이 더 지나 모래 상자 밖으로 나오고, 더 나아가 놀이방 전체를 활발하게 돌아다니게 된다. 이렇게 움직임의 공간이 넓어지는 것은 곧 어린이가 접촉하는 일상 생활에서 활동 무대가 점차 넓어지고 있음을 보여준다. 동시에 어린이의 모험과 도전, 동기와 의욕도 더불어 확장되는 것이다.

그뿐 아니다. 놀이방 바닥에서 자동차를 굴리기만 하던 어린이가 놀이에 비행기와 잠자리를 등장시켜 허공을 날게 한다면 이것은 어린이 마음에 날개가 달리는 것이며, 희망이 자라는 것이며, 이차원에서 삼차원으로 공간 지각의 발달이 이루어지는 변화이다.

자의식과 자기 주장의 신호

어린이가 의존적이고 자아 인식이 허약한 경우에는 놀잇감을 대체로 한 줄로 배열하거나 수평적으로 배치한다. 자동차들이 한 줄로 붙어서 움직이거나, 나무토막이 끈처럼 다닥다닥 붙은 모양으로 배열되는 것이 그 예다. 그러다가 자아의 정체감과 자기 주장이 뚜렷해지면 한 줄로 늘어섰던 자동차들이 여러 줄 또는 사방으로 흩어지고, 나무토막을 탑처럼 위로 쌓아올린다.

정지된 상태에서 움직임이 생기는 변화

어린이에게 활기가 없을 때는 놀잇감도 움직임이 없거나 무기력하다. 자동차가 주차장에 머물러 있거나 인형 집 안에 있는 아이 인형이 침대에 누워 있는 것이 그 예다. 그러다가 활기가 생기면 주차장에 머물던 자동차는 길거리로 나가고, 침대에 누워 있던 아이 인형은 놀이터로 나간다. 놀이 치료의 진전에 가속이 붙으면 놀잇감의 운동성이 한층 더 확장되는데(예를 들어 풀을 먹던 공룡이 격렬한 싸움에 끼어든다든지 행진하던 자동차들이 자주 부딪쳐 사고가 나는 것 등) 운동량이 늘어나는 것은 물론이고 민첩성과 유연성도 많이 향상된다.

천지 창조와 사물의 등장

여러 가지 모형을 활용하여 어린이들이 꾸미는 정경 가운데는 우리가 속해 있는 우주의 역사가 담겨 있다. 그것은 또 어린이 자신의 역사이기도 하다.

치료 초기의 황폐한 마음은 말 그대로 거칠고 을씨년스러운 장면으로 표현된다. 모래 상자 꾸미기를 예로 들면, 처음에는 아무것도 없이 울퉁불퉁 펼쳐진 모래 사막만 존재한다. 시간이 흐르면서 그 모래 사막은 용암을 분출하는 화산이 되고 바다와 산과 계곡으로 나뉘면서 물이 흐른다. 시간이 더 흐르면 산에는 나무가 자라고 바다에는 물고기가 노니는 등 생명이 등장한다. 이렇게 산과 바다와 동식물들이 어울리는 자연 환경이 만들어지면 그 위에 인간이 존재하고 인간이 창조한 문명이 등장한다. 그리고 이어서 인간들의 갈등 상황 또는 서로 다른 문화의 마찰 등이 묘사되다가 새로운 마을이 건설되고 자동차가 움직인다.

싸움 놀이만 보더라도 처음에는 창과 활로 싸우다가 그 다음에 검으로 싸우고, 그러다 총으로 싸우고, 더 나아가 신형 무기로 싸우는 과정을 거친다. 어린이들이 치료 과정에서 꾸미는 이런 정경의 변화를 보노라면, 마치 태아의 성장이 진화의 역사를 고스란히 담고 있는 것처럼, 한 개인의 역사 가운데 당사자의 생(生)의 역사는 물론 인류의 역사와 우주의 역사가 고스란히 담겨 있음을 알게 된다. 즉, 하나의 작은 개체와 커다란 전체가 동시에 존재함을 엿보게 된다.

인간 관계가 열리는 과정

놀이 치료에 의뢰된 어린이들은 대체로 인간 관계에서 큰 손상을 입었다. 그리고 그 손상은 어린이 스스로 선택하여 사용하는 놀잇감을 관찰해볼 때 몇 단계 징검다리를 건너며 회복 과정을 거친다. 어린이가 사회적 관계 맺기의 진전을 위해 초기에 사용하는 놀잇감은 주로 무생물이고 그 가운데서도 자동차가 많이 사용된다. 어린이의 눈높이에서 자동차를 눈여겨보면 자동차는 살아 있는 물체로서 속력과 추진력이 있어 아주 매력적인 대상이다. 자동차는 밤길을 환하게 비추는 큰 눈이 있고, 기름을 꿀꺽꿀꺽 마시는 입이 있으며, 목마를 걱정 없이 가득 물을 채울 위장이 있고, 가스를 뿡뿡 내뿜는 항문과, 힘껏 달려도 숨이 차지 않는 심장이 있다. 자동차에 어린이의 자아의 힘이 주입되면 심술궂은 트럭을 만나 싸우더라도 이길 수 있으며 낭떠러지에서 굴러 떨어져도 죽지 않는다.

자동차 놀이가 지나가면 그 다음 단계로 동물 모형들이 등장하면서 사회적 관계를 표상하는 놀이가 진행된다. 같은 종의 동물끼리 군집 생활을 하면서 먹이를 사냥하기도 하고 집단으로 적을 상대해 투쟁하며 승기를 잡는다.

동물 모형으로 관계 맺기 놀이가 지나가면 한 단계 더 올라가 눈사람, 로봇, 가면 쓴 배트맨, 투명 인간 등 사람의 형체와 닮은 대상들이 이야기 속에 등장한다. 그러면서 놀이에 담긴 드라마의 요소는 좀 더 긴장감 있고 복잡해진다. 가장 많이 등장하는 모형은 로봇인데 어린이의 눈높이에서 바라보는 로봇도 매력적 요소가 많다. 로봇은 지능적인 전략을 세울 수 있고, 해체와 합체 등 변신이 자유로우며, 초능력을 지니고 있어 어떤 적과도 두려움 없이 맞설 수 있다. 힘센 적을 만나 승리를 거두면 또 다른 더 센 적을 만나 싸워서 이기고, 싸움이 반복되면서 더 어려워질수록 점점 더 큰 승리감에 젖을 수 있다. 그러는 동안 어린이 자신은 지속적으로 업그레이드된다.

여러 번의 업그레이드 끝에 인간과 유사한 모형은 다시 인간을 그대로 닮은 인형으로 대체된다. 그리고 어린이 주변에서 일어나는 사회적 관계 또는 인간 사회에서 벌어지는 여러 유형의 인간 관계가 인형을 통해 시연된다. 놀이실 안에서 이런 시연이 거듭된 후에는, 시행착오를 통한 어린이 자신의 자각과 상대의 피드백(feedback)을 통해서 실생활에서 세련된 인간 관계를 배워 나갈 수 있다.

갈등의 정화

어린이들이 자신의 갈등을 정화해 나가는 과정은, 똑같은 주제의 놀이를 시차를 두고 서로 다른 놀잇감으로 변환해 표현하는 것으로 관찰할 수 있다.

예를 들어 어떤 어린이가 아빠에게 품은 적대감을 표현할 때, 처음에는 큰 공룡과 작은 공룡을 대결시키다가, 큰 로봇과 작은 로봇의 싸움으로 변환시키고, 다시 작은 인형과 큰 인형의 싸움으로 바꾼 다음에, 가족 인형의 아빠와 아들이 결투하는 놀이로 변환시키는 것과 같은 경우다. 이런 일련의 과정은 아빠에 대한 적대감을 아무런 방어 없이, 아무런 죄책감 없이 곧바로 노출하기 어렵기 때문에 점진적인 과정을 거치는 것으로 볼 수 있다. 이렇게 어린이들은 적절한 방법으로 놀잇감을 선택하면서 아주 치밀하고도 점진적인 단계를 거쳐 마음의 속박으로부터 자신을 해방시킨다.

공상의 세계에서 현실 세계로

병리적 증세가 심하지 않은 어린이는 대체로 치료자와 신뢰 관계가 확고해진 뒤에 공상의 세계로 접어든다. 그러나 때때로 병리적 증세가 심한 어린이 가운데는 처음부터 현실과 먼 공상의 세계에 파묻혀 있는 경우도 있다.

공상의 세계에 깊이 빠져 있는 어린이들은, 우주적 존재로부터 개별적 존재로 자기를 분화시키지 못한 혼돈의 정신 상태거나, 자궁에서 생활이 불안정했던 개인 이력이 있거나, 생애 초기에 엄마와 애착 관계 형성에 실패하여 그 후유증으로 타인과 접촉을 발달시켜 나가지 못한 경우에서 많이 발견된다. 따라서 그렇지 않은 어린이들보다 심층 작업이 더 복잡하게 진행되고 치료 기간도 더 길어지기 쉽다.

이런 어린이들을 융 학파의 관점에서 볼 때는 집단무의식의 덩어리 속에 개별적 자기(individual-self)가 혼재해 있는 것처럼 보이고(예를 들어 백설공주와 신데렐라와 팥쥐가 어울려 사는 어느 궁전에서 자기를 투사하는 이야기의 주인공이 어느 날은 백설공주로, 어느 날은 팥쥐로, 어느 날은 마녀로 등장하며 묘사되는 것), 대상관계 이론에서 볼 때는 대상(object)과 자기를 분리시키지 못한 상태처럼 보이며, 프로이트의 발달 단계로 볼 때는 구강기에 머물러 있기 때문에 자아(ego)가 출현하지 않은 상태인 것처럼 보인다. 따라서 자기 중심성에서도 벗어나지 못하고, 바깥 세상에 대한 지각이 미숙하거나 왜곡되어 있어, 마치 이 세상에서는 눈을 감고 다른 세상에 관심을 두고 사는 존재처럼 타인과의 교류, 눈 맞춤, 의사 소통에서 매우 큰 어려움을 겪는다.

그러나 이들의 공상도 점진적 단계로 진행되는 놀이를 통해 지금-여기(here and now)에서 자기를 인식하게 됨으로써 점점 현실 세계와 가까워진다. 즉, 우주적 존재에서 분화된 개별적 존재인 자기에 눈 뜨고 → 이상적인 심상(心像)의 엄마와 아빠를 만들고 → 안온한 자궁의 건강한 태아를 다시 구성하고 → 이 세상에 태어나 엄마와 애착 형성을 굳건히 다지고 → 삶을 공유하던 엄마로부터 분리되어 독립적으로 살아갈 능력이 자기에게 있음을 발견하고 → 아빠의 존재를 인식하고 → 엄마와 아빠의 차이를 통해 자기의 성별이 무엇인지 알고 → 자기 성별의 부모와 이성 부모와의 관계를 통해 자기 성별의 역할을 알고 → 울타리 바깥의 많은 사람들에 대해 알고 → 같은 성별의 또래와 어울리며 성 정체감을 더욱 정련해 가면서, 드디어 현실 검증 능력을 갖춘 새 사람으로 태어난다.

정서와 인지 발달

어린이가 표현하는 놀이의 주제는 그 진전의 신호가 다양하게 나타난다. 이야기의 맥락이 애매하고 혼돈스럽다가 점차로 구체적이고 명료한 내용으로 변화하기도 하고, 단순하고 엉성한 구성에서 복잡하고 짜임새 있는 구성으로 발전하기도 하며, 왜곡된 현실 인식에 머물다가 합리적인 현실 인식으로 호전되기도 하고, 파괴적이며 부정적인 분위기에 압도되었다가 건설적이고 밝은 분위기로 변화하기도 한다.

또 놀이 치료라는 큰 작업을 수행해 나가는 동안 점차로 정서 발달과 인지 발달도 아울러 진행된다. 즉, 감각적이고 단조로운 놀이(자동차를 굴리는 놀이) → 구체적 조작의 놀이(레고 장난감으로 자동차를 조립하는 놀이) → 창의성을 발현하는 놀이(자동차에 바퀴뿐만 아니라 날개도 달고 신무기도 장착한다) → 예술적 표현이 성숙된 놀이(여러 종류의 자동차들이 조경이 갖춰진 도시의 미관과 함께 어울리며 움직인다) 등의 순서를 밟으며 발달이 향상된다.

Play Therapy
● ▲ ●
마음을 키우는 놀잇감

치료실의 놀잇감

놀이 치료실에 놀잇감이 풍부하고 근사하게 보인다 하여 다 좋은 것은 아니다. 풍부한 것이 좋다고 여겨 놀이실 벽면을 온통 다 놀잇감으로 채우면 도리어 어린이 마음이 빡빡해진다. 그릇이 비어야 음식을 담을 수 있고, 도화지에 공간이 있어야 그림을 그릴 수 있고, 창문이 뚫려야 창밖을 내다볼 수 있듯이, 어린이의 마음도 시야가 어느 정도 비워져야 시원하게 마음을 펼칠 여유가 생긴다. 그러므로 많은 수보다는 어린이들이 쉽게 다룰 수 있고, 어린이의 관심 유발과 정보의 수용에 적당하며, 치료 과정에서 어린이의 전인적 성장을 자극할 수 있는 기능을 고려하여 놀잇감을 마련하는 것이 바람직하다. 어린이의 전인적 성장에는 별로 도움이 안 되면서 외형이 멋지기 때문에 놀잇감 자체의 매력에만 끌리게 하는 놀잇감, 단순한 조작 활동으로 어린이의 관심을 잠깐만 머물게 하는 놀잇감, 활용 빈도가 적거나 치료적 의미가 얕은 놀잇감 등은 구태여 구비하지 않아도 된다.

그러나 전반적인 어린이 성장에 필요한 놀잇감, 즉 ① 희로애락의 정서를 자유롭게 표현할 수 있는 놀잇감 ② 어린이의 갖가지 심상을 은유적으로 표현할 수 있는 모형 ③ 가족 관계를 표현할 수 있는 크고 작은 같은 종류의 동물 모형이나 남녀 인형들 ④ 음식, 주방 기구, 우유병(구강기 발달 시기의 놀잇감), 변기, 돈, 점토(항문기 발달 시기의 놀잇감), 총, 넥타이, 굽 높은 꽃신, 보자기(남근기 시절의 놀잇감) 등으로 지나온 발달 시기의 재연이 가능한 놀잇감 ⑤ 현재 진행 중인 발달 과업의 촉진이 가능한 놀잇감 ⑥ 창의력, 상상력, 성취감 등의 촉진이 가능한 놀잇감 ⑦ 치료자와 사회적 관계를 촉진하는 놀잇감 ⑧ 위기의 표현과 치유적 표현이 가능한 놀잇감(예를 들어 소방차, 구급차, 의사 놀이 기구) 등은 각각 몇 가지라도 반드시 구비하는 것이 좋다.

그중에서도 ㉠ 큰 것과 작은 모형 한 쌍의 놀잇감 ㉡ 쌍둥이 모형 한 쌍의 놀잇감 ㉢ 같은 종류의 다른 장난감에 비해 특별히 큰 놀잇감 한 개를 반드시 마련해 두는 것이 좋은데 그 이유는 다음과 같다. 즉 ㉠의 경우는 엄마와 어린이의 애착 형성 작업에 유용하다. ㉡의 경우는 실제로 쌍둥이인 경우 쌍방 관계를 시연하는 데 유용하거나, 부정적 자기와 긍정적 자기의 갈등 해결에 유용하거나, 어떤 인물의 때에 따라 달라지는 두 모습의 표현에 유용하거나, 부모의 이혼과 재혼 과정을 표현하는 데 유용하다. ㉢의 경우는 우주적 존재의 자기에서 개별적 자기로 분화되어 나오는 과정에서 자기를 영웅적으로 표현하는 데 유용하다.

그리고 놀잇감 배치는, 어린이가 단번에 손쉽게 꺼내는 것보다 스스로 찾는 수고 끝에 원하는 것을 손에 쥐도록 하는 것이 더 바람직하며, 각각의 놀잇감을 죽 진열해 두는 것보다 같은 종류의 놀잇감끼리 잘 분류해서 정돈하도록 바구니에 넣어 두는 것이 인지 발달과 인격의 성장을 위해 더 바람직하다.

필자의 경험으로 미루어볼 때, 어린이에게 더 유용한 놀잇감은, ① 인공물보다 자연물이며 ② 구체적인 모양을 갖춘 것보다 애매한 모양을 갖춘 것 ③ 완성된 모양의 놀잇감보다는 여러 방법으로 조립하여 원하는 모양을 만들어낼 수 있는 것이다. 아마 인공의 놀잇감보다 자연물의 경우가 어린이의 퇴행과 안정감을 더 자극하고, 애매한 모양의 놀잇감일수록 마음의 투사를 더 자유롭게 할 수 있으며, 다양한 방법으로 조립이 가능한 놀잇감일수록 어린이의 상상력과 창의력과 성취감을 더 만족스럽게 하기 때문인 것 같다.

위에 언급한 각각의 번호에 좀 더 상세한 설명을 덧붙이면, ①의 경우, 예쁜 인형으로 아기 놀이를 할 때보다 모래를 만지작거리며 부드러운 감촉을 즐길 때 영아 시절에 경험했던 어린이의 공허함이 더 잘 치유된다. ②의 경우, 백설공주 모형으로는 공주가 되고자 하는 마음만 표현할 수 있지만 애매한 인물 모형으로는 공주가 되고 싶은 마음도 표현할 수 있고, 동생에 대한 미움도 표현할 수 있으며, 고약한 계모의 마음도 표현할 수 있다. ③의 경우, 완성된 모양의 집보다는 조립식 완구로 꾸민 집이 훨씬 더 공간 구성이 자유롭고, 상상력이나 창의력이나 성취감을 더 자극한다.

때때로 어떤 치료자는 레고, 퍼즐, 책 등을 치료실에 배치하지 말라고 권한다. 이런 종류의 놀잇감은 어린이 심상의 은유적 표현이나 투사에 크게 도움이 되지 않을 수도 있고, 어린이가 레고나 퍼즐만 가지고 놀거나 책만 들여다보면서 치료자와의 교류를 시도하지 않을 수 있어서 그렇게 권할 수도 있다. 그러나 실제로 치료자와 교류를 시도하지 못하는 단계의 어린이들은 치료자가 행하는 교류의 시도를 피하고 자기 혼자서만 소꿉놀이를 하든지 싸움 놀이를 한다. 또 어린이들의 창의력은 참으로 위대하여 어른이 보기에 단조로울 것 같은 레고나 퍼즐과 책에서도 얼마든지 치료적 의미를 찾아낸다. 자신의 심상을 투사하거나, 치료자와의 관계를 유도해내거나, 창작의 즐거움을 누린다.

갈등을 어루만지는 놀잇감

대체로 어린이들은 놀잇감을 자신의 발달을 촉진하거나 자신의 아픈 마음을 어루만지는 데 필요한 것으로 선택한다. 그리고 자신이 고른 놀잇감을 때에 따라 알맞게 자아의 표상으로 쓰기도 하고, 퇴행적 욕구나 공격적 욕구, 성장의 욕구를 해소하는 데 쓰기도 한다. 또 인간관계에서 느끼는 갈등을 해소하는 데 쓰기도 하고, 창의력 향상과 성 정체감 확인을 돕는 것으로 쓰기도 한다. 어린이들이 즐겨 사용하는 놀잇감과 그 선택의 의미를 개략적으로 살펴본다.

물과 모래

일반적으로 모성의 상징으로 자주 선택되는 놀잇감이다. 어린이를 의식 세계로부터 무의식 세계로 인도하고 또 성장을 준비하기 위한 일시적 퇴행으로 인도하는 데 큰 역할을 한다.

어른들이 삶이 고달프면 과거에 살았던 고향을 그리워하듯, 어린이들도 현재의 괴로움에서 벗어나고 싶으면 과거를 그리워한다. 그 그리움은 양수에 떠서 안온하게 지냈던 태아 시절에 대한 그리움이며, 자연과 동화되어 순박하게 살았던 인류의 태고 시절에 대한 그리움이다. 물과 모래는 바로 그 태아 시절과 태고 시절의 접점이어서 괴로움을 알기 이전의 안전감을 회복하는 데 도움이 되며, 놀이 치료에서 준비하는 새 생명 탄생의 출발 지점으로서 어린이 의식의 성장에 빼놓을 수 없는 놀잇감이다.

꽃과 나무

꽃과 나무는 일반적으로 자기 자신을 나타낼 때 자주 등장한다.

꽃과 나무는 땅 위에 수직으로 굳건히 서서 위를 바라보고 성장한다. 공중을 향해 팔을 뻗어 외부 세계와 접촉하는 생명력이 있기 때문에 어린이들이 자신의 상징으로 자주 선택한다. 시들어 가는 꽃과 나무, 베어지는 꽃과 나무로 손상된 자기를 표현하기도 하고, 큰 나무와 가지를 맞닿게 한 어린 나무로 자신의 의존성을 표현하기도 한다. 때로는 햇볕을 향해 얼굴을 돌린 꽃, 가지를 넓게 벌린 나무, 물을 빨아들이는 나무, 새싹이 돋아나는 나무 등으로 희망과 성장을 표현하기도 한다. 이렇게 꽃과 나무를 통해 어린이들은 자신의 상황을 대변할 수 있다.

자동차와 다른 탈것들

어린이들 눈에 자동차는 번쩍거리는 눈, 음식과 물을 가득히 채워두는 입과 위장, 방귀를 뀌는 항문, 피를 돌리는 심장을 갖추고 있으면서 동시에 손과 발을 움직여 먼 곳까지 달리기를 할 수 있는 운동성과 이동성을 갖춘 생명이다. 그래서 어린이들은 곧잘 자신의 생명력을 자동차를 빌려 표현한다. 만일 자동차의 움직임이 활발하면 어린이의 활기가 역동적이라는 뜻이고, 자동차가 멈추어 있으면 어린이의 생명력이 제대로 흐르지 못하고 주저하고 있는 것을 의미한다.

기차는 자동차와 달리 궤도 위를 달리므로 우주의 운행을 표현할 때도 있고, 인생이 나아갈 길을 표현할 때도 있다. 때로는 나그네 같은 쓸쓸한 마음을 엄마의 따뜻한 품속에 잠기게 하고 싶은 마음을 표현하는 데 쓰이기도 한다. 어른들이 고향이 그리울 때면 기차를 타고 달려가고 싶은 마음이 생기듯 어린이들도 험한 삶을 달래기 위해 기차를 자주 사용한다. 기차는 우리의 마음을 시간적으로는 먼 과거로, 공간적으로는 먼 고향으로 달리게 해준다. 또 한편으로는 남자의 생식기를 떠올리기 쉽도록 기다란 모양을 지녔기 때문에 남자 어린이들이 남성으로서 자신감을 표현하는 데도 자주 사용된다. 게다가 기차는 종종 굴을 통과하는데, 이는 곧 엄마의 뱃속과 바깥 세상을 연결해주는 탄생의 통로로 아주 적합한 상징을 담고 있다. 그래서 남자 어린이들은 엄마에게 향한 자신의 애정을, 또는 태내에 있었을 때로 돌아가고 싶은 마음을 굴을 통과하는 기차로 자주 표현한다.

포클레인은 체격이 크고 갈퀴 같은 손이 있기 때문에 어린이들의 호기심을 많이 자극한다. 어린이들에게 손은 사물을 탐색하는 능력, 기계를 조작하는 능력, 어깨동무를 하거나 악수를 하는 것과 같은 사교적 능력, 선행 또는 악행, 사물을 움켜쥐고 싶은 마음, 미운 사람을 향해 주먹 세례를 퍼붓고 싶은 마음 등을 표현할 수 있는 신체 부분이다. 손이 갖고 있는 이런 기능과 관련된 갈등과 좌절을 극복하기 위해 어린이들은 포클레인을 자주 선택한다. 어린이는 포클레인을 사용하면서 자신의 유능감을 차츰 기르게 된다.

트럭은 어디론가 물건을 가득 싣고 움직이는 자동차다. 그래서 마음 가득히 자신의 소망을 담고 절망의 이쪽에서 저쪽 유토피아로 떠날 수 있는 좋은 놀잇감이다. 때로는 트럭 위에다가 작은 자동차를 실어서 자신과 엄마의 애착 관계를 표현할 수도 있다.

구급차와 소방차는 위급한 상황을 해결하는 데 쓰이는 자동차다. 따라서 어린이들은 과거의 위급 상황을 재현할 때 또는 현재 마음의 위험 상태를 알리고 싶을 때 소방차 또는 구급차를 선택한다. 또 물줄기를 뿜어내는 소방차의 호스를 통해 자신의 생식기에서 물줄기를 방사하는 것과 같은 즐거움을 누리려고 남자 어린이들이 소방차 놀이를 즐기는 경우도 있다.

오토바이와 경찰차는 남성미 넘치는 제복과 모자를 걸친 사람이 속력을 내고 달릴 수 있는 자동차다. 그래서 강력한 남성의 역할을 재현하고, 남성으로서 자존감을 신장시키고 싶을 때 어린이들이 잘 선택하는 놀잇감이다.

비행기는 땅 위를 달리는 다른 자동차와 달리 아무런 장애물 없이 넓은 공간을 누비며 나는 것이다. 그래서 마음이 훨훨 날 것 같은 자유로움을 추구하는 어린이에게 동경의 대상이 되는 놀잇감이다. 때로는 고된 현실을 벗어나 안락한 하늘 세계로 가고 싶은 꿈을 펼치기 위해 고르기도 한다.

점토

점토는 놀고 나면 지저분해지고, 색깔이나 만지는 감촉에서 대변 같은 느낌을 주는 놀잇감이다. 그래서 자율감 또는 자존감 발달에 손상을 입었거나 자기 소유의 궁핍을 경험한 어린이들이 잘 선택하는 놀잇감이다. 흔히 "똥이야", "방귀야" 하는 말로 항문기적 갈등을 해결하려는 어린이들에게는 점토로 그 언어적 공격을 대신할 수가 있다.

점토는 소유욕 해결에 유용하거니와, 만지고 빚는 대로 모양이 나타나는 조형 작업을 경험함으로써 자율감이나 자존감을 기르는 데도 좋다. 점토를 만지고 빚는 경험을 통해 마음의 갈등을 걷어낼 수 있고 나아가 새로운 생명력이 솟아나서 창조적 에너지를 발휘하는 데도 크게 도움이 된다.

어린이에게 대변은 엄마의 눈길과 손길을 끌어들이기에 아주 적합한 대상이다. 아기 시절 내내 기저귀에 똥을 싸면 엄마의 사랑이 다가왔기 때문에 대변을 보는 일은 곧 엄마의 눈길과 손길이 닿는 것을 보장해주는 일이다. 그래서 엄마의 눈길과 손길을 계속해서 붙잡아 두려는 퇴행의 욕구를 가진 어린이들은 대변을 대신할 점토에 마음을 기울이기 쉽다.

대변은 냄새가 나빠서 사람들이 기피한다. 그래서 어린이들은 자기가 미워하는 대상에게 적대감이 생길 때에는 마치 대변으로 골탕 먹이듯 점토를 만지며 그런 감정을 걸러낸다. 또 다른 한편으로 대변은 공격 못지않게 자신을 방어하는 데 필요한 것이기도 하다. 인류 진화의 역사를 따라가다 보면, 자신의 생존 영역을 침범당하지 않으려고 대소변으로 자기 영역을 표시하고 자신의 소유를 지키는 동물의 생태학적 본능이 깊은 무의식 속에 유전되어 있다. 그런 이유로 어린이들은 자신의 생존과 방어를 위해 점토에 애정을 쏟는다.

점토는 과거 인류가 살아남기 위해 음식을 저장하는 그릇을 빚고, 기와와 벽돌 등 안식처를 마련하는 데 필요한 소재였다. 그런 역사의 흔적이 어린이의 생명 보존 본능과 결부되어 놀이 치료 상황에서 점토를 사랑하게 되기도 한다.

또 걸음마를 배워 엄마 품에서 떠나 독립적으로 사물을 탐색하고 익힐 때까지, 그리고 말을 배워 엄마와의 질의 응답을 통해 사물에 대한 지식을 축적할 수 있을 때까지 인간은 감각에 의존하여 세상을 이해한다. 그렇게 감각에 의존하는 일차적 욕구의 충족 여부에 따라 인간의 정서 표현 방식도 달라진다. 따라서 촉각적 욕구를 일찍이 충분히 만족시키지 못했다면 훗날 그 욕구를 달성시키기 위한 노력이 필요할 것이다. 이럴 때 점토는 아주 훌륭한 역할을 해낸다.

동물 모형

일반적으로 어린이들은 자신의 마음을 동물에게 곧잘 투사한다. 시간과 공간을 초월한 공상적 권위를 추구하고 싶을 때는 용을 선호하고, 현실적이고 구체적인 권위를 추구하고 싶을 때에는 사자와 호랑이를 선호하며, 다른 사람의 공격에 정면으로 맞서기보다 자신의 든든한 방어 능력으로 위험을 피하고 싶으면 딱딱한 등껍질에 재빨리 몸을 숨겨서 자신을 지키는 거북이를 선호하고, 재롱둥이로 인정받고 싶으면 원숭이를 선호하고, 몸놀림이 민첩하고 귀여움을 받고 싶으면 다람쥐를 선호하며, 높은 이상과 자유로움과 힘과 권위를 소유하고 싶으면 독수리를 선호하고, 먹고 자는 것과 같은 기초적인 욕구를 마음껏 해결하고 싶으면 돼지를 선호한다.

어미 동물과 아기 동물을 어떻게 갖고 노는가에 따라 그 어린이가 엄마와 어떤 방식으로 애착을 이루었는지, 어떤 방식으로 훈육이 되었는지 가늠할 수 있다. 대체로 애착 관계가 부실한 어린이는 어미 동물과 아기 동물의 교류가 거의 나타나지 않는다. 또 애착 대상으로부터 분리를 회피하거나 의존적인 어린이는 아기 동물이 어미 동물을 졸졸 따라다니는 놀이를 한다. 애착 관계에 별다른 문제가 없는 어린이는 어미 동물과 아기 동물 사이에 적절한 상호 교류가 이루어지는 놀이를 진행한다.

어리광도 부리고 사랑도 받고 싶은 자신을 표현할 때에는 토끼와 강아지가 잘 사용된다. 아우를 보고 마음 놓고 어리광 부리지 못했던 과거의 아픔을 회상하거나, 엄마의 애정을 포만감에 이르도록 충족시키고 싶을 때, 가족의 사랑과 관심을 애완동물처럼 받고 싶을 때는 토끼와 강아지가 눈길을 끈다. 어린이들이 어린 애완동물처럼 귀여움 받고 싶은 마음을 표현하기 위해 토끼와 강아지를 선택하는 이유는 우리네 할아버지, 할머니들의 언어 습관에서도 그 배경을 찾아볼 수 있다. 흔히 우리네 할아버지와 할머니들은 "우리 토깽이(토끼)", "우리 강생이(강아지)" 하면서 다 자란 손주들도 어리게 보고 사랑해준다.

엄마와 밀착 관계를 강렬히 원하거나, 엄마 품에 다시 들어가고 싶을 만큼 영아기 시절까지 퇴행하고 싶은 어린이는 캥거루와 코알라를 좋아한다. 캥거루는 아기를 주머니에 넣고 다니기 때문에 그럴 것이고, 코알라는 아기 같은 모습을 지니고 있기 때문일 것이다.

인형

대체로 인간 관계에 어려움이 큰 어린이들은 거의 사람 인형을 갖고 놀지 않는다. 어쩌다 영아기의 모자 관계를 표현하고 싶으면 털의 감촉이 부드러운 동물 인형으로 대체하고, 가족 관계를 표현하고 싶으면 동물 모형으로 대체해서 표현한다. 그러나 놀이 치료가 진행되고 인간 관계의 어려움이 풀리면 서서히 사람 인형으로 관심이 옮겨 간다.

때때로 망가진 인형이 도리어 어린이의 관심을 끌기도 한다. 흔히 추락 사고, 교통 사고, 학대와 구타 등으로 팔다리가 절단된 것으로 여겨서, 자신의 적대적 존재가 상해를 입은 것으로 투사할 때는 흐뭇해하고, 자신의 상처 입은 마음같이 여겨지면 스스로 동정하고 치유한다.

로봇

로봇은 대부분의 남자 어린이들이 좋아한다. 그들 마음에 로봇은 삶과 죽음을 넘나드는 초능력과 강력한 무력을 지니고 있으며 자유로운 변신이 가능하기 때문이다. 남자 어린이들은 적을 물리치는 놀이를 하면서 자신의 능력을 한 단계씩 향상시켜 영웅이 될 때까지 로봇의 변신술을 다채롭게 이용한다.

돈과 지갑

물건 욕심이 많은 어린이는 돈과 지갑을 많이 갖고 논다. 어려서 엄마의 사랑에 굶주렸거나 환경이 열악하여 배고픔을 경험한 어린이들은 돈과 지갑을 지니면서 매우 흐뭇해한다. 어린이 지갑에 돈이 가득차면 사고 싶은 모든 것을 살 수 있다. 엄마의 사랑도 살 수 있고, 아빠의 신뢰도 살 수 있고, 선심을 베풀어 친구들도 많이 모을 수 있다. 또 그동안 욕구 좌절 때문에 불편했던 마음을 평화로운 상태로 바꿀 수 있고 옹졸한 마음도 너그러운 마음으로 바꿀 수 있다. 놀이 장면에서 어린이 손에 지갑이 자주 쥐어질 때는 실로 자신과 타인에게 마술적인 위력이 생긴다. 마치 어른들이 "돈이 최고야. 돈이면 안 되는 일이 없어."라고 말하듯……

어른들은 이상해요

아파트에 사는 태규는 어른들을 이해할 수 없었다. 씩씩한 어린이가 되려면 집 밖으로 나가 친구들과 어울리며 즐겁게 놀라고 권하면서도 막상 놀려고 하면 대부분의 어른들이 놀지 못하게 제지하기 때문이었다. 놀이터에서 놀라치면 모래가 사방에 흩어진다고 쫓겨나고, 지하실에서 팽이를 치려고 하면 바닥에 흠집 난다고 쫓겨나고, 자전거를 탈라치면 자동차 때문에 위험하다고 쫓겨났다. 야구를 하려고 하면 유리창이 깨진다고 쫓겨나고, 물총 놀이를 하려고 하면 길 가는 행인이 물 세례를 받는다고 쫓겨나고, 웅성웅성 모여서 얘기하면 시끄럽다고 쫓겨나고, 이런 이유 때문에 여기서 쫓겨나고, 저런 이유 때문에 저기서 쫓겨나고……. 어떻게든 놀려고 들면 모두 쫓겨나는 일뿐이라 제대로 마음 놓고 놀 수가 없었다.

태규가 친구들과 함께 마음껏 놀기 위해서는 결국 주변 어른들과 벌이는 눈치 전쟁에서 적당히 속임수를 써야만 가능했다. 그러려니 태규의 양심은 늘 한쪽이 무거울 수밖에 없었다. 그리고 야속하게도 이런 고민을 하소연할 곳도 없었다.

"선생님, 어른들은 정말 이상해요. 우리가 놀아야 돼요? 말아야 돼요? 친구들과 놀라고 하면서 도대체 어디서 놀아야 돼요?"

한참 후에 태규가 말했다. "선생님, 우리 집이 이사 갔으면 좋겠어요. 어차피 우리 동네는 엄마들도 이상하고 아이들도 다 이상해요."

Play

4 장

놀이 치료의
실제 ▶ ▷

Therapy

Play Therapy

• ▲ ▲

놀이 치료의 초기 사례

놀이 치료 초기에는 많은 어린이들이 자신의 문제 가운데 가장 핵심이 되는 문제를 드러낸다. 만일 자신에게 가정 불화가 가장 위협적인 문제라면 그와 관련된 놀잇감과 주제로 놀이를 전개할 것이다. 이를테면 인형 집을 골라 집 안을 꾸미고 그 가족들이 서로 싸우는 장면을 연출할 것이다. 만일 학대받아 서러운 어린이라면 발가벗은 채 집 밖으로 쫓겨나는 어떤 어린이를 등장시켜 놀이를 전개할 것이다.

또 겉으로 드러나기에 언어적 문제가 있는 어린이라면 의사 소통 결함을 나타낼 것이며, 정서적으로 불안정한 어린이라면 산만한 행동을 보여줄 것이고, 자신이 인정받기를 원하는 어린이라면 자기 자랑을 많이 할 것이다.

다음에 제시하는 사례는 엄마와 심리적 거리가 멀고, 공상 세계에 자주 빠지며, 공격적 감정의 적절한 배출구를 찾지 못해 사회적 관계에서 마찰을 겪는 일곱 살 여자 어린이의 치료 초기 상황이다.

제1회

처음 만나는 치료자에게 자신이 들고 온 과자를 내밀며 "선생님 줄라고……."라고 말했지만 뒷말이 흐려 알아들을 수 없었다. 그리고 덧붙였다. "이거 누런 거 냉장고에 넣으면 쫀득거려요." "아! 과자 속 크림을 냉장고에 얼리면 쫀득거리는구나. 민영이가 이 맛있는 걸 선생님 주고 싶었구나. 맛있게 먹고 싶네. 하나만 주세요." 어린이가 과자를 주길래 "고마워요, 민영이가 줘서 그런가? 어쩐지 더 맛있는 것 같네." 하고 치료자가 반응해주었다.

자신이 선택한 다이아몬드 게임을 펼쳐 치료자에게 설명하며 게임을 청했다. 치료자가 이해할 수 없는 자기 중심의 규칙으로 게임을 진행하다가 "지지직─ 파괴해요." 하면서 게임 말끼리 서로 치고받는 짧은 전쟁 놀이를 했다. 그러고는 게임을 하다 말고 자신의 뒤편에 있는 인형에게도 "지지직─" 하면서 고문을 가했다. 하는 둥 마는 둥 진행한 게임을 마치며 "선생님하고 나하고 100 대 0이에요." 하며 승부를 가렸다.

종이를 망원경처럼 둘둘 말아 치료자 얼굴을 들여다보며 "선생님 눈탱아리. 징그럽지 않아요?" 하고는 혼잣말을 했다.

어항 속의 고리 끼우기 장난감을 들고 "나 잘하죠?" 묻고는 대답도 들으려 하지 않고 나가려 했다. "나가고 싶으면 말해주면 좋겠다. 어디

가고 싶니?" 하고 물었더니 "엄마한테……."라고 대답했다. "알았어요, 엄마 만나서 안겼다가 오세요. 선생님이 기다리니까 빨리 오세요."

치료자에게 기대고 흥얼흥얼 노래 부르며 미니버스를 굴렸다. 세 마리 말을 꺼내 세워놓고 미니버스를 거칠게 굴려 말들이 바퀴 밑으로 깔리게 하고 지나갔다. "얘네들이 귓속말 하느라고 빵빵 소리도 못 들었어요." 그러고는 죽은 말을 동물병원에서 치료받게 하고 여러 차례 반복하여 자동차로 치어 죽였다.

말들이 모두 죽고 다시 살아나지 못한다고 말하며 미니버스에 사람들을 태웠다. 미니버스가 거칠게 지나가다가 사람들이 모두 밖으로 튕겨 나왔다. "사람들도 다 죽었대요." 하면서 혼자서 어색하게 까르르 웃었다. 그러면서 "우리 할머니 아픈데요, 먼데요, 맨날 가요."

한참 후에 죽었다던 말들을 다시 세우고 "멍청이들아 빨리 피해!", "야! 이놈아!"라고 외치고는 또 혼자서 어색하게 까르르 웃으며 죽였다.

민영이는 미니버스 위에 자신의 엉덩이를 올려놓고 놀이방을 돌며 말을 죽이고 "말도 안 들어요, 죽었어요." 하며 멀리 내던졌다. 그러고는 "쉬하고 올게요." 하고 화장실에 갔다. 화장실에서는 혼잣말로 연극 대사를 연습하듯 중얼중얼하는 소리가 새어 나왔다.

"말이 오랫동안 잠자고 싶은가 봐요." 하면서 잡아 흔들어 깨운 뒤, 치료자의 손에서 팔을 거쳐 어깨를 향해 말의 다리로 찌르듯이 아프게 달리게 했다. "민영아! 그렇게 하니까 선생님 아프다. 여기서는 민영이도, 선생님도 안 아프게 놀면 좋겠다. 장난감이 선생님 살에 닿지 않게 해줘. 알겠지?" 하며 제지했다.

민영이가 눈가리개를 하면서 치료자의 손뼉 소리를 듣고 잡기 놀이를 하겠다고 제안했다. 다음은 치료자가 눈을 감을 차례라고 했다. "여기서는 선생님이 눈 감고 놀이하지 않아. 혹시라도 민영이가 다치는 것을 못 보면 안 되기 때문이야."라고 설명했다.

남자 인형을 꺼내 "얘, 원래 왕자죠?" 하고 물었다. "그래 맞아, 왕자야." "마법에 걸렸어요." 하면서 여자 인형을 골라 포옹시켰다. "이렇게 껴안아요." "공주를 껴안았니?" "결혼하는 거예요." "아~ 마법에 걸린 왕자와 공주가 결혼하는 거였구나." 여자 인형의 속옷을 들춰보며 "이잉~." 하며 웃는다. 남자 인형의 옷을 반쯤 벗기고 "배꼽이잖아?" 하고는 도로 입혔다. 다시 여자 인형을 들고 "난 세상에서 얘 하나만 이뻐."라고 말했다.

갑자기 치료자에게 다가와 귓속말로 "응가." 하고는 화장실에 갔다. 화장실에서 나온 후 다른 여자 인형을 들더니 "얘는 안 이뻐. 얜 죽어야 돼." 하고는 멀리 던져버렸다.

정돈을 알렸더니 아쉬운 듯 미적거리며 정돈했다.

민영이는 놀잇감 자체에 호기심도 보이지 않았고 놀잇감 모두를 천천히 살피거나 마음에 드는 것을 골라서 놀지도 않았다. 다만 눈에 빨리 띄고 쉽게 손 닿는 대로 놀잇감을 선택했다. 그리고 놀이 진행은 산만하고 혼란하며 짧게 이어졌고, 자주 바뀌었으며 자기 중심적이었다. 이로 미루어보아 민영이는 현실 감각이나 적응 능력이 취약하고 정서적으로도 많이 불안정한 상태임을 짐작할 수 있다.

치료자와 관계 맺는 모습에서는 평소 민영이의 사회적 관계가 많이 미숙하리란 사실을 알 수 있었다. 치료자를 회피하지 않고 관계를 청했지만 서로 정서적 교류가 일어나지 않는 의존적인 관계였으며, 일방적이고 건조한 웃음으로 자신의 어색함을 희석시켰다. 또 처음 만나는 치료자에게 공격적 언어를 사용하고 상황에 맞지 않게 의사 소통함으로써, 타인의 감정이나 태도를 인식하는 능력과 사회적 상황을 판단하는 능력이 부족함을 드러냈다. 치료자를 탐색하기 위한 눈 맞춤도 직접적이지 않고 종이를 둘둘 말아 망원경으로 보는 듯한 간접적인 형식을 취해 자신의 경계심을 드러냈다. 민영이는 엄마와 애착 형성이 견고하지 않고, 그 때문에 피상적이면서도 의심 가득한 마음으로 사람들과 어렵게 대면하는 어린이가 되었으리란 추측이 가능했다. 사람들과 대면하기가 어려운 것은 또한 민영이의 공상을 발달시켰을 것이다.

게임 규칙이 제멋대로이며, 승부를 가리는 점수를 낼 때도 자신의 점수는 크게 잡고 치료자에게 점수를 주지 않은 것으로 보아 민영이는 사회적 규범에 대한 인식이 낮고 자신의 유능함을 인정받으려는 욕구가 강하다는 것을 알 수 있다.

놀이 내용은 살아 있는 존재의 부정적 면모, 파괴적 죽음의 되풀이, 오랜 휴식에 대한 소망, 남녀의 만남, 이상적인 자기 찾기 등의 주제와 관련되어 이어졌다. 이는 민영이가 자신의 부정적 측면을 제거하고 긍정적인 자기로 새롭게 태어나고 싶은 마음을 표현한 것으로 짐작된다.

제2회

두 남자 인형의 웃옷을 벗기고 씨름하자고 제안하며 치료자에게 힘이 약해 보이는 남자 인형의 역할을 맡겼다. 치료자의 인형을 쓰러뜨린 후, 운동하면 힘이 강해진다면서 "하나둘……." 구령을 붙이며 쫓아하라고 지시하고는 체조 시범을 보였다. 치료자 인형이 따라하니까 "힘 세졌어. 다시 시합하자." 하고 다시 힘 겨루기를 했는데 치료자 인형의 목을 졸라 죽였다.

치료자 인형이 죽어서 움직이지 않았더니 "야! 일어나! 밟아버린다. 때린다. 야! 임마!" 하고 소리를 지르고 밟아 죽이는 흉내를 냈다. 이런 인형 놀이를 곧 끝내고 인형 바구니에 인형들을 내팽개치듯 던져서 넣었다.

말을 꺼냈다. "이 말은 선생님이 키우는 말이에요." 하면서 자동차로 깔아 죽였다.

트럭에 말과 캥거루를 태우고 가족 버스와 끈으로 이으려다 끈이 끊어졌다. 반사적으로 "나쁜 바보 탱아리, 멍청이……."라고 말하고는 가족 버스를 거칠게 굴렸다.

안전 기지처럼 정해놓은 자리에 앉아 있는 치료자에게 "선생님은 거기 앉아만 있을 거예요? 나는 친구 없으면 못 놀아요."라고 말했다. 치료자에게 의존하려는 눈치여서 "네가 부탁할 때마다 필요하다고 여겨지는 경우에는 함께 놀아줄 수 있어. 하지만 혼자서 재미있게 노는 방법을 잘 찾아내는 어린이가 더 훌륭하다고 생각한다."라고 대답해줬다.

"말들이 누가 빨리 달리나 시합해." 하면서 말 달리기를 제안했다. 민영이는 검정 말을 쥐고 "얘는 내가 키워." 하면서 앞지른다. 빨리 앞지르던 말이 갑자기 쓰러졌다. "얘는 죽었어." 하더니 치료자에게 "숨 쉬기 해줘야지." 했다. 치료자가 인공 호흡으로 말을 살렸다. 다시 검정 말을 슬리퍼 속에 보이지 않게 감추고는 치료자의 말들에게 "나 어딨니?" 하고 물었다. "글쎄, 거기가 어디니?". "숨 막히는 곳이야. 나좀 살려줘." "그럼, 빨리 빠져 나와야지." "얜 어차피 하늘 나라로 갔어. 그래서 못 구해." "그래도 살도록 노력해봐. 인공 호흡 해줄게." 치료자의 흰색 말이 인공 호흡으로 살려주었더니 "이제 난 난다. 메롱……, 난 날개가 있어." 하며 난다. "아~ 하늘을 마음대로 나는 천마가 되었구나."

검정 말이 엄마 주머니에 들어가 있는 아기 캥거루를 만났다. 그러고는 캥거루가 먹는 맘마를 먹었다. "하루 종일 계속 먹어. 배 터졌대. 날고 싶어서 많이 먹었어요." 흥겹게 노래를 부르고 나는 흉내를 내면서 "날 수 있어, 신난다."라고 말했다.

인형이 타고 있는 작은 유모차를 민영이가 타려고 했다. 치료자가 "이 유모차는 이 아기만 탈 수 있는 유모차야. 네가 타기에는 유모차가 작다."라며 타려는 행동을 말렸다. "치사 빤스."라고 대꾸하며 유모차 바구니에 들어 있는 인공 젖꼭지를 꺼내서는 입에 넣고 열심히 빨면서 치료실 밖에 있는 엄마에게 갔다. 다시 "응애, 응애~." 하며 놀이방에 들어왔다. 치료자가 곧 "다음부터는 선생님에게 미리 얘기하고 나가 주세요." 하며 타일렀다. 인공 젖꼭지를 질겅질겅 씹길래 "빨면서 즐겨요. 씹으면 망가집니다."라고 다시 타일렀는데 "뭐가 망가져." 하며 계속 씹었다.

바이올린을 탐색하다가 잘 안 되니까 "하나도 안 예쁘다. 바보 멍청이 탱아리."

치료자가 엄마와 잠깐 상담하는 사이에 관심을 끌려고 미운 짓도 하고 심술도 부렸다.

≫ **심리 읽기** ≪
첫 번째 선택한 남자 인형들의 씨름 놀이는 민영이가 자아의 힘을 강화하려고 남성을 선택하고 또 놀이 주제를 싸움으로 선택한 것으로 여겨진다. 그러나 첫날의 놀이에서도 말들을 선택한 것으로 미루어보아 민영이의 놀이에는 여자 어린이다움보다 남자 어린이다움이 더 많이 배어 있다고 볼 수 있다. 이는, 민영이가 아직 자신의 성별에 맞게 여성으로서 정체감을 발달시키지 못한 것으로 추측된다. 나중에 알게된 일이지만 민영이의 엄마는 민영이를 임신했을 때 아들을 낳기를 원했다. 그리고 민영이의 엄마가 아들을 낳기를 원했던 것은 엄마 자신이 여자인 것이 싫었기 때문이라고 했다. 어쩌면 민영이는 엄마 뱃속에서 엄마의 생각을 내면화했거나 아니면 태어나 자라는 동안 여성이기를 싫어했던 엄마의 관념을 내면화해 여성이기를 거부했는지도 모른다.(치료 후반에 이 주인공은 여성의 역할 놀이를 많이 시연했고 여성스러운 용모에도 관심이 늘었다.)

민영이는 검정 말에 자신의 감정을 실었다. 그리고 숨 막히는 곳에서 살아나려고 몸부림쳤다. 그러다가 흰색 말의 도움으로 생명을 다시 얻어 날개를 달고 자유롭게 날았다. 민영이가 선택한 검정 말은 자신의 부정적 이미지의 표상일 것이며 흰색 말은 자신을 수호해주는 수호신이거나 긍정적인 자신일 것이다. 또 검정 말이 날개를 달았다는 것은 자신을 괴롭히는 마음의 속박을 훌훌 털어내려는 민영이의 소망일 것이다. 그러나 아직은 자신의 감정을 실은 말이 검정 색이고, 그 말이 살아가는 세상은 현실 세계가 아닌 하늘 나라다. 초기의 이런 놀이를 지켜보면, 아마도 놀이가 진행되면서 자신의 표상은 흰색 말로 바뀌고 또 자신이 속한 세상은 하늘 나라가 아니고 현실 세계로 이동할 것이라는 예측이 가능하다. 흰색 말은 민영이에게 현실 감각이 살아나고 있음을 의미할 것이기 때문이다.

검정 말은 엄마 캥거루의 주머니에 들어가 맘마를 마음껏 먹고 신이 나서 날았다. 어린이들이 강한 모성애를 그리워할 때는 캥거루나 코알라를 많이 떠올린다. 우리가 흔히 보는 동물 그림에서 캥거루의 아기나 코알라의 아기는 대체로 어미 품에 꼭 안겨 있는 때가 많다. 검정 말이 캥거루 어미의 뱃속에서 맘마를 많이 먹었다는 것은 민영이가 엄마 품을 얼마나 많이 그리워하고 있었는지를 대변해주는 것이며, 신이 나서 날았다는 것은 엄마의 통제에서 벗어나 자유로움을 얻고자 하는 민영이의 소망이 얼마나 강렬한가를 말해주는 것이다.

캥거루 주머니에 있는 검정 말을 빌려 아기가 되고 싶은 민영이의 마음은 유모차의 아기가 되는 것으로 한 걸음 전진했다. 그리고 유모차의 아기에서 다시 한 걸음 더 나아가 자신이 직접 아기가 되어 인공 젖꼭지를 물었다. 이렇게 점진적인 과정을 거쳐 민영이는 젖먹이 시절에 엄마와의 관계에서 굶주렸던 모성애를 스스로 채워 가고 있었다. 그리고 그 모성애의 욕구는 치료자가 엄마와 상담하는 시간에 관심을 끌려는 행동으로 실연(實演)되었다.

제3회

놀이방에 들어서자마자 인공 젖꼭지를 찾아 물었다. 쭉쭉 빨면서 간간이 멜로디언도 연주했다.

깃봉이 달린 깃대를 꺼내 수직으로 세워서 들고 "이건 대장님이 쓰는 거야. '내 말 잘 들어라.' 하면서…… 그렇지만 친절하게 말하지는 않아. 무섭게 이렇게 '(큰소리로) 내 말 잘 들어라.' 하지."

손에 젖꼭지를 든 채 치료자가 은박지로 접은 인형들을 탐색하고 수레에 태웠다. "얜(치료자가 은박지로 만든 강아지) 누구예요?" "강아지야." 그러나 강아지에 대해서는 별다른 행동을 취하지 않았다.

싱크대로 이동하여 음식도 탐색하고 그릇들도 탐색했다.

젖꼭지 든 손을 주머니에 넣으며 "왜 이렇게 하는지 아세요? 재밌어서 그래요. 손이 차가워서 그래요. 전 착한 친구죠?" 하고는 치료자에게 "개미한테 물렸어요." 하면서 다시 손을 꺼내 물린 자국을 보여주었다.

모루를 골라 "멋지게 꾸미고 있어요. 재밌어요." 하며 나무 젓가락에 비틀어 묶는데 손놀림이 차분하고 꼼꼼했다. 다 묶은 후 "먹어보세요. 닭고기예요." 하고는 치료자의 입에 가까이 댔다. 치료자가 맛있게 먹는 흉내를 내면서 "와! 엄청 맛있다. 이 요리 솜씨 엄마에게 자랑하고 와봐."

검정 말을 꺼내고 자동차를 꺼내려는데 자동차 두 대가 서로 끈으로

묶여 있었다. 치료자가 노래하며 끈을 푸는데 민영이도 "최선을 다해
봐."라며 가락을 넣어 노래를 불렀다.

인공 젖꼭지를 찾아 입에 물었다. 치료자의 허락을 구하고 엄마에게
나가 안기고 왔다. 그러고는 흐뭇한 표정인 채, 치료자에게 "선생님
엄마 있어?" 하고 물었다.

동물 인형들을 꺼내 살피다가 "때찌때찌야!" 하며 엉덩이를 때렸다.

쇼핑용 카트에 강아지 세 마리를 태우고 굴리다가 한쪽에 세워두었
다.

다시 말들을 집어서 치료자에게 주며 "선생님, '빵빵~' 하면 피하
세요." 하고는 "빵빵~" 했다. 치료자가 자동차를 피해 말들을 이동시
켰다. 한 번 더 같은 놀이를 하자고 치료자에게 요구했는데, 처음과 달
리, 자동차가 말들을 모두 치어 죽이고 도망갔다.

카트에 태운 강아지를 보여주고 싶다고 엄마에게 나가기를 청했다.
치료자의 허락으로 엄마에게 가서 자랑하고는 "빠이빠이" 하고 손을
흔들고 돌아왔다.

전화기를 들었다. 치료자를 향해 서서 "누구세요? 지금 뭐하세요?"

라고 수화기에 대고 말했다. "저는 민영이 친구예요. 민영이를 생각하고 있었답니다."

놀잇감을 이것저것 살피며 "갖고 가고 싶다."라는 말을 많이 했다. 도장 찍기 놀이를 하면서도 "정말 신기하다. 갖고 가고 싶다."라고 말하고는 간절한 눈빛으로 치료자를 바라보았다. "어쩌나……. 여기서 갖고 갈 수 있는 것은 사탕뿐인데……."

놀이가 끝나 인사하며 돌아가다가 다시 치료자를 향해 몸을 돌리고 "빠이빠이" 하면서 손을 흔들었다.

≫ 심리 읽기 ≪

민영이는 지난 회기에 이어 곧바로 인공 젖꼭지를 찾아 물었다. 그리고 젖꼭지를 쭉쭉 빨면서 동시에 간간이 멜로디언을 연주했다. 멜로디언을 연주하려면 역시 그것에 달린 호스의 꼭지를 빨아야 한다. 빨기의 본능적 욕구를 충족시키기 위해 민영이는 젖꼭지 말고 다른 것이 더 필요했다.

젖꼭지와 멜로디언 꼭지를 빨면서 민영이는 엄마를 연상했던 것 같다. 곧바로 깃봉 달린 깃대를 수직으로 세워 든 대장을 등장시켰기 때문이다. 민영이가 연출한 대장의 성격은 바로 민영이의 견해나 변명이 끼어들 여지없이 근엄하게 나무라는 평소의 엄마 모습이었다. 여기서 주목할 점은, 민영이가 엄마를 대장으로 바꾸어 표현하면서 엄마에게 남성성을 부여했다는 점이다. 아마도 엄마의 근엄함이 남자처럼 강하게 느껴져서인지도 모르고, 엄마 자신이 여성인 것을 싫어하는 마음에 영향을 받아서인지도 모른다.

민영이는 젖꼭지 놀이와 음식 놀이를 통해 여전히 구강기 시절의 욕구를 보충해 나갔다. 그리고 한 걸음 더 나아가 치료자를 엄마로 삼으면서 관심을 끌려고 애쓰고 친밀감의 표시로 존댓말을 반말로 바꿨다. 그러다가 치료자라는 대용품에 만족하지 않고 다시 또 한 걸음 더 나아가 젖꼭지를 입에 문 아기가 되어 놀이방 밖에서 대기하고 있는 엄마를 직접 만나 엄마에게 안기고 흐뭇한 마음으로 놀이방으로 돌아왔다. 그리고 부정적인 자기를 동물에 귀속시켜 때려주면서 변신하고 카트를 탄 강아지처럼 유모차에 있는 엄마의 사랑스러운 아기이고자 했다.

민영이는 엄마에게 빠이빠이 하며 사랑을 나누고 좀 더 엄마와 적극적인 교류를 연습하기 위해 치료자와 전화 놀이를 시작했다. 그러면서 자신의 존재 가치를 느끼며 자신이라는 존재의 흔적을 남기듯 도장 찍기 놀이로 전환했다. 그리고 놀이가 끝난 후 인사하며 집으로 돌아가다가 다시 치료자를 향해 몸을 돌리고 "빠이빠이" 하면서 자신의 존재에 대한 기쁨을 맛보았다.

제6회

꽃신을 신고 화장품을 바르고 예쁜 용모로 꾸미는 놀이를 하고 난 후에 화살 쏘기와 모래 놀이를 잠깐 즐겼다.

변기에 들어 있는 장난감 대변을 발견하고 신기한 듯 좋아하더니 엄마에게 자랑하고 싶어했다.

엄마에게 자랑하러 나갔다가 다시 들어와 변기에 자신의 엉덩이를 대고 앉아서 "아, 내가 똥 눈 것, 아~." 하고는 나지막하고 길게 소리를 질렀다. 마치 자신이 배설한 똥인 듯 놀잇감 대변을 치료자의 발에 얹다가 머리에 얹어주고 어색한 웃음으로 깔깔대며 좋아했다.

가족 인형을 모두 트럭에 태운 뒤 거칠게 벽에 부딪친 후 화살을 쏘아 죽였다.

왕자와 공주 인형을 꺼내고 발가벗겨서 주전자에 구겨 넣어 "죽었다. 맛있겠지?" 하며 레인지 위에 올려놓고 끓였다. 주전자에서 꺼낸 공주는 다시 도마 위에 올려놓았다. 식칼을 집어들고 "죽이는 모습 봐요. 목을 먼저 잘라야 돼." 했다. 이어서 공주를 여러 토막으로 나누는 흉내를 내고는 "와, 맛있겠다. 먹어도 되겠지요? 왕자도 먹을 거야. 아니지, 아니야. 저기 애기를 먹어야 해. 이상한 애기. 애기 먹을 거예요." 하면서 머리채를 잡아 공주를 휙 던져버렸다. 이어서 애기를 발가벗겨 주전자에 넣고 끓이며 "보글보글 맛있다. 냠냠." 하였다.

≫ **심리 읽기** ≪
한 회기 동안의 놀이 변환이 앞 회기들에서처럼 많지 않은 것으로 보아 민영이의 마음이 많이 안정되었음을 알 수 있다. 또 자신의 존재 가치를 확인하고 난 뒤여서 그랬겠지만 자아의 팽창을 알리는 놀이를 했다. 즉 자신의 용모를 가꾸는 놀이를 하고, 대변에 관심을 기울임으로써 자신을 사랑하고 있음을 보여주고 있는 것이다. 그리고 자기 사랑에 대해 한 걸음 전진하기 위해 자신과 가족을 죽이려 애쓰고 있다. 즉 자신과 부모의 죽음은 재탄생을 위해 거쳐야 하는 삶과 죽음의 수레바퀴 가운데 놓인 정거장이기 때문이다. 그런데 주인공이 표현하는 자신은 발가벗겨진 이상한 아기다. 아직은 이상한 아기가 환골탈태하여 바람직한 아기로 다시 태어나려면 그 이상한 그 모습이 발가벗겨져야만 한다.

동심을 일깨운 동심

거울 속의 교감

동주는 아빠의 유학 시절, 미국에서 태어나 자랐다. 가족 모두 경황 없이 지내는 바람에 동주는 거의 탁아 시설에서 유년 시절을 보냈다. 불행하게도 동주는 말도 배우지 못한 채 인종 편견의 희생양이 되어 바보로 대접 받는 어린이가 되어 고국에 돌아왔다. 그러나 고국 또한 동주를 반기지 않았다. 의사 소통도 안 되고 느닷없이 깨물기만 하는 동주를 이해할 사람이 없었던 것이다.

동주는 세상에 태어난 후 믿을 수 있는 사람이 한 사람도 없었다. 부모조차 믿지 못했다. 동주가 자신을 보호하며 세상살이에 대처할 수 있는 방법이란 깨무는 것 외에 없었다. 그래서 심지어 몇몇 놀이 치료 기관에서도 내침을 당해 중도 탈락하고 말았다. 취학 연령이 다가왔지만 아빠는 결국 동주를 포기하고 한숨지었다. 아빠는 다만 동주의 얼굴에 옅은 웃음이라도 떠오르고, 실타래 같은 동그라미라도 끼적거리는 능력이 생기기를 소원했다.

동주는 겉으로 보았을 때 아무것도 모르는 어린이였다. 그러나 놀이를 할 때는 자기 내면 깊은 구석에서 잠자고 있는 능력, 자기가 감추고 있는 능력들을 제법 잘 꺼내 놀았다. 치료자와 몇 번 만난 후에 깨무는 행동도 멈추었다. 그리고 인간의 사랑과 인간에 대한 신뢰감도 알게 되었다.

어느 날 동주는 머리를 자르려고 아빠와 함께 미용실에 들렀다. 아빠는 동주가 언제나 그랬던 것처럼 또 난리를 칠까 봐 자못 걱정스러웠다. 잔뜩 긴장하고 동주를 의자에 앉힌 아빠는 거울을 들여다본 순간 자기 눈을 의심했다. 아빠와 눈이 마주친 동주가 웃고 있지 않은가!

동주의 아빠는 온 세상을 다 얻은 것 같았다. 이런 순간이 오리라고는 감히 한 번도 기대해본 적이 없었기 때문이다. 가슴에 벅차오른 기쁨을 주체할 수 없어 아빠도 동주의 옆 자리 의자에 올랐다. 그리고 두 사람은 서로 미용실 거울을 통해 나눈 눈빛으로 부자 사이의 오랜 감정의 가뭄에서 벗어났다.

동주에게도 아빠와 나눈 교감은 자신의 깊은 잠을 깨우는 각성제였다. 그날 저녁 동주는 아빠와 놀면서 동그라미를 그렸다. 드디어 아빠는 아주 소박했던 소원을 모두 이루었다.

갈등 해결의 장면들

따돌림으로 인한 적개심 배설

이 사례의 주인공 채희는 동생을 무시하고 또래들 사이에서 미움받는 초등학교 6학년 여자 어린이다. 어느 날, 사전 예고도 없이 동생을 데리고 와서 치료자에게 동생과 함께 놀고 싶다고 요청했다. 다음에는 동생과 합류하고 싶으면 치료자와 미리 의논하자고 타이르고 그날만 합류를 허락했다. 채희가 동생을 데려온 이유는 자신이 놀 수 있는 특권을 가진 것을 자랑하고 어깨를 으쓱거리고 싶어서였다.

제11회기에 채희는 동생과 함께 현관문을 들어오면서 말했다.

채희 : "누군지 알아맞혀보세요."
치료자 : "글쎄, 누굴까…… 얼굴이 닮은 느낌이니 혹시 동생?"
채희 : (약간 비아냥거리는 듯한 어조로) "네. 그것도 못 맞힌다면 말이

안 되죠."(놀이방으로 동생을 불러들이고는) "얘가 바로 내 동생, 고집불통이에요."

채희는 동생의 부정적 면모를 소개하듯 운을 떼고는 계속하여 다른 결점들을 얘기했다. 동생이 가만히 듣더니 말했다.

동생 : (고개를 갸우뚱거리며) "우리 언니 성격이 좀…… ."
채희 : (동생에게 지지 않으려는 듯 반격하며) "내 성격이 뭐 어떻다는 건데?"

채희는 자신이 치료자를 독점하고 있다고 동생에게 자랑하듯 말했다.

채희 : (카드를 집어들고) "우리 원카드 해요."
치료자 : (양해를 구하며) "선생님이 잘 기억 안 날 수도 있으니까 가르쳐주면서 하자."
채희 : (치료자를 멸시하는 듯한 억양으로) "선생님은 정말 머리가 나쁘시군요. 지난번에 가르쳐줬는데…… ."
치료자 : "그러게나 말이지……, 선생님도 머리가 좋고 싶은데 늘상 그게 잘 안 되네."

카드놀이를 한 번으로 끝내고 채희는 은박지로 인형을 만들었는데 우스운 모양이었다.

채희 : (친구를 표상한 은박지 인형을 놀이실 구석에 구겨서 던지며) "얘가 내 친구 수진이에요. 선생님이 방학 동안에 미안한 친구들이 있으면 사과 편지 쓰라고 했는데 얘만 나한테 사과 편지 안 썼어요."

채희는 자동차 몇 대를 꺼내 자기가 만들어 친구로 삼은 우스운 모양의 은박지 인형을 바퀴로 깔아뭉개며 병원으로 옮겼다. 그러고는 또 다른 은박지 인형을 의사라고 명명했다. 친구 인형을 병상에 눕힌 채희는 의사의 칼로 친구의 허리를 자르는 흉내를 냈다. 그러고는 "어째 살인하는 것 같지 않아요?"라고 묻고 블록을 이용해 무덤을 만들어 친구의 시체를 묻었다.

친구의 무덤을 향하여 "썰렁한 무덤……"이라고 부르면서, 주변에 폭발용 자동차들을 원형으로 세운 다음 무덤을 폭파했다. 친구의 시체가 날아갔다. 그러자 시체를 다시 장의차에 실었다. 장의차 뒤로 죽은 친구의 동료들이 행렬을 이루었다. 그러나 장의차에 실렸던 시체가 다시 떨어져 나왔다. 그 순간 장례 행렬 사이로 채희가 탄 오토바이가 지나가며 차에서 떨어진 시체를 휙 밟고 지나갔다. 앙숙이던 학교 친구를 죽이고 그것으로도 모자라 부관참시까지 행하느라 치료자의 동정을 알아차리지 못한 채희는 가슴이 시원해진 모양이었다. 문득 채희가 자신의 놀이를 대강 기록하고 있던 치료자에게 눈을 돌리고 말했다.

채희 : "뭘 적으세요?"
치료자 : "나중까지도 채희를 이해하고 기억하는 데 도움이 되는 내

용들을 적어 두는 거야."

　채희 : "나쁜 거 적으세요?"

　치료자 : "네 놀이가 나쁜 것이란 생각이 들었니?

　채희 : "아뇨."

　치료자 : "그래, 여기서 장난감 갖고 노는 일을 두고 좋다거나 나쁘다거나 할 수는 없겠지? 네가 즐겁게 노는 것이 의미 있고 중요하겠지."

　채희는 자신의 놀이 이외에 전혀 관심도 기울이지 않던 동생에게 눈을 돌렸다. 그리고 동생의 소꿉놀이에 합류했다.

　채희 : (동생에게) "그런 것도 있었니?"

　치료자 : "채희는 아직 그게 있는지 몰랐구나. 아직도 놀잇감을 다 살펴보지 않았네."

　채희 : (느닷없이 차갑고 공격적인 어투로) "선생님 졸아요?"

　치료자 : "선생님이 졸린 것처럼 보여?"

　채희 : "네."

　동생과 함께 식탁을 정성 들여 꾸미고 나머지 살림 도구들을 정리하는 동안 종료 시간이 가까워졌다. 그러나 놀잇감 정리는 거의 동생에게 미루었다.

어린이들의 드라마에 등장하는 살인 사건은 잔인할 때가 많다. 마음에 쌓아둔 적개심을 통쾌하게 해소하는 일에는 남녀의 차이도 없다. 또 인륜도 없다. 적개심 대상이 부모 형제라면 부모 형제를 과감하게 죽이고, 그 대상이 선생님이면 선생님을 과감히 죽인다. 위의 경우처럼 또래의 경우에도 예외가 없다. 어린이 자신의 미움과 울분이 완전히 사라질 때까지 열 번도 좋고 스무 번도 좋고 살인은 지속된다. 그러나 아이러니하게도 그렇게 자유롭고 고약한 살인 행위를 마음으로 짓고 난 뒤에는 현실에서 적개심의 대상을 만나면 오히려 긍정적인 마음으로 대하게 된다.

동생에 대한 미움의 배설

윤호는 엄마가 직장 생활을 했기 때문에 이모에게 맡겨졌던 초등학교 3학년 남자 어린이다. 자신은 이모에게 귀여움을 받았지만 세 살 먹은 동생은 엄마가 돌봤기 때문에 동생을 부러워했다. 윤호가 학교생활에 적응하지 못해 엄마는 윤호에게 실망하고 있었고 윤호도 그것을 잘 인지하고 있었다. 윤호는 자신과 달리 엄마에게 사랑을 받는 동생에게 심술을 많이 부렸다.

제8회기에 윤호는 가족 인형 가운데 아기 인형을 골라 자동차 밑에

깔아 죽였다. 바닥에 굴러 죽어 있는 아기 인형을 다시 집어들고, 자기 옆에 있던 하모니카로 야구 선수가 배팅하듯 휙 날려서 아기 인형을 또 죽였다. 그리고 시체를 트럭에 싣고 모래 상자로 옮겨 묻었다.

윤호 : "아기 무덤이야. 빠이빠이다, 이 못생긴 아기야."
치료자 : "이 못생긴 아기, 무덤에서 살아야겠군."
윤호 : "삼 년밖에 못 산 아기야. 불효막심한 아기."

윤호는 모래 상자 무덤에서 아기를 꺼내 놀이실 바닥에 휙 던지고는 "아기 요리다! 오므라이스, 케첩 쳐서 먹어라. 식인종 나라에 가서 먹이가 됐어."라고 저주했다.

다시 아기를 집어 유모차에 있는 똘똘이라는 큰 아기에게 다가갔다. "미친 아기 거인 나라에 갔어." 그러나 거인 나라의 큰 아기는 미친 아기에게 우유를 빼앗기고 굶어 죽었으며 거인 나라 큰 아기의 친구인 고양이도 미친 아기에게 목이 졸려 죽었다.

윤호는 장면을 전환했다. 그리고 유모차에 있던 큰 아기를 가리키며 말했다.

윤호 : "이 아기는 (거인 나라의) 불사신이야. 사실은 죽지 않았어. 말똥말똥 살았어. 남자 아기야. 영웅이 돼."
치료자 : "아하! 그러니까 이 거인 나라의 큰 아기는 영웅이 될 아기 였구나."

윤호 : "신에게 구박받았지만 인간이 되어 영웅이 되는 거야."

치료자 : "저런, 영웅의 재목이 어쩌다 신의 나라에서는 구박을 받았을꼬?"

윤호 : "대들어서 저주받았어."

윤호는 하모니카도 불고, 과학 상자도 탐색한 뒤에 다시 거인 나라의 아기 인형을 집었다. "앗! 저주가 풀렸다. 이제 신의 나라로 다시 돌아가."

제21회기에는 동생이 따라왔다. 동생이 놀이실 입구에서 "형" 하고 여러 번 불렀지만 윤호는 들은 척도 하지 않고 자신의 놀이에 몰두했다.

윤호 : (자석으로 서로 붙는 작은 기차를 굴리며) "기름이 흘러. 울고 있습니다. 엔진이 상했어."

치료자 : "기차가 울다니 마음이 슬프고 아픈 게로구먼."

윤호 : "갑자기 엔진이 터졌어."

그러면서 윤호는 길이가 긴 다른 기차를 뒤따라 굴리면서 자석으로 붙는 작은 기차의 꽁무니를 쳤다.

윤호는 화물 차량으로 이어진 또 다른 기차를 꺼내 장면을 전환하며 자석으로 붙는 작은 기차의 뒤를 따르며 꽁무니를 쳤다.

윤호 : (화물 차량이 달린 기차를 가리키며) "희귀한 기차가 나타났어."

치료자 : "꽁무니를 치다니 심술 맞은 기차네."

윤호 : "맞아." (뒤따르던 화물 차량의 기차를 내던져버리며) "지옥으로 떨어져야 돼. 심술 맞은 기차는 지옥에 떨어져서 피가 나." (다시 자석으로 붙는 작은 기차를 굴리며) "이 기차도 갑자기 사고 나서 죽었어. 하늘로 올라가. 천국이야. 비가 주르륵…… 밥이 쏟아져 내려. 밥 먹어서 사고가 나도 문제없어. 울트라 슈퍼 기차니까. 행방불명된 기차. 다시 살아서 신문 기사에 났어. 신문 기사에 '이 기차는 백 년 만에 살아나옴' 이렇게 썼어."

윤호는 장면을 또다시 전환해 지옥에 간 화물 기차를 굴렸다.

윤호 : "지옥에 간 기차 착하게 살라고 살려줘. 살아났어. 나쁜 짓 하면 '맴매' 다시 벌 줄 거야. 심장 터지게 할 거야. 미친 기차, 바보 기차, 똥꼬 기차, 꼴은(볼품없는) 기차, 닳은 기차, 썩은 기름만 먹는 기차, 마땅히 벌 받아야 돼. 얜, 힘들어야 돼. 용서할 수 없어. 벌 받아라! 자살해라! ○○(동생 이름)는 한 대 퍽 맞아야 돼. 그땐 팍 저 세상이야. 오버."

윤호는 지옥에 간 기차에게 마음껏 저주하고 난 뒤에 비로소 동생을 아는 척했다. 형의 놀이를 문에서 지켜보던 동생을 쫓아버리며 말했다.

윤호 : "넌 똥꼬한테나 가서 기다려. 이제 넌 죽을 시간……."

그러고는 천국으로 간 자석 기차를 어루만지며 말했다.

윤호 : "천국에서 산타 할아버지도 만나. 세뱃돈도 받아."

≫ 심리 읽기 ≪

8회기 놀이에서 윤호는 드디어 동생에게 느끼는 불만을 과감히 토로했다. 가족 인형 가운데 고른 아기 인형은 동생을 상징한다. 실제로 동생의 나이가 세 살인 것을 고려하면 그런 해석이 가능하다. 한 번만 죽이는 것으로 모자라 거듭 죽이면서 마음이 후련해지고 싶었는지 허공에 올려 때려서 떨어져 죽게 했다. 그러고는 더는 볼 필요 없다는 듯 이미 죽은 아기를 무덤 속에 가두어 꼼짝 못하게 하면서 불효막심한 아기로 평가 절하했다.

윤호는 다시 적개심을 해소하려고 이미 죽은 동생을 무덤에서 꺼내 식인종의 먹이로 삼았다. 이렇게 동생을 식인종의 먹이로 만든 것은 자신이 먹을 것을 가로챈 것에 보복하는 것이다. 자신을 상징하는 거인 나라의 큰 아기가, 동생을 상징하는 미친 아기에게 우유를 빼앗겨 굶어 죽었다는 드라마 전개가 그것을 말해준다. 엄마의 사랑을 자기에게서 빼앗아 간 동생의 과거 행위에 대한 응보를 그렇게 설정한 것이다. 게다가 동생은 자기의 양식만 빼앗은 것이 아니었다. 자기 삶에서 유일한 즐거움이었던 동반자까지도 죽인 나쁜 대상이다. 윤호의 드라마에서 고양이는 어쩌면 윤호 자신이 실제 삶에서 필요로 했던 모든 즐거움을 상징하는지도 모른다. 그런 점을 생각하면 동생의 죽음이 한두 번으로 그치는 것이 윤호에게 만족스러운 살인이 아닐 수도 있다.

윤호는 자신의 현실 감각 부족과 사회적 적응 능력의 부족을 보상받기 위해 자신을 거대한 자기로 확대하고 싶었다. 자신을 거인 나라의 아기이며 불사신이자 영웅으로 설정한 것이 그것을 말해준다. 그러면서도 거인 나라의 아기가 신에게 대들어 구박받고 저주받고 있다고한 것을 보면, 윤호가 부모의 가르침을 거역하는 자신에 대해서는 그반항이 정당한 것인지 아닌지를 가리지 않고 죄책감을 느끼고 있음을알 수 있다. 나중에는 윤호 스스로 거인 나라 아기의 저주를 풀어줌으로써 부모에 대한 죄책감에서 벗어나고 있다.

21회기 놀이에서 윤호는, 부모의 사랑을 독차지한 동생과 자기를동일시하는 장면을 등장시켰다. 즉 놀이 초반에는 자석으로 붙어 있는작은 기차를 동생 삼아 동생의 엔진(→뒷부분으로 가면 심장으로 표현이바뀐다)을 터지게 하고, 길이가 긴 기차를 자기로 삼아서 동생의 꽁무니를 치는 적대 행위를 보였다. 적개심은 실제로는 형을 부르며 아는체하는 동생에게 아무런 반응도 보여주지 않는 방식으로 표현했다. 그러다가 윤호는 동생을 화물 차량으로 이어진 또 다른 기차로 변신시켜희귀종으로 여기며 지옥으로 던졌다. 자신은 초반에 동생으로 삼았던자석 기차로 변신했다. 또한 자신도 거듭나기 위해 죽음의 과정을 거친다. 그러나 동생이 지옥으로 간 것과 달리 자신은 죽어서 천국으로간다. 천국에서는 산타 할아버지도 만나고, 세뱃돈도 많이 받고, 하늘에서 쏟아져 내리는 밥 비를 맞아 어떤 사고에도 끄떡없이 견디는 튼튼한 존재가 되고, 신문에 기사가 실려 세간의 이목을 집중시키는 울트라 존재가 된다. 윤호가 어쩌면 크리스마스나 설에 동생이 어른들에게서 받는 선물이 자신의 것보다 더 많다고 생각했는지도 모르겠다.

자유로움이 보장된 놀이에서 동생에게 미움을 발산했던 윤호는 놀이의 미움을 현실로 이동시킨다. 지옥에 간 기차를 맴매도 해주고 자살하라고 명령하며 무심코 동생의 이름을 거명하다가 동생에게 아는 척한 것이 그것을 말해준다. 또한 현실 장면에서도 놀이에서와 마찬가지로 동생을 비난하며 놀이를 마무리했다.

아우 본 아픔을 표현한 무언극

이 사례의 주인공 성수는 여섯 살 남자 어린이다. 말귀는 대충 알아듣지만 출산 당시 뇌 손상으로 말하는 것이 어려운 어린이다. 그래서 다른 사람들과 의사 소통을 하는 데 거의 표정, 몸짓, 이심전심 등에 의존한다. 성수에게 지극한 후원자인 부모는 망설이다가 성수의 미래를 위해 형제의 도움이 필요할 것 같아 아우를 낳았다.

아우를 본 이후 성수는 그동안 경험해보지 못한 괴로움 하나를 알게 되었다. 자기 혼자 차지했던 어버이 사랑을 아우에게 나눠주는 것이 그렇게 큰 괴로움일 줄 미처 알지 못했던 것이다. 성수는 그 괴로움을 어떻게든 걸러내고 마음의 자유를 누리고 싶었다.

어느 날, 성수는 가족 인형 중에서 소년 인형을 골라 놀이실 바닥에 뉘었다. 소년 인형 오른쪽에 엄마 인형을 눕히고, 그 다음 왼쪽에 아빠 인형을 눕혔다. 잠시 후 엄마 인형이 소년을 바라보도록 옆으로 누운 자세로 고쳤다. 그리고 자신의 손을 빌려 엄마 인형의 손이 소년의 가슴을 토닥거리게 했다. 왼손으로 턱을 괴고 옆으로 엎드린 채 오른손으로 인형을 조작하는 성수의 표정엔 한없는 사랑이 배어 있었다. 눈도 지그시 감고 빙그레 웃기도 하며 아빠 인형과 엄마 인형 사이에 누인 소년 인형을 토닥이던 성수는 아빠 인형도 마저 소년을 향해 눕도록 자세를 바꿨다. 한동안 알 수 없는 이야기가 가족 인형 사이에 오고 갔다.

이야기를 이어가듯 성수는 다시 아기 인형을 골라 엄마 옆에 눕혔다. 그러고는 갑자기 아주 바쁜 사람처럼 서둘러서 바구니에 있던 총을 꺼냈다. 다음 순간 아기 인형은 성수의 총알 세례를 받았다.

이 일련의 무언극을 끝내고 성수는 아주 호기롭게 이야기 속 인형을 모두 발길로 걷어찼다. 그러고는 치료자를 향해 만족스럽다는 듯 미소 지었다.

≫ **심리 읽기** ≪

소년 인형을 가운데 두고 아빠와 엄마 인형이 사랑을 표시하는 앞부분 이야기 전개는 아우 출생 전 성수의 과거다. 그러나 엄마 옆에 누운 아기 인형에게 총알 세례를 퍼붓는 뒷부분 이야기는 성수가 느끼는 현재의 아픔이다. 언어 표현이 어려웠던 성수는 마음을 자유롭게 표현할 수 있는 무언극 놀이를 통해서라도 자신의 아픔을 치유해야만 했다. 아기 인형에게 총알 세례를 퍼붓는 것과 가족 모두를 발길로 걷어차는 행동이 충격적일지 모르지만 놀이 치료에서 나타나는 충격적 장면들은 대부분 긍정적 감정으로 나아가는 신호다. 아기 인형을 죽여야만 성수의 감정이 정화될 수 있고, 가족을 모두 죽여야만 현재의 가족에서 한 단계 앞선 가족으로 진화할 수 있기 때문이다.

외로움을 스스로 달래는 놀이

다음 사례의 주인공 정아는 부모의 관심이 온통 자폐 장애가 있는 오빠에게만 쏠려 있어 가족 사이에서 늘 외로움을 느끼는 여자 어린이다. 정아는 초등학교 4학년으로 오빠와는 두 살 터울이었다. 그런데도 늘 누나 노릇을 해야만 했던 정아는 오빠에게 피해 의식을 많이 느꼈다.

제2회기에 정아는 모래를 흘리지 않으려고 애쓰면서 소꿉놀이 그릇에 퍼담으며 카푸치노 커피를 만들었다. 그리고 가족 인형을 골라 가족 구성원에게 카푸치노 커피를 제공하는 놀이를 시작했다. 정아가 커피를 만드는 사람을 맡았고, 치료자는 정아가 원하는 대로 그때그때 가족 구성원의 역할을 바꾸어 가며 대화 상대를 맡았다. 처음에는 정아의 말씨가 상냥했다가 뒤로 갈수록 거칠고 투박해졌다. 특히 주목할 점은 엄마 역할을 하던 치료자를 향해 퉁명스럽게, "애들도 데리고 오슈……." 하고 말했다는 점이다.

장면이 바뀌어 가족이 모두 커피하우스에서 만났다. 가족에게 맛있는 커피가 제공되었고 모두 정신없이 커피를 즐기고 있었다. 그런데 딸 혼자만 테이블에서 멀리 떨어져 있었다. 정아는 딸 역할을 맡은 인형을 커피가 있는 테이블로 옮기며 말했다. "너희만 정신없이 다 먹으면 어떻게 하냐? 딸아! 이리 와서 빨리 먹어라."

≫ **심리 읽기** ≪

놀이가 나중으로 갈수록 투박해졌다는 것은 이성으로 절제하고 있는 정아의 감정이, 놀이를 통해 진실한 감정으로 전환하고 있음을 뜻한다. 특히 엄마 역할을 하던 치료자에게 퉁명스러움을 보인 것은 정아가 평상시 엄마에게 얼마나 유감이 많았을지를 짐작케 한다. 놀이 뒷부분에 커피하우스에서 외톨이가 된 딸을 가족에게 합류시키는 놀이를 보면서, 스스로 자신을 위로하며 성장과 생존을 위해 애처롭게 노력하는 어린이가 얼마나 대견스러웠는지 모른다.

자기 파괴와 새로운 탄생

다음 사례의 주인공 동현이는 할아버지 슬하에서 자란 중학교 2학년 남학생이다. 할머니도 안 계시고 가정 형편이 여의치 않아 동현이를 보살필 보호자를 구하기 어려워서, 엄마는 아주 어릴 때부터 할아 버지에게 동현이의 보호와 육아를 맡겼다. 안타깝게도 할아버지는 술 에 절어 동현이를 돌봤다. 할아버지와 교류가 별로 없이 자라던 동현 이는 중학교 2학년이 되도록 내내 자폐아로 인식되었다.

어느 날 동현이가 그림을 그리고 싶다고 하여 종이를 주었다. 동현 이는 종이 상단 왼쪽에 펜을 꾹꾹 눌러 가며 검은색 하트를 그렸다. 그 다음에 오른쪽으로 향하는 화살표를 그린 후 중앙이 깨져 좌우로 벌어 진 하트를 그리고 다시 검은색을 입혔다.

동현 : "선생님! 갑자기 이런 그림이 생각나서 그리고 싶었어요. 무 슨 의미일까요?"
치료자 : "글쎄다. 계속 그리다 보면 무언가 명료하게 떠오르겠지. 한번 생각해보자."

동현이는 계속해서 그림을 그려 나갔다. 두 쪽으로 깨진 하트 밑으 로 화살표를 또 그리고 다시 하트가 조각, 조각 잘게 잘려 여기저기 흩 어진 그림을 그렸다.

동현 : "선생님! 이건 바로 내 마음 같아요. 내 마음이 조각 나서 흩 어진 것 같아요."
치료자 : "그런 생각이 떠올랐다면 그게 바로 네 마음 상태를 말하는

거겠지. 검은 마음을 산산조각 내고 싶었나 보지?"

　동현 : "이렇게 소용돌이도 그리고 싶어요."

　치료자 : "주저하지 말고 마음껏 그려봐. 물론 산산조각 난 네 마음의 소용돌이겠지?"

　동현이는 흩어진 조각들 밑으로 화살표 없이 여러 겹의 원을 힘껏 격렬한 손놀림으로 그렸다. 그리고 그 안에 종이 왼쪽을 향해 누운 인물을 도식적으로(기하도형처럼 생긴 팔다리가 인물화의 공식처럼 그려진 것) 그려 넣었다. 그리고 다시 종이 아래로 떨어지는 또 다른 작은 인물을 원 밖에 덧그렸다.

　동현 : "선생님, 얘는(원 안의 인물) 이 안에 누워서 깊이 잠자고 있는 거예요. 아주 편안하게 자요. 그리고 얘는(원 밖의 인물) 밑으로 떨어져요. 지옥으로 떨어지는 것같이 떨어져요. 내가 이렇게 그리는 게 무슨 뜻일까요?"

　치료자 : "스스로 그 의미를 짐작하기가 어렵니?"

　동현 : "모르겠어요."

　치료자 : "검은 하트 조각 난 것이 네 마음 같다고 떠올렸잖아? 잠자고 있는 인물과 지옥으로 떨어지는 인물에서도 무언가 떠오르는 생각이 있을 법한데……."

　동현 : "그래도 잘 모르겠어요."

　치료자 : "생각이 떠오를 때까지 그림을 좀 더 계속 그려봐."

동현이는 왼쪽 위로 향하는 화살표를 그리고 종이 중앙에다가 온전한 모양의 흰색 하트를 새로 그렸다. 그러나 그것은 필압이 아주 약해서 희미했다.

동현 : "선생님, 무슨 의미예요? 빨랑 말해줘요."

치료자 : "그 의미를 빨리 알고 싶구나. 선생님 생각으로는 네가 버리고 싶은 네 마음을 산산조각 내서 버리고, 새롭고 단단한 너로 다시 태어나는 것을 그린 것 같은데……."

동현이는 손뼉을 딱 치고 잠깐 흥분했는지 의자에서 튀어오르듯 엉덩이를 들었다가 다시 앉았다. 그리고 탄복한 듯 말했다.

동현 : "맞아요. 내가 내 마음을 말로 못했는데 바로 그거예요. 바로 그 마음이에요."

치료자 : "네 마음을 바로 알게 되어 기쁜 모양이다."

동현 : "네, 정말 다시 태어난 기분이에요."

그러고는 중앙의 흰색 하트 밑에 굵고 긴 담배를 물고 연기를 내뿜고 있는 인물을 하나 더 그렸다.

동현 : "선생님, 제가 이 그림은 또 왜 그렸을까요?"

치료자 : "아마도 새로 태어난 네가 엄마 품에 포근히 안겨서 젖 먹

고 싶은 마음하고, 또 네가 씩씩한 남자라는 것을 엄마에게 알리고 싶은 마음이겠지."

동현 : "네, 바로 그거예요. 내가 내 마음을 이렇게 그림으로 그렸네요."

치료자 : "그래! 어떤 마음이든지 모두 그림으로 표현할 수 있단다."

≫ 심리 읽기 ≪

사람들과 교류도 없고, 말도 없고, 문제 해결 능력도 떨어져 자폐아로 오인받았던 동현이는 중학생답지 않게 문학 작품에 관심과 지식이 많았다. 그래서 자신이 잘 알고 있는 문학 작품의 작가와 동현이를 소재로 삼아 치료자와 말을 트고 마음을 나누면서 비로소 인간적 교류에 눈을 떴다. 이런 내담자를 만날 때마다 치료자는 박학다식하고 팔방미인이면 얼마나 좋을까 하는 생각이 절로 든다. 자신의 관심사를 중심으로 치료자와 이야기를 나누는 동안 동현이는 그동안 눈감고 외면했던, 자신이 진정 누구인가에 관심이 생겼다. 그리고 문학 작품 이외의 일로도 치료자와 마음을 나누고 싶었다. 그래서 평소와 달리 그림 그리기로 치료자와 이야기를 나누려 했다.

동현이는 한 회기의 그림에서 그동안의 자기 역사와 아픔과 소망을 모두 압축했다. 갈라진 검정색 하트에 그동안 갈등과 어두움으로 채워진 자신의 마음을 나타냈다. 그 마음은 세월이 흐를수록 점점 더 쪼개지는 아픔을 겪었다. 오른쪽을 향한 화살표가 세월의 흐름을 말해 주기 때문이다. 그리고 그 아픔은 동현이 자신이 어느 정도 인식하는 마음이었다. 그러나 그림을 그리는 시간이 조금씩 지나면서 동현이의 마음은 점점 깊게, 점점 격렬한 상태로 들어가고, 또 그렇게 깊이 들어가 숨은 자신의 마음을 스스로 읽기가 어려워진 것 같다. 이것은 치료자에게 자신의 마음을 설명해 달라고 재촉한 것으로 미루어보아 그렇다.

동현이는 자기 탐구를 위해 아득한 과거와 마음의 깊은 밑바닥으로 내려가고 있다. 그리고 그곳에서 안식하면서 그동안 스스로 부족하다고 느꼈던 자기는 버리고 새로운 자기로 태어날 준비를 하고 있다. 하나의 인물을 지옥에 떨어뜨린 대신 소용돌이치며 움직이는 우주 한가운데에 또 다른 인물을 누운 자세로 그려 넣고 위로 향하는 화살표 방향을 따라 온전한 흰색 하트를 중앙에 그린 것으로 보아 그렇다. 그러나 아직 동현이의 하트는 연약하다. 아직 동현이 스스로 느끼는 자아의 힘이 약하기 때문에 그럴 것이다.

동현이는 자기 마음을 스스로 명료하게 느끼고 설명하기 어려웠지만, 치료자가 설명해준 내용을 듣고, 자기 마음의 핵심을 알아준 치료자의 공감에 기쁨을 느낀 듯했다. 반사적으로 손뼉 치고, 용수철처럼 엉덩이를 들었다가 앉은 것을 보면 그렇다. 그리고 자기의 복잡한 마음을 어려움 없이 간결한 그림으로 표현할 수 있었던 것이 소중한 경험이라는 것도 알아차렸다.

다시 태어난 기쁨으로 자신을 바라본 동현이는 그동안 굶주렸던 엄마의 사랑을 다시 채우면서 자기 생애를 성장의 리듬으로 새로 조율하고 싶었던 것 같다. 흰색 하트 밑에 담배를 물고 있는 인물을 그린 것

으로 보아 그렇다. 동현이는 그동안 얼마나 애타게 그런 모습을 원했
겠는가?

마음으로 창조한 유토피아

이 사례의 주인공 미진이는 초등학교 3학년 여자 어린이다. 미진이
는 아빠의 폭력을 피해 엄마와 함께 외가에서 지내는 어린이였는데 대
변을 지리고 물건을 훔치는 버릇이 있었다. 남동생이 하나 있었는데,
미진이가 나쁜 버릇 때문에 외가 식구들에게 자주 통제를 당하는 반
면, 동생은 외가의 사랑을 독차지하고 있었다.

미진이는 늘 꽃동산을 꾸몄다. 그리고 몸과 마음이 지치면 어김없이
꽃동산에 올랐다. 자기와 엄마를 많이 구박했지만 그런 아빠가 보고
싶을 때면 꽃동산에 올랐고, 할머니께 꾸중을 들어도 꽃동산에 올랐으
며, 동생을 돌보다가 귀찮은 생각이 들어도 꽃동산에 올랐다.
미진이의 꽃동산은 시시때때로 화려하게 변했고 신비한 것들이 많
았다. 보물 찾기 놀이도 있고, 갖가지 꽃 향기도 있으며, 희귀한 애완
동물도 있고, 신나는 놀이 기구도 있고, 원하는 대로 상품이 쏟아지는
선물함도 있으며, 음악에 맞춰 흔들거리며 낮잠을 즐기는 침대도 있었
다. 그중에서도 가장 마음에 드는 것은 엄마의 슬픔을 실어다가 분해
하는 봄바람이었다.

미진이는 꽃동산을 꾸밀 때마다 그곳을 '에버랜드'라 이름 지었다. 용인 에버랜드에 놀러간 적은 없지만 우주만큼 펼쳐진 에버랜드(everland)를 마음으로는 얼마든지 볼 수 있었다. 에버랜드라는 말뜻을 알았는지 몰랐는지 알 수 없지만, 미진이는 실제의 에버랜드를 훨씬 뛰어넘는 영원의 꿈동산에서 자유로움과 안락을 마음껏 누렸다.

≫ 심리 읽기 ≪

미진이가 꾸미는 꽃동산에는 아름답고 많은 꿈이 있었다. 그러나 미진이가 꾸는 꿈은 현실에서 아주 먼 곳에 있는 것이었다. 그래서 치료자는 애처로운 마음으로 미진이의 그 꿈을 바라보면서 "그래, 그렇게라도 가난한 마음을 살찌게 하렴. 그리고 이다음 언젠가 너의 그 꿈을 실현해보렴." 하고 속마음으로 위로를 보낼 수밖에 없었다. 치료자의 마음이 애가 탈 때는 바로 이런 때다. 그러나 어린이는 강하다. 실현하기 어려운 꿈을 꾸면서도 미진이는 도벽과 대변 지리는 문제에서 해방되었기 때문이다.

세상에서 으뜸인 남자

준혁이는 초등학교 5학년 남자 어린이다. 준혁이가 아기였을 때 엄마가 학업에 바빴기 때문에 준혁이는 늘 엄마가 아쉬웠다. 그리고 아기 신세에서 벗어났을 때는 또 동생을 돌봐야 하는 오빠로서 책임감 때문에 어깨가 무거웠다. 엄마는 그런 준혁이가 딱해서 놀이 치료를 통해서라도 준혁이가 마음의 위안을 얻기 바랐다.

준혁이가 오랫동안 선택한 놀이는 주로 치료자와 하는 게임 놀이였다. 그 가운데서도 땅을 사고 재산을 늘리는 놀이, 카드 놀이, 윷놀이를 자주 선택했다. 초기에는 질 때마다 실망이 컸으나 점점 갈수록 패배를 수용하는 마음으로 너그러워졌다.

준혁이는 한동안 치료자와 게임 놀이를 지속하다가 공룡과 바다 동물들의 싸움 놀이로 전환했다. 싸움 놀이의 터전은 모래 상자였고 드라마는 준혁이 혼자서 상징적으로 전개했다.

놀이가 100회기에 접어든 날이었다. 준혁이는 모래 상자의 모래를 정성스럽게 평평히 고르고 표면에 색색 구슬로 네모 칸을 만들었다. 네모 칸 안에 큼직한 바닷가재를 집어넣고 잠시 그것을 진지하게 감상했다. 모래가 새어나가게끔 주먹에 모래를 쥔 준혁이는 마치 비를 뿌리듯 가재 위에다 살짝 살짝 모래를 덮었다.

그리고 그 다음 작업을 이어나갔다. 모래 상자 왼쪽 하단에 호일의 원통을 깊게 넣어 세우고 그 안에 모래를 가득 채웠다. 그리고 자기 뒤편에 놓여 있던 나무토막 상자에서 막대기를 골라내 그것을 호일의 원통 속에 박아 일부를 돌출시켰다.

준혁이의 작업은 다시 모래 상자 바깥으로 이어졌다. 언제 눈여겨봐 두었는지 준혁이는 조립식 완구인 카오스 퍼즐의 그림에 맞춰 재빨리 세발자전거를 조립하고 아주 만족스러워했다. 그러고는 자기가 조립한 세발자전거 옆에 높은 탑을 세웠다. 준혁이는 다시 탑의 윗부분 일부를 떼어내고 세발자전거 위쪽에 얹어 두 작품을 합체했다. 마침내 작업을 끝낸 준혁이는 의기양양한 모습으로 자신의 작품을 엄마에게 자랑했고 양손에 승리를 나타내는 V자를 만들어 탑과 합체한 세발자전거와 함께 사진을 찍었다.

≫ 심리 읽기 ≪

준혁이는 치료자와 게임을 하면서 자신의 유능함을 꾸준히 확인해 나갔다. 오랫동안 진행된 게임에서 이기는 경험을 충분히 하자 자신을 새로운 자기로 다시 구성하고 싶었다. 준혁이가 모래 상자의 네모 칸을 색색 구슬로 장식한 것은 자신이 새로 태어나기 위한 공간인 자궁을 멋있게 장엄(莊嚴)하는 작업이었다.

가위손을 지니고 네모 칸 안에 들어가 있는 큼직한 가재는 어떤 생존 경쟁에서라도 충분히 이길 수 있는 한 개체로서 장엄된 자궁 속의 자신인 것이다. 준혁이는 가재에게 모래 비를 부드럽게 뿌려 태아인 자신을 성장시켰다.

준혁이가 모래 상자 왼쪽 하단에 호일의 원통을 넣고 나무 막대기를 박아서 조금 돌출시킨 것은 뱃속의 아기가 힘 있고 자랑스러운 남자라는 것을 선언하는 것이다. 그런데 준혁이는 자신이 힘 있는 남자라는 것을 알리기 위해 모래 상자 안에 깃발처럼 세운 호일 원통의 막대로는 모자람을 느꼈다. 그래서 자신의 권위를 더 강조하기 위해 카오스 퍼즐로 세발자전거를 만들었다. 다리가 셋 달린 세발자전거는 준혁이의 작업에서 삼족오를 말하는 것이며 상징적으로는 삼족오는 태양 같은 권위를 지닌 남자를 의미하는 것이다.

준혁이는 자신의 신분에 더 많은 권위를 부여하고자 탑을 쌓았다. 탑이란 역사적 인물의 사리를 담은 기념물 또는 향상의 욕구를 나타내거나 지배자의 상징이기 때문에 그런 해석이 가능하다. 준혁이가 탑의 상층 부분을 떼어 세발자전거 위쪽에 얹어 합체한 것은 이 세상 모든 사람들을 지배할 수 있는 자신의 위치를 확고히 다지는 것이다. 그리고 드디어 준혁이는 양손으로 승리를 표시하며 탑과 합체한 세발자전거와 함께 자신의 모습을 카메라에 담았다. 영원한 시간 속에 우수한 자기의 존재를 담아둔 것이다.

Play Therapy
● ▲ ●
종료 신호

놀이 치료의 막바지에 접어들면 어린이들은 자신의 성장한 모습을 놀이에 표현한다. 놀이 내용은 대체로 미래 지향적이고 건설적이며 새롭고 밝은 분위기로 연출된다. 아래에 소개하는 두 사례는 치료자와 헤어질 신호를 보여주는 것이다.

정화된 생명의 물

윤재는 엄마의 사랑을 듬뿍 받는 것과 아빠를 두려워하지 않는 것이 소원인 초등학교 저학년 남자 어린이였다. 동물들의 싸움, 그림 그리기, 시간 여행, 종이 접기, 레고 조립을 많이 하다가 종료를 암시하는 놀이를 연달아 연출했다.

윤재는 강 건너 저쪽 세상을 바라보고 있는 그림을 그렸다. 강 건너

저편은 따사로운 봄날의 아침이 열리고 있었다. 둥근 해가 환하게 떠오르고, 상록수 한 그루가 강 언덕에 우뚝 서 있었다. 태양 빛을 받으며 서 있는 숲에는 웃는 얼굴을 자랑하는 꽃들이 서로 종알거렸고 꿀을 따는 나비 한 마리가 너울너울 날갯짓하며 꽃 위를 이리저리 날고 있었다.

종료를 알리기 이전 놀이에서 윤재는 타임머신을 타면 주로 먼 옛날 공룡 시대로 여행했다. 어린 공룡이 거대한 공룡과 맞서서 물리고 쓰러지고 수십 차례 죽었다 다시 살아나곤 하면서 한동안 힘겹게 싸웠다. 그러다가 드디어 종료를 암시하는 놀이로 내용이 바뀌었는데 큰 공룡이 더는 어린 공룡의 적이 되지 못하는 상황이 연출되었다. 왜냐하면 어린 공룡이 거대한 공룡을 압도할 만큼 아주 크게 자라서 큰 공룡의 친구가 되었기 때문이다. 위엄 있게 자란 공룡은 거대한 공룡과 나란히 앉아 새로운 타임머신을 타고 고층 빌딩이 숲처럼 줄지어 선 현대의 도시로 나왔다. 그 대도시 여기저기에선 공사장 인부들이 바쁘게 움직이고 새로운 건물들이 나날이 올라가고 있었다.

색종이를 요청한 윤재는 여느 때와 다름없이 학을 접었다. 그러나 이번에는 각기 다른 색 날개를 다섯 잎 접어서 풀칠을 해 서로 붙여서는 부챗살처럼 펼쳤다. 그런 다음 학의 기다란 목 뒤에다가 다섯 잎으로 펼친 날개를 덧붙여 장식했다. 그러고는 말했다. "이건 공작새예요. 날개를 활짝 폈어요."

계속해서 종료할 마음의 준비를 갖추던 윤재는 마침내 자신의 종료 의사를 밝혔다. "이제는 여기 그만 다니고 싶어요." 그리고 '옛날과 지금'이라는 제목의 그림을 그렸다. "선생님 이건 옛날 어린이가 우물에서 물을 퍼서 마시는 거고요, 이건 지금 어린이가 정수기에서 물을 따라 마시는 그림이에요. 정수기 물은 편안하게 마실 수 있고 깨끗하게 걸러진 물이잖아요."

≫ **심리 읽기** ≪

윤재의 그림에서 강 건너 저쪽은 치료 과정을 마치고 새로 적응하는 세상살이 현장이다. 그곳 세상은 움츠렸던 겨울이 지나고 기지개 켜는 봄이 찾아온다. 그리고 그런 봄날에 특히 윤재의 마음을 사로잡은 시간은 활력을 솟아나게 하는 동트는 아침이다. 흐르는 강물은 물결치며 윤재에게 축가를 불러주고, 자신은 사철 내내 잎이 시들지 않는 나무가 되어 먼 곳까지 눈 아래 두고 전망할 수 있는 높은 곳에 우뚝 서 있다. 홀로였던 윤재에게 화답해주는 새 친구들은 태양빛을 받으며 윤재의 앞날을 축복해주고, 윤재는 자랑스럽게 꿀 따는 나비가 되어 꽃 위에서 너울너울 날갯짓을 하고 있다. 윤재는 이제 더는 아우에게 빼앗긴 엄마의 사랑을 되찾으려 애태울 필요가 없어졌다.

윤재가 타임머신을 타고 안착한 현대의 도시 또한 윤재가 새로 적응해야 하는 세상살이 현장이다. 윤재가 속한 세상은 건설의 움직임이 활발하며, 자신을 위협했던 거대한 적들과 오랜 투쟁을 한 끝에 당당하게 승전고를 울린 세상이다. 윤재는 이제 더는 물리고 뜯기는 피해자가 아니라 힘센 상대와 평등한 동반자다. 아빠도 이제 더는 윤재가 경외하는 대상이 아니다.

윤재의 학은 늘 세상살이를 멀리한 철학자처럼 날개를 접은 채 소나무에 홀로 앉아 있었는데 이제는 공작새로 변신하여 배우자에게 관심을 끌기라도 하듯 화려한 무늬의 날개를 부채처럼 활짝 폈다. 윤재는 드디어 자신의 남성적 매력과 위엄에 어느 누구도 감히 도전할 수 없다는 자긍심을 얻었다.

윤재의 삶을 버텨주는 생명의 물은 진화했다. 그래서 더는 정화의 노력도 필요 없고 퍼 올리는 수고도 필요 없다. 다만, 편안하고 손쉽게 그릇에 따라서 마시기만 하면 된다. 이제 윤재가 지각하는 세상은 그저 행복을 느끼면 되는 세상이다.

활기찬 건설 역군

선우는 무기력하고 게으른 여섯 살 난 남자 어린이로 어려서부터 엄마의 사랑에 굶주렸다. 엄마가 바쁜 직장인이었기 때문이다. 그리고 말수가 적은 이웃 할머니에게 맡겨져 자랐기 때문에 언어 표현이 많이 어눌했다.

선우는 젖은 모래 위에 새로운 도시를 건설했다. 사고가 잦아 전복되거나 망가지던 트럭이 놀이 치료 종반에 이르러서는 모래를 가득 싣고 달리며 도로를 건설했다. 그러고는 "이 트럭은 힘센 트럭이라 이렇게 한꺼번에 모래를 많이 실을 수 있어요."라고 말하면서 모래를 꾹꾹 눌러 담았다. 그리고 젖은 상태의 모래를 여러 번 반복해서 단단히 다지며 "이 길은 큰 길이에요."라고 말했다. 선우는 이마에 송글송글 땀이 맺히도록 도로 건설에 온 정성을 기울였다. 또 오른쪽 상단에 넓은 주차장을 건설하며 "여기에는 차들을 많이 주차할 수 있는 곳이에요."라고 말했다. 선우가 다져놓은 넓은 주차장에는 많은 차들이 들락날락했다. 선우는 움직이는 모든 차에 손에 움켜쥔 모래를 뿌려주며 말했다. "얘들이 비를 맞아요. 그럼 씩씩하게 잘 달려요."

≫ 심리 읽기 ≪

선우가 살아가는 새로운 세상은 힘센 트럭이 풍부한 물자를 가득 싣고, 장애물 없이 고속으로 진행할 수 있는 탄탄대로를 갖춘 건설의 도시다. 그리고 선우는 그 속에서 땀 흘리며 열심히 살아가는 건설 역군이다. 이따금씩 땀 흘려 일하다가 피로가 몰려오면 아늑한 주차장에서 휴식을 취하고, 활기를 찾으면 다시 하늘이 베풀어주는 생장(生長)의 비를 맞으며 건설 현장에 나가면 된다. 선우는 이제 더는 엄마를 찾기 위해 방황하는 나그네가 아니며 무기력하거나 게으름이라는 감옥에 갇혀 있는 어린이가 아니다.

함께 손잡은 나무

동원이는 취학 전 남자 어린이다. 인지 발달은 정상 범위에 속했지만 운동 기능이 취약하여 몸놀림에 겁을 내고 있었고 똘똘한 연년생 여동생을 두고 있어 많이 위축되어 있었다.

동원이가 치료자와 함께 손놀림 재능과 손가락 힘을 기르려고 작업하는 날이었다. 가장 먼저 색종이를 세로로 찢는 작업을 시작했다. 치료자의 시범대로 동원이도 색종이를 세로로 찢었다. 그리고 자신이 찢은 색종이에 풀을 발라서 종이 위에 각각 자신의 나무 기둥을 세웠다. 굵은 나무기둥이 세워지고 그 다음에는 가느다란 나뭇가지를 붙이는 작업에 들어갔다.

치료자도 동원이도 각각 좀 더 가늘게 색종이를 찢어 각자의 나무 기둥에 가지를 붙였다. 그리고 세 번째 작업으로 나무에 잎을 붙이기로 했다.

나뭇잎을 붙이기 위해 치료자는 납작한 용기에 약솜을 넣었다. 그리고 연두색 물감과 초록색 물감을 풀어 그 약솜을 흥건히 적셨다. 용케도 동원이는 연두색을 자신의 색으로 골랐다. 아마도 연두색 잎이 초록색 잎보다 어린 잎이라는 것을 알았던 모양이다. 그리고 치료자와 동원이는 각각 자신의 나뭇가지에 잎을 달아주기로 했다.

치료자와 동원이는 양손 열 손가락에 약솜의 물감을 묻혔다. 물감 묻은 손가락이 나뭇가지 위에서 피아노를 치면 나뭇가지에 잎이 달렸다. 치료자와 동원이는 노래를 부르며 피아노 반주를 넣었다. 동원이는 매우 신나게 연두색 나뭇잎을 달았다.

　나뭇잎이 점점 더 무성해지는 중이었다. 아주 좋은 생각이 떠올랐다는 듯, 동원이가 치료자에게 말했다. "선생님! 나뭇가지 더 붙일래요." 피아노 반주를 중단하고 동원이는 다시 자신의 나무에 나뭇가지를 붙였다. 그런데 이때 붙인 나뭇가지는 옆으로 길게 붙여 치료자의 나뭇가지와 맞닿았다. 그리고 동원이는 초승달 눈이 되어 말했다. "선생님 내 나무가 선생님 나무랑 손잡은 거예요." 아! 이 얼마나 어린이다운 예쁜 말인가. 치료자가 감탄하며 물었다. "선생님 나무가 손잡으면서 뭐라고 속삭여주는데?" 동원이가 대답했다. "얘야! 얼른 자라서 씩씩한 사람이 돼라, 그래요."

Play

⑤장

치료자와
어린이의 관계 맺기 ▶▷

Therapy

Play Therapy

• ▲ ▲

치료자와 어린이의 사회적 관계

치료자와 어린이의 만남은 낯선 상황에서 새로운 만남이다. 어린이에게 치료자는 예비 지식이 매우 부족한 상태에서 만나는 사람이기 때문에 궁금증도 많거니와 믿을 수 있는 사람인지를 빨리 간파해야 하는 대상이기도 하다. 그동안 접촉했던 다른 많은 사람들과 맺은 관계가 어땠는지에 따라 어린이가 치료자에게 우호적이기도 하고 배타적이기도 하며, 빨리 신뢰하기도 하고 오랜 기간 의심을 품기도 한다. 어른에게 배타적인 어린이일수록 치료자와 우호적 관계를 맺기까지 훨씬 더 오랜 시간이 걸린다. 그러나 일단 두 사람의 만남이 시작되면 시간이 흐르면서 그 관계의 색깔도 긍정적으로 변하게 마련이다.

탐색하고 신뢰를 쌓는 초기

만남의 초기에는 어린이가 치료자를 탐색하는 데 주력하기 때문에,

치료자는 아동이 치료자에게 안심하도록 노력해야 한다. 그러나 치료자에 대한 어린이의 신뢰가 충분히 쌓이기 전에 치료자가 자칫 조금이라도 넘치는 친절을 베풀면, 어린이가 치료자의 접근을 꺼려 오히려 뒤로 물러선다. 그러므로 치료자는 조급한 마음을 접고 어린이가 스스로 노력해 접근할 때까지 인내심을 가지고 충분히 기다려주는 것이 좋다. 가능한 한 수용과 공감에 비중을 둔 아동 중심 치료자로서 반응을 보여주는 것이 좋다. 이런 입장을 견지할 경우, 처음에는 시간이 걸리는 것 같아도 어린이가 치료자에게 일단 안심하게 되면 그 이후 이어지는 치료자와의 관계 증진은, 치료자의 주도로 친화 관계를 이끌어낸 것보다 오히려 더 순조롭다. 단, 어린이 스스로 치료자에게 접근할 때를 기다리는 동안, 어린이를 격려하고 신뢰하는 치료자의 마음이 견고하지 않거나 불안정하면, 어린이가 치료자를 믿을 수 없거나 무관심하거나 냉담한 사람으로 인식할 수 있으므로 크게 주의해야 한다.

그러나 극도로 수동적인 어린이에게는 치료자의 능동성이 어린이의 자유로움을 침해하지 않는 수준에서 어느 정도 필요하다. 불씨만 잡아주면 불길이 오르듯, 극도로 수동적인 어린이에게는, 자발성이 싹틀 일정 기간 동안만 치료자가 조심스럽게 안내하며 능동성을 보여줄 필요가 있다.

자폐적 성향의 어린이에게는 처음부터 어린이의 자발적 성장을 이끌어내기 위한 치료자의 적극적 주도가 필요하다. 왜냐하면 자폐 성향의 어린이들은 타인에 대한 관심을 아예 차단한 상태이며 정서의 분화가 제대로 이루어지지 않은 경우가 많기 때문이다. 자폐 성향의 어린이들에게는 때때로 짜증이 날 만큼 귀찮게 해주는 것이 도리어 타인에 대한 관심, 관계 증진, 정서 분화에 도움이 된다. 예를 들어 치료자가 접근하면 슬며시 다른 곳으로 이동하거나 자기 물건을 빼앗겨도 아무런 반응이 없는 어린이를 위해서 다음과 같은 치료적 개입이 필요하다. 즉 어린이가 손에 쥐고 있는 물건을 살짝 빼앗아서 그것을 되찾기 위해 치료자의 얼굴을 보도록 한다거나, 어린이가 원하는 물건을 줄 때에도 바로 주지 않고 어린이의 시야를 넓혀주기 위해 치료자가 팔을 위아래 앞뒤로 움직이는 데 맞추어 어린이가 시선을 따라가게 한 다음 주거나, 어린이가 좋아하는 물건을 눈에 보이는 위치에 숨겨서 이리저리 탐색하여 적극적으로 찾아내게 한다거나, 부드러운 공을 일부러 얼굴에 맞도록 던져서 어린이로 하여금 반사적으로 얼굴을 피하게끔 유도하는 것 등이다. 그러나 치료자가 적당한 수준으로 자폐 성향의 어린이에게 짜증을 일으킨 후에는 더 귀찮게 하는 일은 삼가야 한다. 왜냐하면 일단 짜증이 분화되면 부정적 감정들이 쌓이게 해서는 안 되기 때문이다.

심층 작업의 시기

치료자와 신뢰 관계가 견고해지고 잠재의식의 세계가 열리기 시작하면 어린이는 대체로 치료자와 맺은 관계에는 관심이 줄어들고 자신의 놀이에만 더 열중한다. 어떨 때는 치료 시간 내내 치료자의 존재는 잊은 채 어린이와 놀잇감의 관계만 이어지는 것 같기도 하다. 그럴 때 어린이는 혼자서 일인 다역의 역할을 수행하는 배우이며, 음향 효과와 드라마의 줄거리를 이어가는 제작자이자 감독이기도 하다. 이와 같이 어린이 스스로 드라마를 이어가는 동안에는 특별한 경우가(예를 들어 심리적 외상의 극복을 촉진시킬 필요가 있을 때, 현실과 너무 동떨어진 공상이나 해리적 현상의 놀이가 표현될 때 등) 아니라면 가능한 한 치료자가 개입하는 일 없이 한 발 물러서주는 것이 바람직하다. 다만 종료 시간이 가까워지면 드라마의 줄거리가 점입가경이 되지 않고 마무리 짓도록 일러주고, 어린이 연출의 드라마가 끝난 후에는 그 내용에 관해 이야기를 나누고 필요한 경우에 치료적 언급을 해주는 것이 좋다. 그 이유는, 어린이가 놀이를 끝내고 일상 생활로 복귀할 때에 현실 감각이 다시 살아나야 할 것을 고려해, 놀이실 안에서 어린이가 연출한 공상의 드라마가 현실까지 이어지지 않도록 하는 것이 좋기 때문이다.

그런데 어린이가 놀잇감과 관계를 증가시킨 대신 치료자와 관계를 줄였다 하여, 치료자가 어린이나 어린이 놀이에 관심이 소홀해져서는 안 된다. 어린이들은 뒤통수에도 눈이 있고 온몸에 안테나가 달려 있어서 치료자의 무관심이나 방심을 금방 알아챈다. 심지어는 치료자와 등을 돌리고 놀면서도 치료자의 마음이 잠깐 다른 곳으로 새어나가는 것까지 낌새를 챈다. 그러고는 뒤도 돌아보지 않은 채 마치 보기라도 했다는 듯, "선생님 지금 무슨 생각 하고 있었어요?" 하고 묻는다.

사회 적응을 준비하는 시기

어린이가 자신을 괴롭히던 여러 문제에서 벗어나면 일상 생활에서도 타인에게 관심이 늘고, 치료실에서도 자기 중심적으로 맺었던 상호 관계에서 타인을 배려하는 방향으로 치료자에 대한 관심이 고조된다. 이 시기에 이르러 치료자에게 기울이는 관심은 좀 더 친사회적이다. 즉 치료자의 눈치를 보며 조심스럽게 탐색하는 초기 관계에서 한 발 나아가 치료자를 믿고 마음 놓은 채, 이런 행동 저런 행동을 다 시도하며 사회적 관계의 학습에 매진한다. 따라서 이 시기의 어린이에게 치료자는 바람직한 행동은 격려하고 바람직하지 않은 행동은 타이르는 반응을 보여주는 것이 좋다. 즉 수용과 공감을 잃지 않은 채, 사회적 관계 안에서 타인의 입장이 되어 적절한 피드백을 보여주는 관계 치료자(relation therapist)의 입장을 견지하는 것이 좋다. 그래야 종료 후에도 어린이가 사회 규범에 맞는 행동을 하게 될 것이기 때문이다.

어린이와의 사회적 관계에서 치료자가 보이는 반응의 가장 두드러진 차이는 아마도 게임 놀이에서 그 예를 찾을 수 있을 것이다.

치료자에 대한 신뢰감이 약한 초기의 게임 놀이는 어린이가 자신의 패배감과 열등감을 보상하기 위해 선택하는 것이기 때문에 어떻게든 속임수를 써서라도 승리하려고 애쓴다. 서로에게 공정한 게임 규칙이 무엇인지 모르는 저학년 어린이는 말할 것도 없이 자기에게 유리한 게임 규칙만 적용한다. 이때의 승리는 어린이의 자아 팽창에 도움이 되고, 타인과 관계를 형성하는 데 동기 부여의 의미가 크므로, 치료자는 어린이의 속임수를 그대로 수용하는 입장의 반응을 보여주어도 좋다. 다만 사회적 관계에서는 서로 정해놓은 일정한 규칙을 따르는 것을 배워야 하니까 게임 규칙을 어린이 방식으로 규정해 두면 된다. 즉 "우리가 이제부터 하는 게임은 ○○(어린이 이름을 붙인) 방식의 게임이다. 나중에는 모든 사람이 하는 규칙에 따라서 할 거지?"라고 말해놓고 게임을 하면 된다. 다만 반드시 지켜야 할 것은, 어린이가 자신에게 유리하게 규정해놓은 ○○식 규칙이라도 그것을 어기면 그것이 곧 반칙이므로, 반칙에 대한 대응 방식을 미리 결정하여 반칙이 생겼을 때 어김없이 그 대응 방식대로 실행해야 한다는 점이다. 치료실 안에서 ○○ 방식의 게임이라고 게임 규칙을 정해놓는 것은, 곧 사회 현장에서 사회적 규범을 체험하는 셈이므로 어린이가 놀이실에서 준법 정신을 기르는 데 결함이 생기지 않는다.

○○식 방법의 게임으로 어린이가 자주 이기면 나중에는 치료자에게 많이 양보하는 때가 온다. 이때는 치료자가 만만치 않은 상대가 되어야만 어린이 자신의 능력도 향상된 것으로 느낄 수 있기 때문에 양보하는 것이다. 다시 말해서, 힘센 적을 상대해서 이긴 승자가 더 우월한 승자이기 때문이다.

치료자와 관계가 무르익고 어린이의 자존감이 많이 향상된 후의 게임 놀이에서는 치료자가 공정한 규칙에 따라 반응해주는 것이 좋다. 일반적으로 적용하는 규칙에 따라 게임을 해야 어린이가 사회적 관계에서 양보와 타협을 배우며, 현실 생활에서 필요한 준법 정신을 제대로 발휘할 수 있기 때문이다. 또 어린이가 정정당당한 게임에서 졌을 때 경험하는 좌절을 성장의 발판으로 삼아 인내력과 지구력을 기를 수 있고, 새로운 일에 대한 도전 욕구도 키울 수 있기 때문이다.

게임 도중 어린이가 패배했기 때문에 미숙한 정서 표현이 나타난다면, 그 마음을 읽어주는 동시에 치료자의 느낌도 솔직히 표현해주는 것이 좋다. 어린이는 감정을 자유롭게 표현하도록 격려받음으로써 자신의 자존감을 키워 갈 것이며, 치료자의 솔직한 표현을 보고 배움으로써 타인과의 관계를 원만히 해결해 나가게 될 것이다.

내 놀이방 어디로 갔어요?

영승이는 5학년이 되었을 때 유치원 시절에 자신의 기쁨과 슬픔을 마음껏 펼쳤던 놀이실을 다시 한 번 보고 싶어했다. 학교에 들어가서 여러 가지 어려움에 부딪힐 때마다 마음의 고향처럼 위안을 삼은 것이 바로 놀이실에 담겨 있는 추억들이었기 때문이다. 엄마와 의논 끝에 기대에 부풀어 먼 길을 달려 모처럼 놀이실에 도착한 어느 날, 영승이는 아주 짧은 한 순간에, 온 세상을 모조리 다 잃은 것 같았다. 영승이는 들리지 않을 만큼 힘 없는 소리로 말했다. "선생님, 내 놀이방은 어디 갔어요? 왜 달라졌어요?"

어린이와 벌이는 실랑이

어린이와 치료자 사이에서 일어나는 실랑이는 대체로 두 가지 흐름이 있다. 하나는 놀이 치료 초기에 보이는 실랑이고, 또 다른 하나는 놀이 치료가 아주 잘 진행되고 있는 중기의 실랑이다.

초기의 실랑이는 대체로 엄마와의 분리 또는 치료자에 대한 낯가림과 관련된 불안이 그 이유다. 엄마에게 자주 외면당한 어린이는 엄마가 자기를 치료자에게 맡겨놓고 사라질 것이 두려워서 실랑이를 할 수 있고, 신뢰할 수 없는 어른들 사이에서 피해를 많이 입은 어린이라면 치료자에게 자신을 맡길 수 없어 실랑이를 할 수 있다.

중기의 실랑이는 초기와 달리 치료자를 못 믿어서가 아니라 오히려 치료자를 많이 믿기 때문에 일어난다. 치료자를 마음 놓고 믿을 수 있으므로 엉뚱한 일로 시비를 걸거나, 놀이실 물건을 가져가려 하거나 놀이실을 떠나지 않으려고 실랑이를 벌인다.

다음의 사례는 관계 치료자인 무스타카스(Clark E. Moustakas)가 자신의 사례에서 일어난 실랑이를 극복하는 과정이다. 이 사례의 주인공은 취학 전 어린이인데, 엄마에게 애증의 갈등을 지닌 남자 어린이였다. 어린이와 실랑이를 벌일 수 있는 아주 흔한 상황이며 그 해결도 거의 일반적인 방법이므로 여기 소개한다.

치료자 : (어린이 총으로 팔을 때렸을 때) "○○야! 나를 때리면 안 된다고 이미 말했었지?"

어린이 : (총을 내려놓고 화살을 집어 들어 치료자를 겨눈다.)

치료자 : "그렇게 하면 다쳐. 다시는 그러지 않기로 하자. 만일 또 그렇게 하면 선생님이 그렇게 못하게 할 거야."

어린이 : (신경질적으로 웃으며 화살을 내던진다.)

치료자 : (던져진 화살을 집어 들고) "오늘, 남은 시간 동안에는 이 화살은 가지고 놀 수 없다. 다시 놀려면 다음에 올 때까지 기다려야 해."

어린이 : (권총, 장총, 검 등의 무기를 들어 더 세게 치료자에게 던진다.)

치료자 : (어린이에게 다가가서 어린이의 팔을 움직이지 못하게 붙잡으며) "너는 어떤 방식으로든 나를 때리고 싶겠지만, 이제 선생님은 내가 다치지 않게 막을 거야. 만약에 계속 고집을 부리면서 때리려고 하면 이제부터 모든 놀이를 중단시킬 수밖에 없어."

어린이 : "선생님은 언제나 내가 아무것도 못하게 하잖아. 언제나 안 돼, 안 돼만 해."

치료자 : "알아, 그래도 네가 다른 놀이로 바꿀 때는 할 수 있게 해줬지 않니?"

어린이 : (물감 바구니를 치료자에게 던지며) "선생님 미워!"

어린이는 치료자에게 게임을 제안했다. 게임이 시작되고 얼마 안 되어 어린이는 거칠게 웃으며 규칙을 어기고 물건을 집어던졌다. 치료자가 다시 제한했더니 쌓여 있던 책을 던졌다.

치료자 : "좋아, ○○야! 이제 남은 시간 동안에는 아무것도 갖고 놀 수 없어. 이제는 너랑 나랑 이 좁은 공간에 앉아서 얘기만 하거나 앉아 있기만 해야 해."

어린이 : "선생님은 그렇게 할 수 없어."

치료자 : "아니, 할 수 있어. 우리는 지금 이곳에만 있을 수밖에 없어."

어린이 : "선생님 미워! 죽일 거야."

치료자 : "네 기분 알아. 네 마음대로 할 수 없게 하니까 너도 선생님을 때리고 싶은 거지?"

어린이 : (치료자를 철썩 때린다.)

치료자 : "이제 선생님은 네 팔을 붙들고 있을 수밖에 없어."

어린이 : (갑자기 긴장이 풀리면서 얼굴을 치료자의 어깨에 기대며) "선생님은 내가 아기에게 젖병을 물려주려면 언제나 못하게 했어."

치료자 : "그건 네가 젖병을 물리기 전에 언제나 울고 던지고 해서 그런 거지……."

어린이 : "난 내 젖병을 물고 싶단 말야."

치료자 : "아가처럼 둥기, 둥기 흔들어줄까?"

어린이 : (한동안 조용히 앉았다가 치료자가 몇 분간 흔들어주었더니 다시

긴장하고는) "난, 선생님이 밉단 말야. 죽일 거야." (말이 끝나자마자 치료자에게 침을 뱉는다.)

　치료자 : (어린이의 방향을 돌려서 세우고) "네가 선생님에게 안기기 쉽지 않은 마음처럼 선생님도 너를 안아주기 쉽지 않은 마음이야. 선생님은 네가 뭘 하고 싶어하는지 다 알고 있어. 하지만 지금 우리는 서로 하지 말아야 할 일은 하지 말아야 해."

　어린이 : (괴성을 지르고 날카롭게 웃는다.)

　치료자 : "이제 헤어질 시간이야. 너 스스로 나갈래, 아니면 선생님이 강제로 내보낼까?"

　어린이 : "내가 나갈 거예요." (문을 향해 나가다가 손에 잡히는 물건을 던지고 치료자에게 접근하여 밀고 때린다.)

　치료자 : (어린이를 붙잡고 문 밖으로 밀어내면서) "○○야! 네 마음대로 할 수 없어서 속상한 마음 선생님이 다 이해해."

　어린이 : (작은 소리로 울면서) "선생님 미워! 다시는 안 만날 거야."

　치료자 : "그래도 선생님은 네가 보고 싶어. 다음 이 시간 여기서 너를 기다릴게."

　어린이 : (떠나간다.)

수용과 제한

많은 치료자와 부모들이 어린이 지도에 어떻게 제한과 수용의 원칙을 적용해야 할지 몰라서 당황스러워한다. 경우에 따라서는 수용이 중요하다는 생각 때문에 바람직하지 않은 행동까지도 수용하는 오류를 보이기도 한다. 그러나 어린이로 하여금 사회적 규범에 맞는 올바른 행동을 배우게 하려면 수용과 제한의 원칙이 선명해야 한다. 그래야만 바람직한 행동과 그렇지 않은 행동의 경계가 분명해지고, 자신의 행동에 대한 책임감이 분명해지며, 타인과의 어울림 속에서 어린이 스스로 느끼는 안전감이나 안정감이 높아질 수 있다.

인간의 마음은 제동이 걸리지 않는다. 무한히 넓고 깊다가도 갑자기 옹색해지며, 무한히 자비롭다가도 어느 순간 잔인해진다. 한 찰나에 구천에 올랐다가 지척으로 내려오고, 머나먼 과거로 갔다가 미래로 나아가기도 한다. 이렇게 시공을 자유롭게 넘나드는 마음에 제동을 거는 일은 불가능하다. 그러므로 어떤 마음이든지 마음은 무조건 수용해야 한다. 천사의 마음도 악마의 마음도 마음은 무엇이든지 가능하므로 그 순간의 마음은 있는 그대로 수용하는 것이 좋다.

그러나 인간의 행동은 마음처럼 자유로울 수 없다. 누군가에게 총을 쏘고 싶은 마음이 든다고 해서 실제로 총을 쏠 수는 없다. 그러므로 마음과 달리 행동에는 제약이 따른다. 인간의 행동에 제약이 따라야 하는 것은 너와 내가 평화를 유지하면서 더불어 살아야 하기 때문이다. 그뿐 아니다. 실제로 우리는 행동의 절제가 많을수록 마음의 자유를 더 많이 누릴 수 있다. 호수도 물결이 잦아들어야 넓은 하늘과 높은 산자락을 모두 다 거울처럼 비춰줄 수 있듯이, 우리의 마음도 행동의 절제가 많을수록 더 크고 넓고 고요해질 수 있다. 그리고 자신의 마음을 더 잘 들여다보고 안정을 취할 수 있다. 따라서 놀이실에서도 어린이의 마음은 모두 수용해도 행동을 모두 허락할 수는 없다. 우리 인간은 마음으로야 넓은 허공을 다 뛰놀 수 있지만, 아무리 행동의 자유를 원해도 지구의 중력을 벗어나지 못하는 한계 안에서 살고 있다.

따라서 치료실에서는 물론이거니와 일상 생활에서도 수용과 제한은 분명하고도 간단한 다음의 원칙에 따라야 한다. 즉 마음은 어떤 것이든 수용하고 행동은 바람직하지 않은 것일 때에 즉시 제한한다. 어떤 어린이가 치료자를 험한 말로 원망하면서 마구 때리는 경우를 가상해보자. 이럴 때 치료자는 어린이의 팔을 때리지 못하도록 잡고서 다음과 같이 반응하면 된다.

"○○야! 선생님에게 많이 화났구나. 네가 화나는 마음은 충분히 이해할 수 있어. 그렇지만 선생님을 때리는 일은 하지 않도록 하자. 선생님은 너에게 맞아서 아프고, 선생님을 때리고 난 뒤에는 네 마음이 아파지니까……."

위의 경우처럼 수용과 제한의 원칙은 생각보다 실천하기 쉽다. 하지만 제한이 필요한 행동에도 기준이 있어야 한다. 대체로 일반적인 상황에서 허용할 수 없는 ① 비도덕적인 행동 ② 비위생적인 행동 ③ 위험한 행동 ④ 공격적이고 파괴적인 행동을 제한하면 된다.

만약의 경우 일반적 상황에서는 허용하기 어렵지만(예를 들어 치료자에게 뱉는 상스러운 욕) 치료자의 이해를 기반으로 치료실 내에서 허용한 행동은, 치료실을 나간 뒤에 사회적 준거에 맞추어 행동하도록 일러주는 것이 좋다. 왜냐하면 치료실 내에서 허용되는 행동과 일반 상황에서 허용되지 않는 행동의 경계를 분명히 인식시켜야 하기 때문이다. 다음과 같이 말해주는 것은 어린이로 하여금 놀이실과 일반 상황의 이해를 높이는 데 도움이 될 것이다.

"○○야! 놀이실에서는 선생님이 네가 선생님에게 욕하고 싶은 그 마음을 이해해줄 수 있어. 그러나 놀이실을 나가면 아무에게나 욕하는 너를 이해할 사람이 없을 거야. 그러니까 여기를 나가면 예쁜 말을 쓰도록 하자."

Play Therapy
• ▲ •

놀이 치료의 징검다리

마음을 이어주는 악수

놀이 치료에서 어린이가 얻는 열매는 크게 두 가지이다. 하나는 자신을 괴롭히는 마음의 멍에를 벗어던지는 일이고, 또 다른 하나는 다른 사람들과 어울리는 데 내딛는 발걸음이 가벼워지는 일일 것이다. 치료자와 어린이가 나누는 악수는 바로 이 두 가지 가운데 나중의 일, 즉 다른 사람들과 관계 맺기를 촉진하는 징검다리 역할을 한다.

악수는 치료자와 어린이 쌍방의 신체적 접촉으로 이루어지는 최초의 상호 교류 통로다. 이 징검다리를 건너는 동안 ① 치료자에 대한 어린이의 신뢰감이 증폭되고 ② 악수보다 단계가 높은 다른 신체 접촉으로 나아갈 수 있으며 ③ 어린이가 영아기 시절로 되돌아가기 쉬워지고 ④ 치료자를 엄마로 여겨 구축되는 애착 형성의 재작업이 단단해져서 ⑤ 세파를 헤치는 어린이 자신의 홀로 서기에 걸리는 시간이 단축되고 ⑥ 나아가 치료자 이외의 타인과의 관계에서 용기백배하는 행진이 지속된다.

따라서 어린이가 치료자를 경계하는 단계를 벗어나면, 특별한 경우가 아니고서는 치료의 진전에 미치는 촉진적 효과가 많으므로, 치료자가 어린이에게 악수를 청하는 것을 주저할 필요가 없다.

물론 어린이에게서 악수를 거절받지 않게 되기까지는 치밀한 예비 작업이 필요할 것이다. 이를테면 눈이 마주칠 때마다 미소를 지어주고, 어린이가 기특한 행동을 했을 때 놓치지 않고 언어적 칭찬과 더불어 살짝 어깨를 두드려주는 일 등이 이런 사전 작업에 속한다.

그러나 이런 사전 작업은 어디까지나 치료자의 일방적인 애정 표시다. 어린이가 악수에 응해주어야 드디어 상호 교류라는 문턱에 들어서는 것이다. 그리고 이 문턱을 지나야 그동안 위축되어 있던 어린이의 사회성 발달이 호전되기를 기대할 수 있을 것이다.

치료자와의 애착 형성

놀이 치료가 시작되고 어린이와 치료자의 친밀함과 신뢰적 관계가 최대로 향상되면(라포르rapport 완료) 어린이는 점진적으로 치료자와 애정을 나누는 작업을 시도한다. 이것은 자신이 풀었어야 할 숙제를 (엄마를 안전 기지로 삼아 애착 형성attachment formation을 이룩하는 영아 시절의 발달 과업) 당시에 해결하지 못했기 때문에 삶의 여정을 되돌아보면서 다시 한 번 숙제 해결에 매진하는 진지한 마음 작업이다.

그런데 치료자와 교감하는 어린이의 애정 표시가 너무 진하고 끈끈한 듯 여겨지면 때때로 곁에서 치료 과정을 지켜보는 엄마가 자신의 자리를 치료자에게 빼앗기면 어쩌나 하는 불안을 느낄 수 있다. 그러나 이 과정은 어린이가 치료자를 통해 애착 형성 작업을 리허설하다가 장차 엄마에게 실제로 애정을 쏟는 과정으로 이동하는 데 필요한 징검다리 과정이다. 따라서 어린이가 치료자와 가까워지는 것을 보며 엄마 자신의 지위를 상실할까 봐 우려하는 엄마에게는 치료 과정에서 진전을 나타내는 좋은 신호(엄마에게 실현할 애정 표시 연습)이므로 불안해하기보다 반가워해야 할 과정이라고 설득할 필요가 있다.

집에서 들고 오는 물건

놀이 치료 초반에는 어린이가 어떤 물건을 집에서 갖고 오는 경우를 흔히 볼 수 있다. 언제나 일정한 물건을 들고 오기도 하고 매번 물건을 바꾸어 들고 오기도 한다. 이것은 자신에게 익숙한 물건을 지님으로써 낯선 환경에서 느끼는 두려움과 불안을 줄여주는 효과가 있기 때문에 그렇다. 어린이가 자신에게 익숙한 물건을 들고 온다는 것은 곧 자신과 새로 직면하는 낯선 환경 사이에 벌어진 심리적 거리를 단축하기 위해 징검다리를 놓는 어린이 자신의 노력인 것이다.

어린이가 치료자와 놀이 치료 환경에 익숙해지고 불안이 수그러들면 집에서 물건을 들고 오는 일도 자연히 사라지므로 놀이 치료 초반에 어떤 물건을 갖고 올 경우 가능하면 그것을 치료실에서 지니게끔 허용해주는 것이 좋다. 단, 어린이 자신의 물건이 치료실 물건과 섞이거나 바뀌지 않도록 주의를 환기시키고 놀이 치료실에서 자신의 물건이 파손되더라도 서운해하지 않을 수 있는지 다짐을 받아놓는 것이 필요하다. 그러나 시간이 흘러 놀이의 내용이 상상의 세계로 깊이 들어가기 때문에 현실과 상상의 구분을 명확하게 해주어야 하는 놀이 치료 중반 단계에 이르면 집에서 들고 오는 물건을 놀이 치료실 밖에 두도록 권유해야 한다.

치료실의 물건을 가져가려 할 때

놀이 치료 초기에 익숙한 자기 물건을 집에서 들고 오는 경우와는 반대로, 치료자와 신뢰 관계가 깊고 두터워지면 어린이들이 놀이 치료실의 물건 또는 치료자 개인의 물건을 자기에게 달라고 애원하며 집으로 가져가고 싶어한다. 이것은 치료자와 함께하는 시간과 공간이 벌어지는 것을 아쉬워하면서 치료자와 자신을 잇기 위해 징검다리를 놓는 어린이의 노력이다.

치료 초기에 집에 있는 물건을 놀이실에 들고 오는 것이 낯선 환경에 대한 불안을 덜어내는 안전 기지(애착 이론에서)의 효과가 있다면, 친밀해진 치료자와 헤어지는 것이 아쉬워서 놀이실의 물건을 집으로 갖고 가는 것은 애착 대상과 자신의 관계를 잇는 중간 대상(대상 관계

이론에서)의 효과가 있다. 이 중간 대상은 엄마 뱃속에 있을 때 탯줄이나 젖을 먹을 때 엄마 젖꼭지처럼 엄마와 자신의 생명과 정서를 공유하는 끈의 역할과 같다.

어린이가 가져가기 원하는 물건을 간절히 요구할 때는 여러 친구들이 공동으로 사용하는 놀이실 물건을 줄 수는 없지만 그 대신 치료자 개인의 작은 소품을 기념으로 갖도록 주거나 또는 부담이 되지 않는 범위의 작은 소모품 등을 내주어 어린이를 기쁘게 할 수 있다.

치료실로 숙제를 들고 올 때

치료가 종반에 접어들고 잠시 뒤로 물러났던 현실 감각이 다시 살아나면 어린이들은 실생활에서 적응 능력을 높이려고 여러 가지로 노력한다. 그 가운데 두드러지는 노력은 학교에 제출해야 하는 과제를 치료실로 갖고 와서 만들거나 학업 성취에 필요한 교재 등을 들고 와서 공부하는 일이다. 이런 노력은 충분하게 이완이 허용되었던 놀이 치료를 완전히 끝내고 적당히 긴장이 필요한 현실로 되돌아가는 데 필요한 훈습이기 때문에 어린이의 요구를 수용하는 것이 바람직하다. 치료자 곁에서 담소하며 과제를 수행하는 어린이의 모습은 무기력한 삶에서 벗어나 의욕적이고 명랑한 삶으로 발걸음을 옮기는 징검다리를 어린이 스스로 건설하는 모습이어서 매우 아름다운 모습이다.

환상과 일상을 분리하는 정돈

회기마다 놀이 치료가 끝난 후 어린이 스스로 놀잇감 정돈을 하는 것이 좋은지 아닌지를 두고 놀이 치료자들 사이에 이견이 있다. 그러나 놀이 치료 후의 놀잇감 정돈은, 놀이 치료라는 특수한 상황에서 정규적인 일상 생활로 돌아가는 일을 순조롭게 이끄는 징검다리 효과가 있다.

놀이 치료는 어린이가 자신의 자유 의지를 최대한 보장받는 특수한 상황이다. 그리고 시간과 공간의 제약을 넘어 환상의 나래를 마음껏 펼칠 수 있다. 그러나 일상 생활은 어린이가 놀이 치료에서 펼치던 꿈을 접고 타인과 조화를 이루기 위해 적당히 긴장을 유지해야 하는 시간과 공간 속에 있다. 그러므로 놀이 치료에서 일상 생활로 돌아가려면 갑작스러운 상황 변화에 대비할 완충 지대가 필요하다. 그 완충 지대에 놓이는 징검다리가 바로 놀이 후의 정돈이다. 환상이 전개되던 세계에서 정돈이라는 징검다리를 건너 현실로 돌아가기 때문에 어린이가 격렬하거나 격정적인 놀이를 즐김으로써 남아 있을 수 있는 충격을 줄일 수 있다. 만일 어떤 어린이가 엄마를 잔인하게 죽이는 놀이를 했다고 가정했을 때, 정돈이라는 징검다리로 놀이실 안에서 엄마에게 품었던 감정을 정리하지 않고 바로 놀이실 밖의 엄마를 만났다면, 아마 그 어린이는 엄마에게 비현실적인 방식의 적개심을 계속 이어서 표현하거나 또는 놀이실 안에서 방금 전까지 엄마에게 표현했던 자신의 감정에 죄책감을 느낄 수도 있다.

놀이 후의 정돈을 우리의 일상적 경험으로 비유해 말하면, 무의식적 몽상이 왕성하게 활동하는 꿈의 상태에서 의식의 세계로 돌아가기 위해 반의식 상태를 건너가는 것과 같다. 만약에 우리가 차를 타고 가다가 꿈을 꾸고 있었는데 내릴 곳에 이르러 불현듯 꿈을 깼다면, 또는 환상이 춤추는 깊은 꿈에서 갑작스럽게 자명종이 울려 잠을 깼다면 아마도 반의식이란 징검다리가 없었기 때문에 깨고 난 뒤에 어리벙벙할 것이다. 마찬가지로 어린이가 정돈이란 징검다리 없이 환상의 속성을 지닌 놀이에서 일상으로 귀환한다면, 꿈에서 곧바로 현실로 돌아가는 경우처럼 어리둥절하고 잠시 적응하지 못할 것이다.

그밖에도 정돈은 ① 놀이 시간 동안 배설했던 자신의 마음 작업을 반추하고 정리하는 데 도움이 되고, ② 자신이 벌여놓은 일에 스스로 책임지는 것을 배울 수 있으며, ③ 어떤 일의 시작에 대해 아름답게 끝맺는 것을 배울 수 있고, ④ 자신의 행동에 대한 제어력을 기를 수 있고, ⑤ 스스로 새로운 행동 계획을 세우는 것을 배우며, ⑥ 놀잇감의 위치를 기억해야 하므로 기억력 신장에 도움이 되고, ⑦ 산만함이 줄고 집중력이 향상되는 효과도 기대할 수 있다.

종료의 방 선택

어린이에게는 놀이 치료의 종료가 좁고 어둡고 긴 터널을 뚫고 나와 눈앞이 환히 열린 넓은 길목에 서서 숨을 깊게 고르는 것이다. 좀 더 덧붙여 말하면 기나긴 겨울잠을 끝내고 온몸에 부서지는 햇살을 가득 안은 채 맑은 공기를 들이켜면서 그동안 보이지 않던 많은 좋은 것들을 새삼스럽게 발견하고 용기를 내고자 각오를 다지는 새로운 출발인 것이다. 그래서 치료자가 놀이 치료의 마지막 날을 축복해주는 것은, 어찌 보면 어린이 자신이 새로운 지평을 열기 위해 그동안 기울였던 각고의 노력을 위로한다기보다 새로운 출발에 대한 격려의 의미가 더 크다. 실제로 놀이 치료가 잘 끝나면, 종료 그 자체를 계기로 하여 어린이에게 어떤 치료적 개입이 없더라도, 어린이 스스로 자신의 잠재력에 가속을 붙여 그 이후에 자신에게 주어진 성숙의 과업을 멋지게 이루어내는 것을 발견할 수 있다. 마치 청년기에 성인식을 치르면 어른이 되었다는 자각 때문에 자연스럽게 어른스러운 언행이 배어나오는 것에 비유할 수 있다. 즉 어린이의 놀이 치료 종료는 청년기의 성인식과 같은 효과를 기대할 수 있다.

이런 의미를 내포한 종료의 축복은 그래서 그동안 어린이에게 친숙했던 놀이실이 아닌 다른 방에서 하는 것이 좋다. 그리고 이때의 다른 방은 놀이 공간이라는 느낌보다 일상 생활과 이어지는 느낌이 더 많은 방일수록 좋다. 그래야 환상에서 현실로 넘어가는 징검다리가 더 튼튼한 것이 되며, 타향으로 옮기는 발걸음이 고향에서 덜 머뭇거리게 되는 것이다.

새로운 탄생

유철이는 초등학교 1학년 남자 어린이다. 거칠고 반항적인 행동을 누구도 다룰 수가 없어서 놀이 치료를 시작했다. 어느 날 유철이는 모래 상자에다가 공룡들을 배치하고 서로 물어뜯고 싸우는 놀이를 했다. 격렬한 싸움이 한참 진행되다가 멈추었다. 공룡들의 싸움 놀이를 끝낸 유철이는 인형 바구니에서 어른 남자 인형을 골랐다. 그러고는 인형의 옷을 벗겨 알몸으로 만든 뒤 다시 모래 상자로 접근했다. "니네들은 이제 필요 없어. 모두 저리로 가버려." 하더니 모래 상자 속에 제멋대로 널려 있던 공룡들을 모두 모래 상자 밖으로 휘익 던져버렸다.

공룡들 대신 모래 상자 속에 들어간 남자 인형은 모래를 헤치고 아주 역동적인 몸짓으로 헤엄 치기 시작했다. 헤엄 치기를 끝낸 뒤에는 모래 샤워를 하고 모래 상자 오른쪽 하단에 쌓아 올린 모래 동산에 알몸인 채 당당한 자세로 우뚝 섰다. "자, 이제 목욕이 끝났다. 여기에 이렇게 서자. 쓰러지지 않게."라고 말하면서 유철이는 다시 꽃나무들을 꺼내어 우뚝 선 남자 인형 주변을 빙 둘러 빼곡하게 심었다. "여기는 아름다운 세계야. 노래도 있어. 아무도 침범할 수 없어. 꽃 향기도 가득해."

이렇게 놀고 난 뒤 그 다음 일요일에 함께 등산했던 아빠는 달라진 아들을 발견했다. 지금까지 매사가 못마땅하여 꾸지람만 줬던 유철이에게서 새로운 모습을 보았기 때문이다. 그리곤 말했다. "아들 난 보람이 있네."

Play

6장

Therapy

놀이 치료에 따른
심리 변화 ▶▷

Play Therapy

• ▲ •

자기 인식의 12과정

놀이 치료가 깊이 진행되면 대부분 어린이들은 다시 견고한 자기를 세우기 위해 심층 작업에 들어간다. 심층 작업은 대체로 전체 치료 과정에서 볼 때 격랑의 시기에 접어들고 잠재의식이 고개를 내밀면서 활발하게 개시된다. 이때 많은 어린이가 과거로 돌아가는데 종종 자기 삶이 꼬이기 시작한 중요한 발달 시기까지 되돌아간다. 마치 단춧구멍 하나를 잘못 끼우면 바로 그 구멍부터 다시 조절하여 나머지 모두를 다시 꿰는 것처럼 문제가 처음 시작된 지점으로 돌아가 자기 재건 작업을 진행하는 것이다. 예를 들면, 동생 출생 이후에 자기 삶이 황폐해졌다면 동생이 출생한 시기로 돌아가고, 자궁에서 고통이 심했으면 자궁의 삶으로 돌아간다. 때로는 엄마와 아빠가 만남으로써 시작된 수정란의 삶 그 이전까지도 심층 작업에 포함되는 경우가 있다. 어린이들이 행하는 심층 작업은 대부분 고통과 마주하는 것이기 때문에 매우 경건하고 진지하다. 때로는 난해하고 때로는 격정의 소용돌이에 빠지기도 한다. 따라서 이것을 공감해주는 치료자도 매우 진지하고 경건한 자세로 함께 소용돌이를 헤치고 나올 수 있는 힘을 길러야 한다.

　치료 작업 중인 어린이들이 자기의 새로운 탄생을 위해 수정란 이전의 세월까지 반추하는 것을 눈여겨보면, 인간의 자기 인식도 일정한 발달 과정을 밟는다는 걸 알게 된다. 자기(self) 인식에 관한 발달 과정을 개략적으로 나누면, 우주적 자기(universal self) → 정신만 갖춘 개별적 자기(individual self)→ 정신과 육체가 화합한 자기 → 엄마와 공유하는 자기 → 홀로 선 자기애적(自己愛的) 자기(egoistic self) → 성별(gender identity)을 아는 자기의 방향으로 나아감을 알 수 있다. 이 개략적인 과정을 좀 더 상세히 나누면 다음과 같다.

　(1) 우주적 존재로 존재(being)하는 과정

　(2) 개별적 존재로 분화하는 과정

　(3) 음(陰)과 양(陽)이 화합하는 과정

　(4) 엄마의 자궁으로 들어가는 과정

　(5) 자궁 속 삶을 누리는 과정

　(6) 세상에 출현하는 과정

　(7) 엄마를 각인하고 엄마와 결속하는 과정

　(8) 엄마와 애착 관계를 이루는 과정

　(9) 엄마와 분리되고 독립을 준비하는 과정

　(10) 자타(自他)가 분리되고 자기 중심성이 생기는 과정(egoistic self의 출현)

　(11) 성별로 구분되는 자기를 인식하는 과정(gender identity의 출현)

(12) 자기 성별에 맞는 성 역할을 다듬는(精練) 과정

(1) 우주적 존재로 존재하는 과정

이것은 심층 작업이 이루어지는 동안, 어린이가 자기 존재의 근본 자리에서 삶이 시작되는 것을 표현하는 과정이다. 약간 어려운 개념이라서 이해하기 쉽도록 비유를 들어보면 다음과 같다. ① 천체물리학으로 비유하면 카오스 상태의 우주에서 빅뱅을 통해 생성된 수많은 천체 가운데 섞여 있는 자기를 표현하는 것이며, ② 노자의 개념으로 비유하면 삼라만상을 낳기 이전의 도(道)의 세계에 자기의 존재가 묻혀 있는 것을 표현하는 것이며, ③ 《주역》의 이치로 비유하면 음과 양으로 나뉘기 이전 상태에 자기가 존재하고 있음을 표현하는 것이며, ④ 선가(禪家)의 표현을 빌리면 청정무구이며 영원한 자기 존재의 근원(法身)에서 번뇌(욕구)가 생겨 생(生)의 인연이 갖춰진 상태를 표현하는 것이며, ⑤ 불교 유식론(唯識論)으로 비유하면 아뢰야식(阿賴耶識, 생生으로 유도되는 종자식種子識. 본능적 성향이 강한 미세하고 깊은 잠재의식) 상태로 자기가 존재하고 있는 것을 표현하는 것이며, ⑥ 카를 융의 개념으로 비유하면 집단무의식에 자기가 속해 있음을 표현하는 것이며, ⑦ 수(數)의 개념으로 비유하면 하나, 둘, 셋…… 등으로 벌어지기 이전의 수인 '0(空)'의 이치에 자기가 존재하고 있는 것을 표현하는 것이다.

그래서 이 과정에 있는 어린이의 마음은 ① 시공에 걸리지 않는 범

우주적 상태로서 정신 에너지로 존재하고, ② 원초적 생의 법칙에 따라 존재하고, ③ 자기의 존재가 다른 존재들과 구별되지 않게 혼재한 상태이거나 또는 자기 자신의 구성 요소가 흩어진 구슬처럼 파편으로 존재한다.

어린이가 이 과정에 머무르며 자기-존재를 확인하는 것은 주로 싸움 놀이로 시연된다. 공룡은 공룡끼리, 자동차는 자동차끼리 동종(同種)과 싸움이 일어나기도 하고, 공룡과 자동차의 싸움처럼 이종(異種) 간의 싸움도 일어나는데, 여러 가지 유형의 존재가 모두 평등한 지위라서 싸움이 진행되더라도 주인공이 등장하지 않고 특정한 적도 없다. 그저 함께하는 존재 모두가 서로 친구이기도 하고 적이기도 하다. 마치 형체를 갖추지 못한 채 우주에 널리 가득한 여러 종류의 원소들이 물질로 형성되기 위해 서로 경쟁하는 것 같은 형국이다.

이렇게 실존에 대해 깊이 고민하면서, 우주적 존재로서 자기를 확인하는 놀이로 심층 작업을 개시하는 어린이들은 대체로 일상 생활에서 부적응이 심하다. 외부 환경에 관심이 적고 사람들과의 관계도 단절되어 있어서 자기 중심적인 공상이 발달했으며 상호 의사 소통이 어렵다. 개중에는 책하고 친하게 지내 문어체 언어 능력은 나름대로 갖추었고 축적된 지식이 많아 똑똑해 보이기도 하지만 그 언어와 지식이 일상 생활에 활용되지 못하고 죽은 지식인 경우도 많다.

이런 어린이의 발달력을 조사해보면 수태와 임신 과정이 매우 어려웠던 경우, 폭력 또는 성적인 학대에 노출된 경우, 심한 방치 상태에서 자란 경우 등이 비교적 많다.

심리 검사 결과를 보면, ① 웩슬러 지능검사에서 빠진 곳 찾기와 모양 맞추기 점수가 함께 낮은 것, 이해와 차례 맞추기 점수가 함께 낮은 것, 숫자 외우기와 기호 쓰기 점수가 함께 낮은 것과 관련될 때가 많다. ② BGT(벤더-게슈탈트 검사)에서는 도형 배치의 혼란, 보속적 반응(자극 도형 하나에 마음이 머물러서 다음 자극 도형으로 마음을 이동하지 않는 반응)을 보일 수 있고, ③ HTP(집House, 나무Tree, 사람People 그림 검사)에서는 PDI(Post Drawing Inquirey, 사후 질문)의 내용이 공상적이거나 문맥에 맞지 않는 언어적 반응, 엉뚱한 반응 등을 많이 보인다.

때때로 이 과정의 심층 작업을 관찰하노라면, 아기가 출생한 이후에 잘 돌보는 일보다 임신 기간 40주의 태교가 더 중요하고, 임신 기간 40주의 태교보다 임신 이전의 부모가 성실하게 임신을 준비하는 마음이 훨씬 더 중요하다는 것을 깨닫게 된다.

(2) 개별적 존재로 분화하는 과정

어린이가 우주적 존재에서 개별적 존재로 분화하는 과정을 표현하는 것은 어쩌면 만물의 생성이라는 자연의 이치를 그대로 밟는 것인지도 모른다. 쉽게 비유하자면 빗물이 되어 지리산 자락의 철쭉에 내려앉았다가 섬진강 여행을 떠나려면, 허공에서 모인 구름 덩어리로부터 하나의 개체인 빗방울로 분화되어야 하는 것과 같다. 그리고 빗방울이 되어 철쭉의 얼굴을 만져주고 가려면, 바람에 흩어져서 공기 속으로 사라지지 않는 물방울이 되어야 하므로, 구름 속에 덩어리져서 함께 공존하던 다른 물방울과 경쟁도 필요하고 생존의 몸부림도 필요할 것이다.

심층 작업의 놀이에서는 다른 것들과 섞여 있는 존재에서 벗어나 두드러진 개별적 존재가 되기 위해 오랜 고난과 투쟁의 역사를 거친다. 자기가 신의 저주를 받기도 하고, 제물로 바쳐지기도 하고, 손오공처럼 장구한 세월을 외롭게 갇혀 있으면서 고난도 극복한다. 그러면서 승자가 되기 위한 고도의 전략도 터득한다. 이렇게 승리와 좌절 등 투쟁에 따른 경험이 축적되고 자기의 존재가 견고해지면 수호신도 거느리고 초능력도 갖춘 신화적 존재 또는 영웅적 존재가 되어 화려하게 세상에 등장하면서 대중의 인기와 선망을 받는다.

이 과정에 머무를 때의 놀이를 관찰하면 많은 상(像)이 등장하는데 어린이 자신이라고 여길 만한 주인공이 없는 드라마에서 점차 어린이 자신으로 상징되는 구체적인 주인공의 상(像)이 떠오른다. 그리고 그 주인공은 안과 밖 모두에서 강력한 힘을 모은다. 이를테면 사자의 용맹함을 자기 것으로 만들려고 사자의 뱃속에 들어갔다 나오기도 하고, 원숭이의 꾀를 얻으려 원숭이 골을 파먹기도 하며, 자신을 드높이기 위해 변신이 자유로운 로봇과 한몸이 되기도 한다. 또 그림으로 표현하는 경우를 예로 들면, 수많은 꽃들 가운데 가장 눈에 띄는 화려한 꽃 한 송이를 그리거나, 수많은 별 중에 가장 크고 빛나는 별 하나를 그리기도 한다. 이 과정에서 꾸미는 이야기들은 우리가 흔히 접하고 상상할 수 있는 신화 또는 민속 설화와 많이 닮았으면서도 어린이 자신의 가장 활발하고 창의적인 심상들이 남김없이 드러나는 것이기도 하다.

(3) 음과 양이 화합하는 과정

놀이 표현에서, 우주의 모든 것과 공존하던 상태에서 개별적 존재로 분화되기까지의 자기는 정신적 존재로서 자기다. 물질적 구성 없이 정신으로만 존재하던 인간이 가시적 존재로서 세상에 모습을 드러내려면 정신과 육체가 만나야 하고, 정신과(불교적으로는 아뢰야식이고, 융학파의 개념으로는 집단무의식에 해당한다) 육체가(즉 수정란이 되는 것) 만나 이루어지는 온전한 한 생명체가 되려면 음양의 화합이 필요하다. 좀 더 쉽게 설명하면 우주에 존재하던 우리가 지구에 내려와 엄마의 자궁에서 몸과 마음을 동시에 갖춘 한 생명체로 출발하려면 아빠(정자)와 엄마(난자)가 만나야 하는 이치이다.

이 과정에서 놀이 주제는 음양을 상징하는 대비적 구성이 비교적 흔하게 나타난다. 예를 들면, 파란 자동차와 빨간 자동차의 교류, 달을 향해 비행하는 로켓, 견우와 직녀의 만남, 이웃나라 왕자와 백설공주의 입맞춤, 바나나 나무 곁에 수줍게 서 있는 사과나무 등이다.

때로는 참으로 귀중한 한 생명체가 되기 위해 음양 사이의 치열한 생존 경쟁이 등장하기도 한다. 남자 어린이는 많은 경우에 최강의 적을 무찌른 최후의 승자가 되어 수렵과 낚시(동물 놀이에서는 먹잇감 사냥) 등으로 획득한 음식을 진열하여 잔치를 베풀고 여성을 맞이한다.

반대로 여자 어린이는 많은 경우에 선망받는 남성을 중심으로 삼각 관계 또는 그 이상의 복잡한 남녀 관계를 만들고 그 속에서 최후의 승자가 되어 남성의 배우자로 선택된다. 이런 과정은 매우 진지하게 진행되는데 이 과정을 지켜보노라면 이 과정이야말로 남성의 본성적 특징과 여성의 본성적 특징이 가장 잘 드러나는 과정으로 여겨지기도 한다.

(4) 엄마의 자궁으로 들어가는 과정

엄마의 자궁으로 들어가는 것은 자기 인식의 발달 과정에서 나타나기도 하고, 때로는 프로이트가 언급한 남근기에 해당하는 발달 단계에서 엄마와 애정 교류를(이것은 근친상간의 좁은 의미가 아니다) 상징하는 것으로 나타나기도 하며, 마음이 고향을 그리는 외로운 상태일 때 모태 회귀 본능의 표현으로도 자주 등장한다.

놀이에서는, 기차가 철로를 통과하여 굴 속에 들어가는 것, 치열한 경쟁을 물리치고 만난 남녀(주로 왕자와 공주)가 아름다운 궁전으로 들어가거나 함께 침대에 눕는 것, 영웅적 존재가 입성하거나 성벽에 올라 승리를 선언하는 것, 로켓이 달 표면에 내려앉는 것, 물고기 또는 올챙이의 물 속 여행, 표류하던 선원이 섬에 도착하는 것 등으로 표현된다. 때로는 상징의 수준이 얕아서 정자가 난자를 만나는 과정이라는 것을 아주 쉽게 유추할 수도 있다.

또 모형들을 가지고 상징적으로 표현하는 연극 놀이 외에, 원형의 과녁을 맞히는 화살 놀이, 다트 놀이, 바구니 또는 골문에 공을 집어넣는 운동 놀이도 이 과정의 표현일 때가 있다.

정신적 존재인 개별적 자기로 분화되는 과정에서처럼, 육신을 만드는 이 과정에서도 치열한 경쟁이 표현된다. 무수한 정자가 단 하나의 난자를 만나기 위해 서로 경쟁해야 하는 이치를 생각하면 쉽게 이해할 수 있다. 그런데 자궁으로 들어가는 자기의 과거를 이렇게 상징적으로 표현하는 것은 남자 어린이에게 해당되는 경우가 많다. 여자 어린이의 경우에는 반대로 만나러 가는 능동적 여행자가 아닌 기다리는 입장으로 표현되는 경우가 많다. 어쩌면 우리가 자연의 이치를 본성적으로 알고 성 정체감을 자연스럽게 인식하는 것을 이렇게 표현하는 것인지도 모른다.

이 과정의 놀이에 정성을 많이 기울이는 어린이의 발달력을 보면, 부모가 임신을 위해 각고의 노력을 기울여야 했던 경우가 상당히 많다. 요즘은 인공 수정으로 탄생한 어린이들이 늘고 있는데 이들은 이 과정을 매우 험난하게 표현한다. 예를 들면, 궁성을 향해 전진하는 자동차가 예측할 수 없는 급류에 휩쓸리기도 하고, 좁다란 계곡을 겨우 통과했는데 천애의 낭떠러지를 만나 고생하기도 하고, 미로와 같은 험한 길에서 방향을 잃고 헤매기도 한다.

어린이들이 부단한 노력을 기울이며 이런 실존적 놀이를 통해 자기 존재를 입증하고 싶어하는 것을 관찰하다 보면 실제로 물리적 개념으로서 수정란이 만들어지는 시간은 아주 짧은 순간이지만 그렇게 되기까지 과정은 영겁을 담고 있으며, 수정란 하나의 크기는 아주 작지만 그 속에 담긴 공간은 우주만큼 광대하고, 작은 물질의 수정란이 머금은 정신 세계는 우리가 헤아릴 수조차 없을 만큼 크다는 것을 알 수 있다.

(5) 자궁 속 삶을 누리는 과정

수정란이 되어 비로소 몸과 마음이 합쳐진 온전한 개체가 되면 자궁벽에 착상하고, 태반과 탯줄에 의존하는 삶이 이어진다. 이 과정에 접어들면 그동안 개별적 자기로 분화하기 위해 자기의 힘을 반복적으로 업그레이드하면서 무수한 존재와 경쟁하여 승기(勝機)를 잡고, 크고 위험한 많은 관문을 통과하여 안주할 곳을 찾아 생명체로 나타난 상황이 된다. 따라서 치열한 경쟁적 놀이는 다소 수그러든다.

자궁에서의 삶은, 무궁하게 이어지는 생멸(生滅)의 수레바퀴 가운데 한쪽에 놓여 있는 정거장에 안착한 상태여서 시간과 공간에 갇힌다. 놀이에서 예를 들면, 어린이가 모래 상자에 꾸민 환경이 싸움판이 벌어지면서 어지럽고 삭막했다가, 시계를 포함한 가구가 배치된 방 중앙의 소파에 곰돌이가 누워서 자고 있는 장면이 연출되었다면, 이것이 바로 시간과 공간이 존재하지 않는 외계의 정신적 삶에서, 시간과 공간이 있는 자궁의 삶으로 이동한 것을 의미하는 것이다.

놀이에서 흔히 표현되는 자궁의 삶은, 어린이 자신이 텐트에 들어가

웅크린 자세로 누워 있는 놀이를 비롯하여, 양막(羊膜, 양수를 싸고 있는 막)처럼 자기의 온몸을 보자기로 둘러싸는 놀이, 자기의 손을 모래로 묻는 두꺼비집 놀이, 모래 속에 보석을 감추거나 동물을 묻어두는 놀이, 동굴에서 겨울잠을 자고 있는 곰돌이, 침대에 홀로 누운 아기, 주차장의 자동차, 연못에서 헤엄치는 물고기나 개구리, 둥지에 놓여 있는 새의 알, 바구니 또는 항아리 속의 사물 등이 있다.

자궁에서의 삶은 정해진 기간 동안 정해진 계획대로 성장과 발육이 진행되는 삶이기에 한 개체의 실존적 역사를 개시하는 삶이며, 개인 무의식이 태동을 시작하는 삶이다. 자궁에서의 성장 발육을 상징하는 놀이의 예는, 마치 연금술을 행하듯 여러 색깔의 수채화 물감을 동시에 물에 풀어서 젓기, 여러 재료를 섞어서 김밥을 만들거나 만두 빚기, 분절된 조각들을 모아 전체를 구성하는 퍼즐 맞추기 등이 여기에 해당된다. 그림에서 예를 들면, 큰 원 안에 세포 분열처럼 작은 원들이 채워지고 그곳에 날개 펼친 나비를 그려서 시간의 흐름에 따른 변화 과정을 표현하는 것, 원 안에 심장처럼 그려진 하트(♡)와 뼈대 또는 다른 장기(臟器)를 상징하는 것처럼 그려진 도형들, 원 안에 웅크린 모습으로 그려진 아기의 모습 또는 눈에 띄는 하나의 사물 등이 여기에 해당한다.

자궁에서 삶은 엄마와 함께 목숨과 정서를 공유하는 삶인 만큼 부모의 태교가 지대한 영향을 끼친다. 따라서 엄마의 번뇌가 깊었거나 다른 이유로 자궁에서의 삶에 우여곡절과 상처가 많았던 어린이는 이 시기의 놀이가 고통스럽게 전개된다.

쌍둥이로 태어난 어린이의 경우에는 자궁 속에서 자신에게 미흡했던 생의 조건을 다시 조율하는 놀이에 주력하는 것을 볼 수 있다. 예를 들어, 쌍둥이 중 작게 태어난 어린이는 먹는 놀이에 주력하고, 크게 태어난 어린이는 넓은 방 만들기에 주력하는 것이 여기에 해당한다. 때로는 홀로 태어났지만 자궁에서 함께 지낸 쌍둥이를 치열한 생존 경쟁 끝에 자연도태시킨 것으로 추정하게 해주는 놀이가 나타나는 경우도 있다.

(6) 세상에 출현하는 과정

사람의 일생에서 탄생만큼 큰 일은 없을 것이다. 부모는 경건함과 기쁨으로 아기를 맞이하지만 정작 아기 입장에서는 40주 동안 자궁에서 아주 조심스럽게 육신을 성장시킨 그 힘을 다 쏟아 엄마의 뱃속에서부터 좁은 길을 열고 나오려고 애쓰는 과정이 탄생인 것이다. 그리고 그 비좁은 길을 통과하는 동안 엄마의 고통까지 함께 공유하며 삶이란 것이 순조롭지 않고 험난한 과정임을 먼저 맛보게 된다. 그래서 자신의 존재를 알리는 첫 신호로 웃음 아닌 울음으로 선택하고 단맛보다 쓴맛을 먼저 봤다는 의사 표현을 하며 개선을 외치는 것이다. 어쩌면 세상의 첫 관문을 두드리는 아기의 탄생은 바로 목숨을 담보한 이 역경 뚫기에 성공했기 때문에 축복을 받는 것인지도 모르겠다.

어린이가 놀이에서 표현하는 출산 상황의 예는, 모래 속에 묻혀 있던 동물이나 자동차 등이 모래 밖으로 고개를 내미는 장면, 굴 속에서 겨울잠을 깊이 자던 곰돌이가 새봄이 되어 어슬렁거리며 굴 밖으로 나오는 장면, 동이 트면 '꼬끼오~' 하고 울면서 병아리가 나오는 장면, 생일 파티가 열리는 장면, 아빠가 아기를 높이 들고 하늘에 알리는 장면 등이다.

그런데 출산 당시에 고통이 컸던 어린이들은 놀이에서 연출하는 출생 장면들이 예사롭지 않다. 실제 예를 들면, ① 엄마의 자궁구가 열리지 않아 산도(産道)를 통과하기가 힘들어서 애썼던 어떤 어린이는, 병목 현상 때문에 앞으로 나아가지 못해 안타까워하는 자동차로 그 아픔을 표현했고, ② 지독한 약시(弱視) 때문에 고생하는 어떤 어린이는, 모래 속에서 빠져나오는 악어 한 마리가 '눈 매워~'를 애절하게 세 번 외치는 놀이를 연출함으로써 그 아픔을 배설했으며, ③ 오랜 진통 끝에 난산으로 태어난 어떤 어린이는, 물 속에서 허우적거리다가 구사일생으로 구조되는 아기를 연출하면서 '힘들었어~' 하고는 갑자기 울음을 터뜨렸다.

출산 이전을 표현하는 놀이에서도 그렇지만 출산에서 겪은 고통 역시 그 이후 발달의 발목을 붙들기 쉽다. 놀이 치료 현장에서는 출산에서 터득한 고통의 경험으로 세상살이가 녹록하지 않음을 지레 짐작하여 일찌감치 세상을 외면한 어린이를 종종 발견할 수 있다.

(7) 엄마를 각인하고 엄마와 결속하는 과정

갓 태어난 아기는 자궁에 있을 때와 판이하게 다른 삶의 조건에 놓인다. 우선 탯줄을 통해 엄마에게 호흡과 섭생을 의지했던 것에서 독립해야 하고, 또 엄마와 하나로 통했던 마음도 새롭게 시작되는 자신의 경험을 덧붙여 교감하는 방식으로 달라진다. 아기는 스스로 감관(감각 기관과 그 지각 작용)을 단련시키며 새로운 세상에 직접 접촉하고 느끼고 적응해 나가야 하지만, 한편으로는 혼자서 안전하게 생명을 유지할 만큼 생리적 기능이 온전히 다듬어질 때까지 엄마의 지극한 손길에 의지할 수밖에 없다. 그래서 어쩌면 모든 어미 동물에게 일정 기간 모성애를 발휘하는 생리적 메커니즘이 본성으로 갖춰져 있는지 모른다. 간혹 어미 잃은 고양이를 자기 젖으로 키우는 개나, 남의 새끼를 길러주는 어미 코끼리를 볼 수 있는 것은 이런 까닭인지도 모른다.

어미 동물이 새끼를 낳으면, 어미는 일정 기간 동안 새끼를 품고 끊임없이 핥아주고, 새끼는 어미 품으로 깊이 깊이 파고드는 것을 볼 수 있다. 짐작컨대 어미가 새끼를 끊임없이 핥아줄 때에는 그런 접촉이 새끼의 발달에 필요하기 때문일 것이며, 새끼가 어미 품을 자꾸만 파고드는 것도 새끼의 삶에 중요한 이유가 있기 때문일 것이다. 나름대로 추측해본다면, 어미와 새끼의 교류 차원에서는 가장 행하기 쉬운 이 생애 최초의 결속(bonding)을 통해, 새끼는 자기의 독립된 촉각 기관으로 어미의 뱃속에서와는 다른 새로운 접촉을 경험하고, 이 촉각 경험은 다시 다른 감관의 신경 경로와 연결을 자극하여 발달의 총체적 진행을 촉진하는 것으로 보인다.

빛의 세계로 나오자마자 이루어지는 어미와의 결속은 새끼에게 생애 초기부터 자신의 삶에 가장 큰 영향을 끼치는 어미의 모습과 체취를 각인시키는 과정이다. 또 나 아닌 다른 존재와의 최초의 상호 교류 경험은 미래의 과업인 사회성 발달의 기반을 다지는 중요한 계기이기도 하다. 아기 오리들이 알에서 깨어나 처음 본 대상을 진짜 엄마로 착각하고 졸졸 쫓아다니는 현상을 관찰한 콘라트 로렌츠(Konrad Lorenz)의 '각인 실험'도 이 중요한 과업의 한 단면을 설명해주는 것이다.

아기들이 세상 밖으로 나오면 먹고 자고 소화시키고 배설하고 숨쉬는 등의 모든 신체적 기능을 단련하는 데 부단히 애쓰는 모습을 볼 수 있다. 가녀린 아기가 애쓰는 모습이 너무나 진지하고 경건하기 때문에 어른의 눈에는 도리어 애처롭게 보이기도 한다. 젖 달라고 울고, 기저귀가 축축하니까 갈아 달라고 울고, 잠들기 어려워 애쓰며 투정 부리고, 시원한 호흡을 위해 하품도 해보고, 소화 기능에 무리가 생기면 토하기도 하고, 엄마가 자신의 욕구를 알아차리지 못하면 징징거리기도 하고, 세상살이 적응에 애쓰는 듯해서 "아가야 힘들지?"라고 말을 건네면 알아듣고 말하는 듯 "으응~"하는 소리로 대꾸도 하고, 이유 없이 토하며 심하게 울어서 엄마를 울리기도 하고, 때때로 자궁이 그리우면 태아 자세로 돌아가 수면에 빠지기도 한다. 아기의 이런 적응 과정에 엄마의 모성애와 엄마와의 결속이 없으면 그 인생은 황폐한 곳으로 밀려날 수밖에 없다.

엄마와 결속이 중요한 시기는 태어난 직후부터 손가락을 활발하게 빨게 되는 시기, 옹알이와 사회적 미소가 나타나는 시기까지에 해당하는데, 정상 발달의 경우에 준하면 대략 길게 잡아 생후 백일까지에 해당하는 시기다. 생애 초기에 이루어지는 엄마와 아기의 이러한 결속은 다음 발달 과업인 애착 형성(attachment formation)의 기반을 다지는 것이므로 엄마가 아기에게 손길을 베푸는 데 결코 소홀해서는 안 된다. 놀이 치료 현장에서 보기로는 이 시기 결속의 손상은 감각과 운동 발달의 둔화, 언어와 사회성 발달의 심한 위축 등 심각한 발달의 후유증으로 이어져 외현적으로 자폐적 인상을 짙게 남긴다.

여기서 언급하는 엄마와의 결속은 주로 갓 태어난 아기가 생존을 위해 자궁 밖 삶의 생리적 적응이 더 중요하여 엄마에게 강하게 의존하는 것을 의미하며, 다음 단계인 엄마와의 결속은 생존의 큰 고비를 넘기고 아기가 엄마와 심리적으로 강하게 교류하며 정을 붙이는 것을 의미한다.

이 시기에 입은 손상을 치유하려는 어린이의 놀이를 관찰하면, 엄마와 결속을 다시 시도하는 듯 대체로 끈의 상징과 관련된 놀이가 많이 등장한다. 치료자를 직접 끈으로 묶어서 자기와 연결하는 놀이를 즐기기도 하고, 전화기를 통해 치료자와 연결을 시도하기도 하며, 원형으로 묶인 끈 속에서 치료자와 함께 기차 놀이도 한다. 그밖에 크레인이 다른 자동차를 연결하여 움직이기도 하고, 큰 트럭이 작은 자동차를 싣고 운행하기도 하며, 어미 동물을 아기 동물이 쫓아다니는 놀이도 한다. 때로는 자동차를 일렬로 배열하기도 하고 조그만 블록들을 일렬로 붙여서 늘어놓기도 한다. 그런데 이런 놀이는 때때로 출생 직후의 결속뿐 아니라 탯줄로 이어져 있던 시기의 결속을 나타내는 경우도 있다.

(8) 엄마와 애착 관계를 이루는 과정

아기가 엄마와 결속을 통해 ① 자궁 밖 세상살이에 대해 생리적 적응을 완료하고, ② 다음 단계의 발달 과업인 애착 형성의 기반을 다지며, ③ 엄마를 보고 느끼고 인식하는 데 필요한 많은 정보를 대뇌에 입력하고 나면, 이제 본격적으로 엄마에게 의존하면서 더욱 긴밀하게 애정을 교류하며 엄마와 공존 관계를 맺는다.

밀착의 정도가 높은 이 공존 관계는 엄마 젖을 떼고 걸음마를 배워서 엄마로부터 독립된 존재가 될 때까지 지속된다. 그런데 이 공존 관계에서 행해지는 애착 형성은, 특히 엄마 품에 안겨 젖을 먹을 때 엄마가 보여주는 웃음 띤 눈 맞춤, 엄마가 부드럽게 속삭여주는 말, 엄마의 유선을 통해 아기의 입 안으로 흘러 들어가는 젖에 배어 있는 따뜻하고 깊은 정서를 통해 최상으로 무르익는다. 그러므로 이 시기 아기가 지닌 실존에 대한 인식에서 '빨기(sucking)'는 매우 중요한 일이며, 아마도 아기는 빨기를 통해 행복을 배우고 느낄 것이다. 그리고 그 행복의 신호를 사회적 미소로 보여주는 것인지도 모른다.

엄마 품에 안겨 행하는 빨기는 여러 가지로 중요한 의미가 있다. 바깥 공기에서 느껴지는 차가움도 사라지고, 위장에서 느끼는 배고픔도 채워지며, 마음의 허기도 물러나고, 사람과 사람 사이를 잇는 관계에서 느끼는 배고픔도 채워진다. 그뿐 아니라 젖을 빠는 행위에 동원되는 근육 운동을 통해 옹알이 발달이 촉진될 수 있고, 나아가 대뇌 신경의 움직임이 활발해질 수 있다. 그러므로 엄마들은 빨기의 순간을 행복하게 만들어줄 의무가 있다.

이전 발달 시기에도 그렇지만 이 과정을 제대로 완수하지 못했을 때의 상실감도 매우 다양하고 심각한 후유증을 남긴다. 자주 발견되는 병리적 현상의 예는, 인간에 대한 불신, 우울하고 메마른 정서, 몰인정, 식탐, 과도한 수다 또는 침묵, 손가락 빨기, 손톱이나 옷자락 물어뜯기, 유아적 언어 사용, 의기소침, 곰돌이 인형이나 자신의 이불에 집착하는 것과 같은 대물(對物) 애착 등이 있다.

치료 현장에서 이 과정을 거칠 때의 어린이들은 음식 놀이, 물건을 구매하는 가게 놀이, 돈을 거래하는 은행 놀이, 아기를 돌보고 젖을 먹이는 놀이 등을 많이 한다.

치료가 진행되는 동안 이 과정을 거치며 실생활에서 보이는 변화를 보면, 엄마에게 먹을 것과 다른 물건들을 사 달라는 요구가 늘고 심하면 폭식도 한다. 입을 다물고 있던 어린이들은 수다스러워지고, 안 그랬던 어린이들도 아기 같은 말투와 어리광을 부리는데 심한 경우에는 엄마 손길을 끌어들이려고 잠잘 때 오줌을 싸기도 한다.

(9) 엄마와 분리되고 독립을 준비하는 과정

아기가 걸음마를 배우고, 젖을 떼어 밥도 먹고, 말귀를 알아들으면서 한두 마디 언어 표현으로 의사 소통이 가능해지면 점진적으로 엄마와 맺은 애착 관계에서 벗어나 홀로 설 준비를 한다. 이른바 심리적 이유(心理的 離乳, psychological weaning)를 준비하는 것이다. 그러려면 엄마 품에만 의존해 있을 때 경험해보지 못했던 이 세상 많은 것들을 부지런히 탐색해야 한다. 그래서 이 발달 과정에 있는 아기들은 자기 주변에 널려 있는 다양한 사물의 성질을 탐색해야 하는 필요성 때문에 "이거 뭐야?" 하면서 호기심을 나타내는 질문이 많아지고, 수없이 일어나는 궁금증을 해결하려고 몸과 마음을 바쁘게 움직여야 하므로 산만해지며, 위험한 줄 모르고 무모한 행동을 시도하다가 제지당하는 일이 늘어나면서 떼쓰기와 고집이 나타난다. 이러한 이 시기 발달 특성을 올바로 이해받지 못하고 비난과 좌절을 경험하게 되면 당연히 독립심이 모자라는 사람으로 성장하게 되고 무능한 자기상(自己像)을 갖게 될 수밖에 없다.

이 시기를 거치는 동안의 놀이 표현을 예로 들면, 주차장에 머물기 좋아했던 자동차가 바깥으로 자주 나가는 것, 정해진 선로 위로만 움직이던 기차가 선로 밖 멀리까지 나가는 것, 어미의 꽁무니만 쫓아다니던 아기 동물이 어미와 떨어진 상태에서 자유롭게 활동하는 것, 일렬로 배열되었던 자동차들이 사방으로 퍼지는 것, 일렬로 줄지었던 블록이 탑 쌓기처럼 수직으로 올라가는 것 등을 관찰할 수 있다. 이 시기에 수직으로 탑 쌓기가 등장하는 것은, 자기 주장이 강하고 독선적인 사람들이 수직선 배열의 그림을 많이 그리는 것과 상통하는 이치다.

일상 생활에서 보이는 변화를 살펴보면, 말썽과 저항이 늘어서 치료자나 가족과 자주 마찰을 빚는다. 또 뺀질거리거나 깐죽거리기가 늘고, 비합리적인 주장을 관철하려고 고집을 부리므로 미움을 사기 쉽다. 그러므로 이 과정을 거치는 동안에는 가족이나 치료자의 조건 없는 사랑과 인내가 많이 필요하다.

(10) 자타가 분리되고 자기 중심성이 생기는 과정

아기가 독립을 완료하고 스스로 나아가 바라보는 세상은 이전과 다를 것이다. 자신을 중심으로 하여 그 주변을 둘러싼 사람들과, 많은 사물들과의 관계에 대해 새로운 눈이 열릴 것이다. 즉, 주체(subject)와 대상(object)의 분화가 이루어지고 그 둘의 관계에서 자신의 중요성이 크게 부각될 것이다.

아기가 엄마와 공존하는 시기에는 엄마의 요구에 죄다 순순히 응하면서 예쁜 짓을 마다하지 않는다. 이때 아기는 엄마의 보호를 받고 있기 때문에 모든 위험에 대해서도 마음을 놓은 상태다. 그러나 독립을 한 뒤에는 엄마의 얼굴에서 미소와 자애로움이 아닌 찡그림과 분노를 때때로 발견한다. 그밖에 아무렇게나 행동하고 아무 물건이나 덥석 만지면 위험에 빠질 수 있다는 것을 터득하여 목숨을 보호하고 책임져야 하는 생의 과제가 자신에게 넘겨오는 것도 깨닫는다. 어디 그뿐이겠는 가? 형제의 도전에도 직면하고 생존 경쟁에서 이기지 못하면 도태된 다는 삶의 법칙에도 눈을 뜨게 된다.

자신의 생존이 중요한 명제가 되면 자기를 보호하는 전략을 생각하 게 되고, 자기의 이익도 챙기게 되는데, 그러기 위해서는 자기를 사랑 하는 마음도 생겨야 한다. 그래서 이 시기에 이른 유아들에게는 이기 적인 생각이 생기고, 자기 바깥의 대상들은 모두 자기를 위해 존재하 는 것이어야 한다. 하늘에 떠 있는 달도 자기만의 것이고, 나뭇가지에 매달린 앵두도 자기만의 것이어서 아무에게도 맛보도록 허용할 수 없 다. 엄마도 자기만의 엄마여서 아빠가 소유할 수 없는 존재인 것 등은 이 시기 유아가 나타내는 이기적 모습의 흔한 예다.

이 발달 시기에는 나에 대한 사랑, 나의 소유에 대한 사랑이 중요하 기 때문에 대변에 관심이 많아진다. 이는 동물의 생태에서 자신의 생 명과 소유를 적으로부터 지키고 보호하기 위해 공격과 방어의 수단이 자 자기의 영역을 표시하는 수단으로써 방귀(가스)와 대소변이 중요한 역할을 하는 것과 같은 이치다. 발달적 관점에서 이 시기에 이르러 대 소변 조절이 자율적으로 가능해지는 것도 어쩌면 이런 자연의 이치에 따르는 현상인지도 모른다. 그래서 프로이트도 이 시기를 항문기로 분 류했던 게 아닐까. 프로이트가 항문기에는 대변을 보유하려는 경향이 있다는 것과, 구두쇠를 대변 보유 경향이 고착되어 만들어진 항문기 성격으로 언급한 것이 이런 자기 사랑이나 자기 소유의 사랑과 관련이 있을 것으로 여겨진다.

이 같은 발달 배경 때문에 이 시기에는 어린이의 자존감이 매우 중요하다. 호기심이 많아서 말썽도 많고, 자신의 의견을 강력히 주장하며 자아를 팽창시키기 때문에 다른 사람과 마찰이 종종 일어나지만 절대로 양보하지 않으려 한다. 그래서 이 시기를 거치는 유아에게는 자존감 수용이 무엇보다 중요하다. 그러나 고삐 풀린 망아지처럼 할아버지의 수염을 잡아당기는 것과 같이 사회적으로 용납할 수 없는 수준까지 제어력 없는 자아의 팽창을 마냥 허용할 수는 없는 일이다. 우리 선조들이 세 살 버릇 여든까지 간다면서 이 시기의 버릇을 잘 잡아주려 했던 것도 모두 이런 까닭에서일 것이다.

이 시기를 거치는 동안 어린이의 놀이는 지저분해지는 경향이 있다. 마른 모래보다 질척거리는 젖은 모래를 선택하려 하고, 물감 놀이도 선명한 표현보다 얼룩지게 하거나 뭉개거나 덧칠하기를 많이 한다. 똥처럼 느껴지는 찰흙 놀이를 좋아하면서, 무엇보다 똥 만들기를 좋아한다. 그림을 그려도 똥 그림을 많이 그리고, 노래를 불러도 똥이 들어가는 내용의 가사로 바꿔 부르는 경우가 많다. 또 도장 찍기, 손과 발자국 찍기, 땅 따먹기도 한다.

일상 생활에서 자주 관찰되는 행동으로는 아주 깔끔한 어린이였어도 위생이나 용모의 관리가 느슨하고 지저분해지는 경향이 있다. 또 트림을 하거나, 침을 자주 뱉거나, 방귀를 자주 뀌고 대변도 자주 본다. 놀이실에서는 그런 경향이 더 강해지는데 어떤 어린이는 놀이실에만 오면 대변을 보기도 한다. 그런데 이 시기의 방귀는 평소보다 냄새도 고약하고, 대변의 양도 많아서 변기가 자주 막히기도 한다.

(11) 성별로 구분되는 자기를 인식하는 과정

엄마에게 의존하던 삶으로부터 분리가 완료되고 타인과 접촉하는 데 관심이 증가하는 발달 시기에 이르면, 어린이들은 그동안 밀착해 있었던 존재인 엄마와 여러모로 다른 모습의 존재인 아빠를 새삼 관심을 갖고 바라보게 된다. 즉 엄마를 제외하고는 크게 눈여겨보지 않던 최초의 타인 접촉자인 아빠에 대한 인식이 새로워지는 것이다. 아빠는 엄마와 목소리도 다르고 생김새도 다르고 행동 범위도 다르다. 이렇게 많은 측면에서 다른 모습을 지닌 아빠와 접촉하면서 엄마에게만 관심이 집중되었던 어린이의 삶이 훨씬 더 흥미롭고 풍요로워진다.

어린이들은 엄마가 아닌 최초의 타인 접촉자인 아빠를 통해 사회적 관계의 기초를 튼튼히 다지게 되므로, 이 시기에 엄마를 벗어나 아빠와 친밀해지는 것은 더없이 중요한 일이다. 어쩌면 그래서 바로 이즈음에 동생이 태어나고 동생을 돌보느라 여념 없을 엄마 대신 자연스럽게 아빠를 가까이 접촉하게 되는 것인지도 모른다. 다시 말해 엄마와 저절로 멀어지고 아빠와 저절로 가까워지도록 자연 터울의 동생이 이 시기에 태어나는 것인지도 모른다. 아빠와 접촉하는 것이 새롭고 중요한 발달 시기에 맞춰 자연스러운 터울로 동생이 태어나는 자연의 섭리는 생각할수록 정말로 경탄스럽다.

아빠와 관계가 증진되면서 어린이는 엄마와 아빠의 차이를 세밀히 관찰하고, 그 세밀한 차이가 바로 성별의 차이에서 비롯된다는 것도 알게 되며, 자신이 어떤 성별의 부모와 닮았는지도 인식하게 된다. 그리고 자신의 성별을 인식하면 사회적 요구에 맞는 올바른 성 역할의 주인공이 되기 위해 자기의 성별과 일치하는 행동을 하려 애쓴다. 그러려면 동성의 부모를 자신의 성 역할 학습 모델로 삼고 이성의 부모를 배우자로 설정하여 인생살이 예행 연습을 해야 할 필요성이 생긴다. 아들이 아빠를 흉내 내며 엄마를 좋아하고, 딸이 엄마를 흉내 내며 아빠를 좋아하는 것이 어쩌면 자기의 성별을 알고 난 후 그에 맞춘 인생살이 예행 연습의 한 모습일 수도 있다.

이같이 이 시기에 아빠와 긴밀하게 접촉하는 것은 사회성 발달의 촉진 요소이면서 성 역할 발달의 촉진 요소이기도 하다. 그러므로 이 시기에 아빠와 제대로 접촉하지 못하는 것은 사회성 발달과 성 정체감 발달에 모두 큰 후유증을 남긴다. 따라서 이 시기에 자연스럽게 동생을 보지 못했을 경우나 어떤 다른 이유로 엄마와 분리하는 데 성공하지 못했을 경우, 또는 아빠와 접촉이 원만하지 않았을 경우에는 후유증을 예방하기 위한 대안적 노력이 꼭 필요하다.

치료 현장에서 표현되는 이 시기 어린이의 놀이는 성별 인식에 관한 놀이, 자기의 성 역할을 훈습하는 가족 관계 놀이, 왕자와 공주가 만나는 환상적 결혼, 아빠와 경쟁해서 승리하는 놀이 등이 자주 등장한다.

성별 인식 놀이의 예를 들면, 보자기를 놀잇감으로 마련해두었을 때 남자 어린이는 그것을 망토 삼아 어깨에 두르고 슈퍼맨, 배트맨, 스파이더맨 흉내를 내며 남성다움을 뽐내고, 여자 어린이는 그것을 행주치마, 아기 포대기, 면사포 삼아 신부가 되거나 엄마가 되는 역할 놀이를 하며 여성스러움을 뽐내는 것 등이 있다.

성 역할을 훈습하는 가족 관계 놀이의 예를 들면, 남자 어린이는 가족을 거느리고 유원지로 놀러가고, 여자 어린이는 온 가족을 위해 맛있는 음식을 만들어 식탁을 꾸미는 것 등이 있다.

왕자와 공주의 환상적 결혼은 자신이 이 세상에 태어나기 위한 준비 과정(음양의 화합)에서도 종종 등장하는데, 이 과정의 결혼이 그때와 다른 점은 성 역할 학습의 의미가 더 크게 부각된다는 점이다.

아빠와 경쟁해서 승리하는 놀이를 예로 들면, 작은 공룡이 큰 공룡을 물어서 죽이거나 인형의 집 이층 난간에서 아빠를 떨어뜨려 죽이는 놀이 등이다.

이 시기를 건너는 동안 일상 생활에서 나타나는 치료적 진전의 표시로는, 아빠에게 무관심했거나 아빠를 멀리 했던 어린이가 치료자에게 아빠 이야기를 들려주는 일, 또 집에서 아빠에게 관심을 보이거나 우호적 태도를 보이게 되는 변화 등이 있다.

(12) 자기 성별에 맞는 성 역할을 다듬는 과정

가정이라는 울타리 안에서 아빠와 접촉하며 사회성을 발달시키고 성 역할을 익히는 일이 어느 정도 익숙해지면 어린이의 생활 무대는 가정 밖으로 점점 더 확대된다. 바깥에서 만나는 다양한 사람들과 접촉과 교류가 원활해지고 집단으로 만나는 데 대비하여 생활 리듬을 매끄럽게 다듬으려면, 태양을 중심으로 지구가 움직이는 것을 기준으로 삼아 인류가 정한 시간 단위를 이해하고, 북극성을 중심으로 동서남북을 구별하여 인류가 정한 방향에 대해서도 이해하며, 타인의 감정을 읽을 수 있는 능력을 갖추어야 하고, 자기 성별에 맞는 행동을 더 잘 수행할 수 있어야 한다. 어쩌면 이런 이유 때문에 어린이들이 취학을 전후하여 시간과 공간에 대한 개념이 분화되고 타인 조망 능력이 분화되는 것인지도 모른다. 또, 우리 선조들은, 가정이라는 울타리를 벗어나 밖으로 나가면서 꽤 복잡해지는 생활에 좀 더 잘 적응하기 위해 유치에서 영구치로 치아도 새로 갈고, 손과 발의 움직임이 활발해져서 부잡스럽게 행동하는 이 시기 어린이들의 특성을 올바로 이해하라는 가르침으로 '미운 일곱 살'이라는 지침을 우리에게 남겼고, 성별에 따른 집단 적응 능력을 더 향상시키기 위해 '남녀칠세부동석(男女七歲不同席)'이라는 생활 규범을 우리에게 남겨주었는지도 모른다.

프로이트는 이 시기를 잠재기로 분류하여 성적(性的) 관심이 잠시 수그러든다고 하였다. 그러나 이 시기를 건너는 어린이들의 놀이를 면밀히 들여다보면 이성에 대한 관심은 잠시 수그러드는 반면 동성끼리의 활동 또는 자기 성별에 맞는 역할에 대한 관심은 나름대로 더 정련되어 나간다. 또 이 시기는 프로이트가 분류한 남근기에 해당하는 시기이며 어린이들이 이성과 관련하여 표현하는 성적 관심은 환상적 요소가 있지만 이 시기의 자기 성 역할의 정련 작업은 좀 더 구체적이고 현실적으로 표현된다.

남근기보다 좀 더 구체적이고 현실적인 성 역할에 관심을 기울이는 것을 용모 꾸미기를 예로 들면, 남자 어린이들은 야구 선수 모자를 쓰거나 축구 선수의 운동화를 신는 것을 더 선호하고, 여자 어린이들은 목걸이와 반지 등 장신구 착용을 좋아하며 레이스와 리본이 장식된 의상을 좋아하는 것 등이다.

또 구체적이고 현실적인 성적 관심을 놀이로 표현하는 경우를 예로 들면, 남근기 어린이들이 왕자와 공주가 세상 제일의 궁전에서 세상 모든 사람의 축복을 받으며 결혼하는 환상적 놀이를 즐기는 것에 견줄 수 있다. 즉 이 시기의 남자 어린이는 치료자와 실제의 게임 놀이로 승부를 가리기 좋아하거나 남자 어린이만으로 구성된 또래 집단에서 물고기 떼처럼 어울리며 군대 놀이와 야구, 축구 등의 스포츠 놀이를 즐기고, 여자 어린이는 인형의 옷을 만들어 입히기를 좋아하거나 바느질, 뜨개질 같은 실제 수예품 만들기에 관심을 보인다.

어린이의 놀이 치료에서는 앞에서 언급한 열두 번째 과정의 심층 작업에서 종료를 생각하게 되는 경우가 많다. 여기까지 오는 동안 상징적 놀이를 통해 자신의 출생과 성장을 더 마음에 들게 향상시키고, 치료자를 징검다리 삼아 애착 형성 작업에서도 새로운 건설을 이룩했으며, 애착 형성 작업의 성공을 기반으로 자율감이나 주도성의 성장을 경험하고, 그 성장에 따른 자긍심 향상으로 일상 생활과 타인과의 관계에서 원활한 적응을 기대할 수 있을 정도로 새로운 국면을 맞이했기 때문에 어린이 스스로 종료를 선택할 수 있다.

이 시기 이후의 성장과 발달은 정상적인 일상 생활로 복귀한 다음의 일이므로, 치료를 받을 필요가 없는 다른 평범한 많은 사람들이 자기를 인식하는 방식의 성장 발달 과정을 그대로 밟게 될 것이다. 즉 건강한 자기를 회복해 사춘기와 청년기를 거치고, 사회적 성공을 목표로 매진하다가 배우자를 만나고, 부모가 되어 자녀도 기르고, 자녀 교육의 의무를 마친 노년기에 접어드는 일반적인 삶의 궤적을 그대로 밟으며 자기의 인식을 성장시켜 나갈 것이다. 그리고 장년기 이후에는 성숙한 인격을 갖추기 위해 최대한으로 노력할 것이다. 그리고 그 최대한의 노력으로 도달하려는 마지막 목적지는 아마도 우리가 이상으로 삼는 성숙한 인간의 삶일 것이다. 즉 융이 언급한 밝은 집단정신(명상 수행으로 도달하는 지점)에로 회귀하는 것이며, 불교적으로는 감각과 사유로 오염되지 않는 청정무구의 마음(불교적 용어로는 진여眞如)으로 이타적 삶을 사는 것이며, 공자의 말씀을 빌리면 언행이 일치하는 어진(仁) 군자의 삶을 사는 것이며, 노자의 표현을 빌리면 무위 도인(無爲道人)의 삶(장자의 소요 사상으로는 진인眞人의 삶)을 사는 것이며, 성경 말씀을 빌리면 성령을 체득한 예수님의 박애 정신을 실천하면서 사는 것을 말한다.

엄마가 좋아

경민이는 자기의 은밀한 마음을 엄마와 깊이 나누고 싶었다. 엄마는 경민이에게 도움이 될 만한 것은 무엇이든 다 마련해주었다. 엄마와 함께 음악회에도 가고, 영재원에도 다니고, 외국 나들이도 다녔다. 엄마가 늘 곁에 있어주며 모자람 없이 무엇이든 다 해주었는데도 경민이는 이상하게 마음 한구석이 늘 텅 비어 있는 듯했다. 자신을 돌보는 엄마의 손길이 극진했는데도 어쩐지 세상살이가 고달팠다. 겉으로 보아 아무런 문제가 없을 듯한 경민이는 엄마의 호기심으로 우연한 기회에 심리 검사를 했고 놀이 치료를 권유 받았다.

놀이 치료 초반부 내내 경민이는 외계인을 대적하여 혼자 외롭게 싸우는 로봇이었다. 그러던 어느 날 경민이가 색종이로 어미 새와 아기 새, 어미 나비와 아기 나비, 어미 개구리와 아기 개구리, 어미 물고기와 아기 물고기를 아주 진지한 표정으로 접었다. 그러고는 종이를 한 장 달라고 하더니 그 위에 그림을 그렸다. 몸을 맞대고 한가롭게 떠 있는 큰 배와 작은 배, 물고기 낚시를 즐기는 가족, 물 위를 떠도는 갈매기 두 마리를 그렸다. 그 다음에는 자기가 색종이로 접은 어미와 아기들을 하늘과 바다와 연못의 알맞은 장소에 사이좋게 붙였다. 엄마와 시간, 공간을 자유롭게 공유했던 이 시간 이후 경민이는 엄마에게 마음 놓고 어리광을 부릴 수 있었다.

Play Therapy

• ▲ •

자기 인식 과정의 그림들

놀이 치료가 종반에 이르면 많은 어린이들이 자신의 치료 작업을 되돌아보곤 한다. 〈그림 1, 2, 3〉도 취학 전 어린이가 놀이 치료 종료를 앞두고 자신의 성장 과정을 되돌아보며 그린 그림이다. 얼핏 보기에는 낙서처럼 보일지 몰라도 그 안에 담긴 내용은 매우 엄숙하다.

〈그림 1〉은 현수 자신이 이야기를 전개해가며 완성한 것이다. 처음에는 화가 난 아빠 닭과 울고 있는 아기 닭을 그렸다. 부리에 밴드를 붙인 중앙의 큰 닭이 화가 난 아빠 닭이며 오른쪽 하단의 아기 닭은 그릇을 깨뜨리는 바람에 아빠 닭에게 야단맞고 슬퍼서 눈물을 흘리고 있다. 화가 많이 난 아빠는 눈알이 벌겋게 달아올랐고 울퉁불퉁한 치아를 드러내고 있다.

아빠 닭은 화를 가라앉혔다. 아빠 닭이 화를 가라앉히니까 머리 위에는 벼슬이 달리고, 턱 밑에는 수염이 달리고 날개에는 억센 깃털이 돋았다. 그래서 아빠 닭은 힘이 세졌다. 아빠 닭은 세어진 힘으로 방귀

〈그림 1〉

를 '뿡!' 하고 뀌었는데 그 소리가 매우 컸으며 방귀 소리가 난 뒤 곧바
로 '새 아기 닭'이 탄생했다. 새로 태어난 아기 닭은 기분이 아주 좋다.

앞에 설명한 아빠와 아기는 부정적 이미지의 아빠와 아기다. 뒤에
그린 아빠와 아기는 환골탈태한 긍정적 이미지의 아빠와 아기다. 어쩌
면 현수 자신의 새로운 탄생을 위해 설정한 신화인지도 모른다. 현수
는 이 이야기를 전개하며 자신을 우주적 존재에서 승화된 개별적인 정
신적 존재로 분화시킨 것 같다.

〈그림 1〉 다음에 그린 〈그림 2〉는 햇볕이 따사로운 화창한 봄날 상
황이다. 하늘에 떠 있는 구름은 상서로운 기운을 내뿜고 있고 오른쪽
나무에서는 세 마리 새들이 아름다운 노래를 부르고 있다. 땅 밑에서
는 좌우 양쪽의 딱정벌레가 중앙의 집과 연결된 터널을 뚫어놓았다.
그리고 땅 위로 반 정도 몸을 내민 엄마 두더지가 땅 위에 있는 아기에

〈그림 2〉

게 외치고 있다. "애야, 빨리 와. 어서 저 집에 들어가야지……."

현수는 〈그림 2〉에서 정신만 지니고 있는 상황에서 한 단계 더 나아가 몸을 갖추고 이 세상에 태어날 준비를 하고 있는 것 같다. 아기 두더지가 들어갈 땅굴 속 어두운 집은 아마도 현수가 들어갈 자궁일 것이다. 공교롭게도 땅속의 집 모양은 마치 양쪽 나팔관과 이어진 자궁처럼 보인다. 집으로 통과하는 터널을 뚫어놓은 두 마리의 딱정벌레는 음양의 조화를 말하는 것인지도 모른다. 즉 오른쪽 나무 기둥 밑에 있는 딱정벌레는 남성성을 의미하고, 왼쪽 집에서 기어 나온 딱정벌레는 여성성을 의미하는 것일지도 모른다. 그도 그럴 것이 왼쪽의 딱정벌레는 왼쪽 끝에 그린 작은 집에 연결된 곡선의 관을 타고 나와 있어 마치 난소에서 배출된 난자처럼 느껴진다.

아기 두더지로 등장한 현수는 허공을 타고 내려와 엄마의 자궁으로

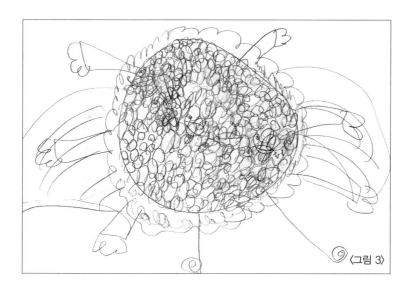

〈그림 3〉

들어가 이 세상에 존재하려는 자신의 생의 역사를 새들의 노래와 상서로운 구름으로 장엄하게 꾸미고 있다. 더욱 상서롭기는 새의 수를 세 마리로 설정했다는 점이다. 일반적으로 '3'은 완전과 통일과 안전을 상징할 때가 많다.

그리고 현수는 왼쪽 중앙에 자신의 이름을 적어놓아 자신이 몸과 마음을 두루 갖추고 이 세상에 온전히 존재하게 된 것을 만방에 선포하고 있다.

〈그림 3〉은 생명의 발아와 그 성장의 역사가 아주 진지하게 담긴 그림이다. 가운데 그린 큰 원 안에는 작게 그린 원들이 비늘처럼 많이 분포해 있다. 작은 원들 사이 오른쪽 가운데에 한국이라는 글씨가 적혀 있고 왼쪽 위로는 미국이라는 글씨가 작게 씌어 있다. 또 작은 원들의 중앙을 적도처럼 가로지르듯 약간 굵은 선으로 그린 나비 다섯 마리를

〈그림 4〉

넣었다. 중앙의 큰 원 바깥에는, 양쪽 밑으로 용수철처럼 구부러져 뻗어 나온 더듬이가 있고, 날개가 양쪽 중앙으로 펼쳐져 있으며 손과 발이 분화되어 뻗어 나와 있다.

현수는 커다란 원 안에 작은 원들을 다닥다닥 붙여 그려 넣고 원 밖에 더듬이와 날개와 손발을 그려 넣어 수정란 상태에서 세포 분열을 거치고 감각 기관의 분화를 거쳐 한 개체로 온전히 성장한 자신의 생명의 역사를 되돌아보고 있는 듯하다.

일반적으로 시공을 초월한 허공의 정신적 존재가 자궁에 들어가면서 비로소 시간과 공간에 대한 인식이 드러난다. 현수는 한국과 미국을 원 안에 배치해 동서를 아우르는 자신의 공간을 설정했고, 여러 번의 탈바꿈을 거쳐 성장하고 변화하는 나비 다섯 마리를 그려 넣어 시간의 흐름과 육신의 모습이 변해 가는 자신의 성장을 표현했다.

〈그림 5〉

〈그림 4〉에서 〈그림 11〉까지는 중학생인 상률이의 자기 인식 과정이 담겨 있다. 이 그림들도 앞의 〈그림 1, 2, 3〉의 주인공 현수와 마찬가지로 치료가 종료 시점에 이르렀을 때 그간 이루어진 자신의 심층 작업을 반추하며 그린 그림이다.

〈그림 4〉는 언어로 규정할 수 없는 어떤 존재들이 허공에 가득 퍼져 있는 그림이다. 각각의 존재는 각기 다른 표정을 짓고 있으며, 각각의 손은 각기 다른 물건을 쥐고 있고, 각각의 동세도 모두 다르다. 아마도 상률이는 허공을 의지한 만유(萬有)와 우주적 에너지를 공유하고 있는 자신을 이렇게 표현한 것 같다.

〈그림 5〉를 보면 〈그림 4〉의 존재들로부터 어떤 개별적 존재가 강력한 에너지를 발산하며 분화하고 있다. 이는 마치 빅뱅으로 새로 탄생

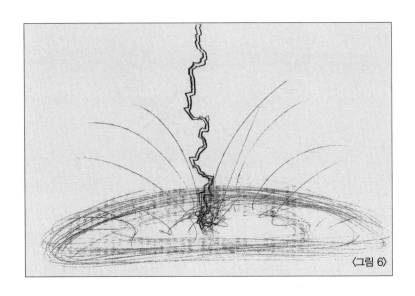

〈그림 6〉

하는 우주의 별과 같다. 아마도 상률이는 우주적 존재로부터 개별적

존재로 영웅처럼 분화하는 자기 탄생의 역사 가운데 한 국면을 표현한

듯하다.

〈그림 6〉은 블랙홀에 빨려 들어가는 번개다. 이는 마치 정신 에너지

로 존재하는 자신이 육신을 갖춘 온전한 개체로 존재하기 위해 음양의

조화를 이루려는 시도처럼 여겨진다. 그도 그럴 것이 일반적으로 번개

에서는 양(陽)의 의미를 찾을 수 있고 블랙홀에서는 음(陰)의 의미를 찾

을 수 있기 때문이다.

〈그림 7〉은 끝이 뾰족한 길쭉한 번개와, 표면에 구멍이 생긴 블랙홀

이 서로 마주치려는 순간을 담고 있다. 마치 상률이가 자신의 육신을

성장시키기 위한 자궁을 찾는 그림 같다.

〈그림 8〉은 번개가 블랙홀을 뚫는 그림이다. 미루어보건대, 자궁에

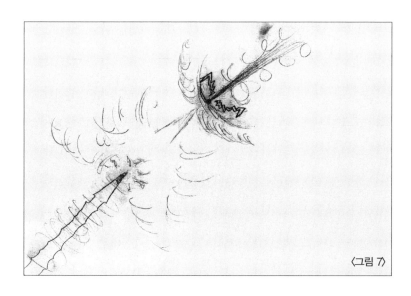

〈그림 7〉

〈그림 8〉

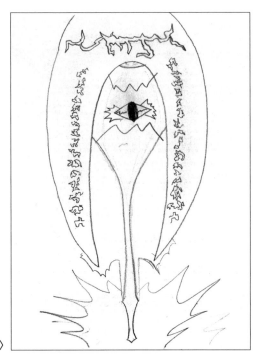

〈그림 9〉

입성하는 데 성공하고 음양의 화합으로 온전한 한 개체가 된 자신의
역사를 더듬어본 것 같다.

〈그림 9〉는 고대 이집트의 파라오다. 중앙에 눈이 한 개 있고, 머리
윗부분을 가로질러 그린 무늬와 양쪽 아래로 내려가며 그린 무늬들은
파라오 시대의 이집트 문자다. 그리고 머리 중간에서 머리 아래로 이
어지는 가운데 척추는 강력함을 상징하는 에너지로 둘러싸여 있다. 이
는 마치 상률이가 인체에 필요한 각각의 기관을 성장시켰던 자신의 태
내 시절을 회고한 것처럼 보인다. 그리고 상률이는 머리 위를 가로질
러서, 그리고 양쪽 아래로 내려가면서 파라오 시대의 문자를 그려 넣

<그림 10>

고, 또 머리 가운데에 제3의 눈을 그려 넣어 자신이 태아 초기부터 이미 인류의 역사와 정신과 문화 유산을 전승받고 있었음을 알리고 있다.

〈그림 10〉은 〈그림 9〉에서 볼 수 있는 강력한 에너지로 둘러싸인 척추에서 분화된 태아의 각 기관이다. 발달 상태는 아직 미숙하지만 갈비뼈와 심장과 생식기와 사지(四肢)가 갖추어진 상태다. 그림 양쪽으로 삐죽삐죽 그려 내려간 것은 갈비뼈이고, 위쪽이 터진 주머니처럼 중앙의 위쪽에 그린 것이 심장이다. 상률이는 그것을 심장이라고 명명하면서 그 안에 사과를 그렸다가 지웠다. 그리고 위쪽이 트인 까닭은 아직

〈그림 11〉

완전한 심장이 아니기 때문이라고 말했다. 지워버린 사과와 미발달 상
태의 심장으로 표현한 것은 어쩌면 상률이 자신의 감성이 미숙한 상태
에 머물러 있기 때문일까? 심장 아래쪽에는 탯줄의 연결 지점이 있고
또 그 아래에는 미처 조합되지 않은 뼈들이 있다. 그리고 그 뼈들 아래
에는 어린 상태의 남성 생식기를 그렸다. 맨 아랫부분에는 팔과 다리
가 분화되어 그려져 있다. 어쩌면 상률이의 인식에서 인간의 실존에
중요한 것은 이성과 관련된 두뇌, 감성과 관련된 심장, 나(我)라는 존재
의 실존을 전승하고 그 전승을 위해 유전 형질을 보존해야 하는 본성
적 성애와 관련된 생식기, 살아서 움직이고 있다는 느낌을 얻는 데 필

〈그림 12〉

요한 활동성과 관련된 사지인 모양이다. 하긴, 이런 인식이 어찌 상률
이에게만 국한되는 것이랴.

　〈그림 11〉은 겉모양을 갖춘 하나의 개체가 이 세상에 실존하고 있음
을 드러낸 그림이다. 아마도 정신과 육체를 아울러 갖춘 이 개체의 내
부에는 전 인류의 오랜 역사와 문화 유산이 담겨 있을 것이며, 자기 개
인의 개별적 과거도 담겨 있을 것이다. 상률이는 이와 같이 여덟 장의
그림을 그리면서 자신의 실존을 확인해 가고 있었다.

　〈그림 12, 13, 14, 15〉는 세현이가 치료 초기에 두 번으로 나누어 그
린 그림이다. 〈그림 12〉는 치료자와 첫 번째 만남에서 그린 것이고, 나
머지 것은 2주일 후 두 번째 만남에서 그린 것이다.

　〈그림 12〉는 왼쪽 위 구석의 네모 칸 안에 그린 올챙이가 세상을 내

〈그림 13〉

려다보면서 마음에 드는 대상을 선택하려고 살피는 내용이다. 이 그림 속 세상은 '괴물들의 세상'이며 올챙이가 마음에 들어 눈여겨보고 있는 대상은 푸른 색깔의 긴 몸과 붉은 광채를 지닌 용, 그리고 그 옆쪽 아래에 있는 초록빛 용이다. 그런데 초록빛 용은 혼자만 젖을 갖고 있기 때문에 '이 세상에 하나밖에 없는 희귀한 용'이다. 아마도 개별적으로 분화된 존재인 이 그림 속의 올챙이는 훌륭한 개구리 왕자가 되기 위해, 남자와 여자인 이 두 마리 용을 부모로 선택하여 입태(入胎)하려는 것 같다.

〈그림 13〉은 '전설의 지상 포켓몬'의 세상이고, 〈그림 14〉는 '전설

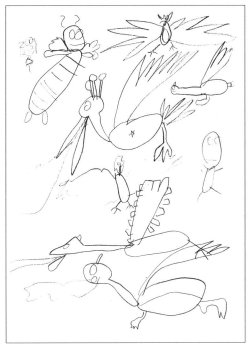

〈그림 14〉

의 공중 포켓몬'의 세상이며, 〈그림 15〉는 '전설의 수중 포켓몬' 세상
이다. 〈그림 12〉에서 올챙이가 '괴물들의 세상'을 눈여겨보면서 마음
에 드는 대상을 선택하는 것과 같이, 이 육해공(陸海空) 세 가지 포켓몬
세상은 세현이가 자신이 깃들 곳을 찾기 위해 펼쳐놓은 광활한 세상이
다. 자세히 눈여겨보면 공중 포켓몬들은 모두 날개가 있고, 수중 포켓
몬들은 모두 물 속에 몸을 담그고 있다. 그 가운데 눈에 띄는 것은 지
상 포켓몬이면서 공중 포켓몬처럼 날개를 가진 포켓몬이 하나 있다는
것이다. 이 날개 달린 지상 포켓몬은 크기도 가장 크고 배에 주머니를
달고 있어 다른 것들과 비교되도록 강조되어 있다. 더욱 재미있는 사

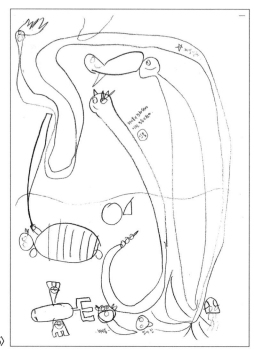

〈그림 15〉

실은 〈그림 12〉에서 올챙이 모습을 하고 있던 세현이가 어느새 겉모양을 바꾸어 날개 달린 지상 포켓몬의 어깨에 내려앉아 곧 그 포켓몬의 주머니 속으로 들어갈 채비를 하고 있다는 점이다. 즉 앞에 그렸던 〈그림 12〉에서 입태할 조짐을 보였던 세현이가 드디어 자신의 자궁을 골라낸 것으로 볼 수 있다.

이 넉 장의 그림들을 그리면서 세현이는 우주 공간의 정신적 존재인 자신이 육체를 겸비한 온전한 하나의 개체가 되기 위해 음양 화합의 과정을 밟아 입태하는 일련의 역사를 거치면서 자신을 찾는 여행을 시작했다.

놀이 치료의 호전 유형

놀이 치료의 호전은 대략 세 가지 유형으로 구분된다.

첫째는, 치료자와 신뢰 관계를 구축하면서 깊은 수준의 심층 작업을 하거나 하지 않거나 자신의 심리적·정서적 성장이 위를 향해 전진하는 유형이다.

놀이 표현의 예를 들면, 친구와 교류가 없고 레고 조립을 좋아하던 어린이가 처음에는 울타리만 갖춘 작은 집을 조립하다가 → 울타리와 정원이 갖춰진 넓은 집을 조립하고 → 넓은 집에 실내 공간과 가구 등을 배치하며 → 실내 공간과 가구가 풍부해지면서 서로 교류 없는 가족이 등장하다가 → 화병과 그림으로 장식된 주방의 식탁에 둘러앉아 서로 이야기를 나누는 가족이 등장하는 집으로 구성이 발전하는 경우다.

그런데 깊은 수준의 심층 작업 없이 표면적인 성장을 이루어 나가는 전진 유형은, 문제가 덜 심각한 어린이, 심리적 외상이 크지 않은 어린이, 정서적으로 건조하거나 상상력 발달이 빈약한 어린이, 어린 시절의 기억이 많이 흐려지는 초등학교 고학년 이후의 내담자 등에게서 나타나는 경향이 있다. 아이러니하지만 인간에 대한 의구심이 크거나 방어 기제의 발달로 자기의 내면 세계를 잘 공개하지 않으려는 어린이에게서도 자주 나타난다.

둘째는, 치료자와 신뢰 관계 구축이 완료되면 긴장을 이완시키고 방어 기제로 은폐했던 잠재 의식을 마음 놓고 열어서, 자신을 재건하기 위해 심층 작업을 펼치려고 과거로 돌아가 퇴행했다가, 단계적으로 전진하는 유형이다. 이 단계도 다시 두 가지 유형으로 구분된다.

1) 심층 작업을 펼치기 위해 자기 재건의 중요한 시점으로 돌아가 자기 인식의 발달 과정을 순서대로 밟아 올라가며 꾸준히 성장을 지속하는 유형이다. 놀이의 예를 들면, 인공 수정으로 어렵게 탄생했지만 직장 생활 하는 엄마를 두었기 때문에 애착 형성에 실패하고 입을 무겁게 다물게 된 어린이의 경우, "천신만고 끝에 자동차 경주에서 협곡과 낭떠러지를 건너 일등으로 목적지에 도착하는 금색 자동차의 등장 → 날씨가 좋아지기를 기다리며 오랫동안 외롭게 주차장에 머물러 있는 자동차의 등장 → 해가 뜨고 꽃이 피어 봄나들이 나가는 자동차의 등장 → 주유소도 들르고 정비소도 들르면서 장거리를 주행하는 자동차의 등장 → 가족이 올라타고 유원지로 달려가는 자동차의 등장" 등으로 놀이의 진전을 보였다.

2) 성장 과정을 질서정연하게 밟지 않고 여러 차례의 업그레이드를 반복하면서, 퇴행과 전진을 오가며 호전되는 유형인데, 이런 유형은 대체로 생육사에 우여곡절이 많았거나 무의식 세계가 복잡한 경우에

많이 나타난다. 예를 들면, 말썽을 많이 일으켜서 교사의 지적을 자주 받는 어린이가, "로봇이 가슴에다 무기를 장착하여 동료들과 싸워 이겨 자랑스러워했다. → 예상하지 못했던 적을 만나 산산조각으로 부서졌다. → 다시 로봇 공장에서 가슴과 어깨에 무기를 장착한 새로운 로봇으로 고쳐져 싸움에 나섰다. → 먼저보다 더 무서운 적이 나타나 고친 로봇이 다시 참혹하게 망가졌다. → 공장에서 거듭 다시 탄생하는 로봇은 날개도 달려 있고 다른 로봇과 합체도 가능하며 불사(不死)의 약을 먹어서 아주 무서운 적이라도 두려워하지 않는 로봇이 된다."라는 주제로 놀이를 전개하는 경우다.

셋째는, 첫째와 둘째 유형의 혼합형인데, 자기 인식의 여러 발달 과정 가운데 핵심이 되는 단계를 중심으로 전진과 후퇴를 반복하되 다른 단계의 발달 과정을 동시에 등장시키기도 하는 유형이다. 이런 유형은 일상 생활에서 현실 검증 능력을 비교적 무난하게 유지하려 애쓰면서 조심스럽게 무의식을 개방하는 성격의 어린이에게서 나타나는 경향이 있다. 실제 예를 들면, 프로이트의 분류상 아빠를 몹시 무서워하는 남근기적 갈등으로 고통스러워하는 어린이가, 구강기적 욕구 충족에 심혈을 기울이는 시기에는 돼지가 배 부르게 젖 먹는 놀이와 그와 유사한 의미의 놀이에 주력하면서도, 동시에 연못에서 헤엄치는 붕어를 놀이에 등장시켜 자궁에 있던 시절까지 되돌아가는가 하면, 공룡이 덤벼들 때 방귀를 뀌어 놀래줘서 도망가게 하는 사자를 등장시키면서 항문기적 시절로 돌아가기도 하고, 작은 돌고래가 자기 꼬리로 커다란 상어의 눈을 멀게 하는 놀이로 남근기적 시절로 돌아가기도 하는 경우다. 그러다가 다시 항문기적 갈등 해결에 심혈을 기울이는 시기로 전진하면, 종이를 온통 똥으로 가득 채우는 그림 그리기에 주력하면서도, 역시 떡 만들기 같은 구강기적 놀이와 아버지 인형과 아들 인형이 싸우는 남근기적 놀이를 동시에 등장시키기도 하면서 호전되는 것과 같은 유형이다.

사랑의 열병

명준이는 유치원 남자 어린이다. 놀이실에는 명준이가 극진히 아끼는 강아지 인형이 있다. 만날 때면 언제나 "강아지야, 그동안 잘 지냈니? 춥지는 않았니?" 하고 인사를 건네고, 놀이에 몰두할 때도 강아지를 꼭 자기의 분신처럼 여겨 품에서 떨어뜨린 적이 없다. 헤어질 때면 언제나 "또 만날 때까지 잘 지내라. 외롭더라도 참아라."라고 격려하며 헤어진다. 너무나 소중한 존재여서 명준이는 강아지를 다른 어린이의 눈에 띄지 않게 언제나 비밀 장소에 감춰 두고 헤어진다.

어느 날 명준이가 강아지를 뺨에 대고 쓰다듬고 뽀뽀하며 애처로운 듯 소곤거렸다. "강아지야! 나는 니 맘 알아. 너무나 아프지? 빨리 나을 거야." 치료자가 물었다. "강아지가 어쩌다 그렇게 아파?" 명준이가 대답했다. "얘는 사랑의 열병을 오래 앓고 있어요."

Play

7장

놀이 치료 전 과정을
압축한 사례 ▶ ▷

Therapy

어진 왕으로 변신한 마왕

다음 사례의 주인공인 은수는 초등학교 3학년 남자 어린이다. 은수는 사람들과 관계 맺기가 무척 어려웠는데, 눈도 맞추기 힘들었고 의사 소통도 원활하지 않았다. 어쩌다 이야기를 나누게 되더라도 그 이야기가 자신의 험담인 줄 알고 얼굴이 벌개지며 벌컥 화를 내곤 했다.

은수는 치료자가 자신을 이해하고 공감해주고 있다는 것을 아는 데 시간이 많이 걸렸다. 그러나 치료 과정의 정석처럼, 치료가 진행되는 동안에는 우스갯소리와 수다도 늘었고 치료자를 경멸하는 태도나 빼질거리는 말투도 자유롭게 내보였다.

은수는 놀이 치료 내내 주로 세 가지 주제로 자기 마음의 변화를 이끌어냈다. 첫 번째는 자기가 그린 주사위 말판으로 치료자와 주사위 놀이를 하는 것이었고, 두 번째는 지하철 그림을 그리는 것이었으며, 세 번째는 만화 시리즈를 그리는 것이었다.

은수는 주사위 놀이를 다음과 같이 진행했다. 초반에는 주사위가 목표 지점에 도달하기까지 매우 많은 좌절과 미로와 험로를 거쳤다. 구역질 나는 냄새로 가득 찬 함정에도 빠지고, 천애의 벼랑에서도 떨어지고, 깊은 수렁에도 빠지고, 폭발물로 몸이 산산조각 나는 일이 아주 많았다. 그러나 종반에 이르러서는 주사위의 행보가 많이 수월해졌다. 또 초반에는 승리하기 위해 자신에게 유리한 규칙을 무리하게 적용했지만, 종반에는 서운함 없이 치료자에게 승리의 기회를 양보했다.

지하철 그림의 변화 과정은 다음과 같았다. 초반의 그림에서는 자신의 집과 치료실을 오가는 지하철 노선과 치료실에 가려고 내리는 지하철 역을 행선지로 삼아 그렸다. 그리고 그림을 완성하면 언제나 지하철에서 들을 수 있는 안내 방송의 억양까지 똑같이 흉내 내며 말했다. "This stop is ##. You may exit on the right doors." 이런 그림을 한동안 계속 그렸는데 은수에게는 지하철 행선지가 곧 자신의 마음을 안주시키는 안전 기지(→자동차 놀이에서는 자동차들이 휴식을 취하고 잠도 자는 주차장으로 나타나며, 마음이 공허한 어린이들에게는 엄마 품을 의미한다)의 의미를 지닌 것이었다.

시간이 흐르면서 지하철 그림은 조금씩 변화를 보였다. 한 사람도 타지 않은 지하철에서 몇 사람이 타고 있는 지하철로 → 엄마와 자신이 손 잡고 전동차 문으로 들어가는 그림으로→ 자신이 오가는 노선에서 타보지 않은 다른 노선으로 지하철 노선을 늘려 가며 그림의 변화를 추구했다. 그것은 곧 주인공 자신의 세상사에 대한 관심, 타인과 관계 맺는 능력, 자신이 움직이는 공간의 확장을 의미하는 것이었다.

종반에 이르러 지하철 그림은 확연히 달라졌다. 행선지는 그때그때 기분 내키는 대로 정해졌고, 지하철 안내 방송도 달라졌다. "This train is for ##. 출입문 닫습니다." 그리고 덧붙여 힘 주어 외쳤다. "Go! Go! Go!"

은수는 이제는 어느 곳에 안착하기 위해 지하철을 타는 것이 아니었다. 갈 곳을 정하지 않은 미지의 세상을 향해 힘찬 발걸음을 내딛는 것이다. 경직된 마음이 풀리고, 누구에게도 의존하지 않으면서 독립된 자유 의지로 세상사에 도전해보는 것이다.

만화 시리즈의 변화 과정은 다음과 같았다. 은수가 그린 만화의 주인공은 '○○마왕(魔王)'이다. 주인공 마왕은 놀이 치료 초반부터 여러 적을 상대로 치열한 싸움을 벌였다. 싸움 기술이 노련해지기까지 마왕은 여러 차례 수모를 겪으며 나고 죽고, 나고 죽고를 되풀이했다. 그리고 마침내 온 세상을 강력한 통치 능력으로 지배하는 무적의 영웅이 되었다.

세상을 원 없이 지배하던 어느 날 '○○마왕'은 '졸라맨'인 자기 아들에게 아주 처참하게 공격당했다. 아들이 쏜 화살에 갑옷 입은 몸은 벌집이 되고, 투구를 쓴 목은 검에 잘려 허공에 나뒹굴었다. 그리고 '○○마왕' 대신 아들이 대왕(大王)으로 즉위했다.

'○○마왕' 대신 왕위를 물려받은 아들은, 아버지보다 월등하게 무예가 깊고 덕(德)이 높아서 '○○왕'의 칭호를 얻었다. 아버지 마왕의 칭호에서 '마'자가 빠진 칭호다. 그리고 아들은 즉위식에 이어 신변에

큰 변화를 얻었다. 졸라맨에서 인간화되어 인간을 교화하는 덕치(德治)
의 대왕이 된 것이었다.

그리고 그 직후 은수는 말했다. "선생님! 이제 전 여기에 그만 다닐
거예요." 은수는 마술적 위력을 빌려 공포를 자아내는 자기만의 공상
적 세계에서 고독하게 군림하다가, 원만한 성품으로 사람들과 어울리
는 현실로 발걸음을 내딛고 싶었던 것이었다.

≫ 심리 읽기 ≪

성장으로 나아가는 어린이들의 변화는 앞의 사례에서 볼 수 있듯 매
우 섬세하고 점진적이다. 그러므로 치료자에게는 어린이의 놀이 하나
하나를 소홀히 지나치지 않는 치밀한 관찰이 필요하다. 그러려면 잠시
라도 마음을 다른 곳에 빼앗기지 않도록 온 정신을 어린이 놀이에 기
울여야 한다. 만일 잠시라도 마음을 다른 곳에 빼앗기면 어린이는 치
료자의 그 허점을 금방 감지한다. 그럴 경우 때때로 어린이들은 "선생
님 지금 무슨 생각 했어요?" 또는 "선생님은 나를 안 보고 어디 봐
요?" 하면서 치료자의 주의를 환기시킨다.

어린이의 놀이에만 집중하고 다른 곳에 마음을 빼앗기지 않는 일을
치료자들은 매우 어렵게 생각한다. 의식적으로 집중하려 노력하면 도
리어 어려운 일이 되고 치료자에게 피로가 몰려온다. 치료자는 다만
놀이의 흐름에 동반자처럼 걸음을 맞춰주면 되고, 마음을 비워 자신을
잊은(망아忘我) 상태로 어린이와 한마음을 이루기만 하면 된다.

그렇다면 어린이의 놀이 흐름에서 동반자가 되지 못한다는 것은 구

체적으로 무엇을 의미하는가? 예를 들면 어떤 어린이가 등교길에 상급생에게 돈을 빼앗긴 두려움을 이야기한 후, 만일 아빠가 곁에 있었다면 그 상급생을 늘씬하게 두들겨주었을 것이라는 이야기로 나아가고 있을 때, 치료자가 어린이의 이야기를 흐름에 맞춰 따라가지 않고, 돈을 빼앗긴 상황으로 거슬러 올라가서 돈을 얼마나 지니고 있었는지, 상급생이 몇 학년 형인지, 한 동네에 사는 형인지 등을 묻는다면 이야기 흐름에서 벗어나는 것이다.

혹시 치료자가 좀 더 파악해야 할 궁금한 내용이 어린이 이야기에서 그냥 흘러가버리더라도 이야기를 되돌려 질문하는 것은 피하는 것이 좋다. 치료자의 질문 때문에, 물 흐르듯 진행 중이던 어린이의 심상이 끊기면 정말로 중요한 이야기를 놓칠 우려가 있기 때문이다. 만일 어린이의 이야기 가운데 중요한 단서를 찾아내야 하는 경우가 있다면, 회기가 끝나 그날의 놀이를 함께 생각해보는 시간에 질문하는 것이 좋다.

자신의 마음을 비워 어린이와 한마음이 된다는 것은 구체적으로 어떤 것을 의미할까? 예를 들어, 어떤 어린이가 어제 저녁에 생일 축하로 온 가족이 외식하면서 불고기를 지나치게 많이 먹어 배탈이 났다고 이야기했을 때, 치료자도 자신의 생일에 스파게티를 먹고 같은 경험을 했다는 이야기를 들려준다면 치료자가 어린이와 한마음이 되었다고 할 수 없다. 왜냐하면 치료자는 어린이 마음을 따라간 것이 아니고 자신의 경험 속으로 마음이 새 나갔기 때문이다. 이런 경우에는 어린이의 경험과 치료자의 경험이 둘로 나뉘기 때문에 이미 두 마음이 존재하게 되는 것이다. 치료자가 자기를 의식하지 않고 다만 어린이의 생일 이야기에만 주의를 기울였을 때에만 비로소 어린이와 일체감이 생긴다.

이별 없는 땅, 뉴질랜드

수빈이는 학교 입학을 앞둔 남자 어린이다. 수빈이는 자기가 좋아하는 아빠와 헤어졌기 때문에 일요일을 손꼽아 기다리곤 했다. 수빈이의 소망은 아빠의 집에서 갑자기 만난 낯선 아줌마를 엄마라고 부르지 않아도 되고, 엄마가 그 아줌마 때문에 슬퍼하지 않는 일이다. 그리고 부드러운 성격의 엄마와 자랑스러운 아빠가 새로운 만남을 열고 먼 훗날까지 즐겁고 행복하게 함께 사는 것이다.

놀이방에서 수빈이는 자기의 소망대로 행복의 열매가 주렁주렁 열리기를 바라면서 언제나 두 채의 집을 짓고 거기에다 행복의 씨앗을 심었다.

다음은 곰돌이네 가족을 통해 수빈이의 행복이 영그는 과정을 간략히 정리한 것이다.

첫 번째 단계에서 수빈이는 집을 두 채 지었다. 그러나 두 집은 서로 멀리 떨어져 있었다. 한 곳에서는 아빠가 살고 나머지 한 곳에서는 엄마와 아기가 살았다. 가끔씩 아기는 두 집을 왔다 갔다 했다. 그런데 때때로 아빠의 집에 낯선 아줌마가 등장했다.

두 번째 단계에서는, 어느 날 아빠의 집에 있던 아줌마가 아기의 집을 방문했다. 그리고 아기를 앞에 두고 엄마와 아줌마가 서로 언쟁했다. "내가 진짜 엄마야.", "아니야, 내가 진짜 엄마야."

세 번째 단계에서 수빈이는 아빠의 집과 엄마의 집을 가까운 거리에 이웃해 지었다. 그리고 아기가 아빠의 집에 놀러가는 대신 아빠가 아기의 집으로 찾아왔다.

네 번째 단계에서 아기는 일주일에 하루 만나는 아빠를 늘 기다렸다. 그리고 지루한 기다림 끝에 아빠와 만나면, 다음날 아침에 해가 뜨지 않기를 간절히 기도하며 아빠와 함께 침대에 들어가 꿈나라를 배회했다. 동이 트면 아빠와 헤어져야 하므로, 가능하면 해가 중천에 오르도록 긴 꿈을 꾸었다.

다섯 번째 단계에서는 가까운 거리에 이웃해 있던 아빠의 집과 엄마의 집이, 담을 공유하며 옆으로 나란히 세워졌다. 엄마의 집은 가구가 늘고 식탁 위에 음식이 놓이는 대신 아빠의 집은 식탁이 썰렁해졌다. 그리고 아기는 아빠와 함께 즐기는 저녁 식사 시간을 기다렸다.

여섯 번째 단계에서 수빈이는 아빠의 집과 엄마의 집이 공유하는 담에다 문을 냈다. 그래서 두 집 사람들이 그 문으로 서로 왔다 갔다 할 수 있었다. 이제 아빠가 엄마의 집에 올 때 곧바로 담에 생긴 문을 통과하면 되고 굳이 엄마의 집 대문을 통과할 필요가 없어졌다.

일곱 번째 단계에서 수빈이는 따로 달린 두 집의 대문을 하나로 합첬다. 그리고 지붕 위의 굴뚝도 하나로 서로 연결했다. 아빠네 식탁이 엄마네 집으로 옮겨졌고 두 개의 식탁 위에는 저녁 식사와 다음날 아침 식사 두 끼니의 음식이 따로따로 장만되었다. 그러나 다음날 아침 식사는 해가 중천에 뜨도록 언제나 그릇이 비워지지 않은 채 그대로였다. 아빠와 헤어지지 않으려면 온 식구가 잠에서 깨어나지 않아야 했기 때문이다.

여덟 번째 단계에서 수빈이는 하나로 합쳐진 두 집을 먼 곳으로 이동시켰다. 그리고 말했다. "바다를 건너서 뉴질랜드로 이사하는 거예요. 거기서는 누구나 사이가 좋아요."

≫ **심리 읽기** ≪

뉴질랜드의 뜻을 알았는지 몰랐는지 알 수 없지만, 입학 전 연령의 수빈이에게 뉴질랜드는 말 그대로 아무도 싸우지 않고 사이좋게 사는 새로운 땅이었다. 그동안의 어두움을 청산하고 엄마와 아빠와 함께 눈부신 햇살의 아침을 마중할 신세계였다. 이것은 아침 식탁의 그릇이 하루 종일 비워지지 않은 채 그냥 남아 있기를 염원하는 수빈이의 이상향이었다. 아침이 되더라도 헤어지는 아픔이 없고 "아빠 안녕히 다녀오세요." 하며 손을 흔들고 싶은 행복의 나라였다.

Play Therapy

• ▲ •

꼭 다문 입을 연 영웅

민우는 다른 사람들 앞에서 입을 꼭 다물고 있어서 놀이 치료를 받으러 왔다. 엄마는 직장 생활이 고되어 민우를 임신했을 때 몹시 힘들었다. 그리고 민우는 출생 이후 주로 가까이 사는 할머니의 보살핌을 받았고 야무진 여동생을 두었다. 놀이 치료를 시작할 때 민우는 또래보다 체격이 작은 편이었고 어린 티가 남아 있었으며 의존적 경향도 있었다.

민우는 자신의 성장을 다음과 같은 세밀한 단계로 나누어 놀이에 표현했다.

놀이 치료가 시작되자마자 민우는 주로 자동차의 격렬한 싸움을 전개했다. 빨간 차와 노란 차가 서로 싸우다가, 검은 차와 파란 차가 서로 싸우는가 하면, 서로 특정한 상대를 적으로 두지 않고 걸리는 대로 무작위로 싸웠다. 이런 형식의 싸움 놀이는 자기라는 존재가 우주적 존재인 상태일 때 자주 등장한다. 대부분의 남자 어린이들은 놀이 치료 초기에 이런 놀이를 많이 한다. 이런 놀이를 하는 동안 어린이들은 위축되었던 자신의 힘을 치열한 생존 경쟁에서 승리하는 영웅처럼 위대한 존재가 될 때까지 조금씩 키워 나간다.

한동안 상대를 가리지 않는 어지러운 싸움이 진행되다가 어느 날 바퀴가 가장 매끄럽게 잘 구르는 자동차 한 대가 드디어 수많은 자동차를 모두 물리쳤다. 그리고 싸움에 진 모든 자동차를 전리품으로 삼아 얼기설기 쌓아 올리고 그 위에 승리한 자동차를 올렸다. 이것은 자신이 우주적 존재에서 영웅 같은 개별적 자기로 분화되는 상태를 의미한다. 그러나 이때의 자기는 정신만 갖춘 자기다.

민우는 잠시 싸움 결과를 표상한 자신의 놀이 작품을 바라본 후에 승리한 자동차를 한쪽에 따로 내려놓았다. 그리고 전리품으로 얻어 얼기설기 쌓은 자동차들을, 마치 엎어놓은 사발처럼 다시 둥그렇고 매끄럽게 다듬었다. 그것은 빨갛고 노랗고 크고 작은 전리품 각각의 모든 속성을 다 머금은 부드러운 무덤 같았다. 이런 놀이를 하는 민우의 모습은 마치 용광로에다가 여러 원소가 섞인 광물질을 넣어서 순금을 제련하는 연금술사처럼 보이기도 하고 인류가 세상에 출현할 때까지 거쳐 온 장구한 진화의 역사를 반추하는 것처럼 보이기도 했다. 또 음양의 화합으로 몸과 마음을 온전히 갖춘 인간이 되는 데 필요한 모든 요소를 구성하는 것처럼 여겨지기도 했다.

민우는 그 다음에 각종 전리품으로 쌓아 올린 무덤 아래쪽의 중앙을 파서 굴을 만들었다. 그리고 따로 내려놓은 승리의 자동차를 집어들어, 그것을 굴 속에 들어가기가 힘든 듯 몇 번 넣었다 뺐다 하던 끝에 마침내 굴 속으로 쑤욱 밀어 넣고는, 네모 난 완구를 이용하여 굴 입구를 문처럼 막아서 승리의 자동차를 보이지 않게 했다. 곧이어 자동차가 들어 있는 상태로 문이 닫힌 둥그런 무덤 전체를 모두 감싸도록 보자기를 찾아서 그 위에 덮고, 보자기가 덮여 있는 무덤 꼭대기에 곰돌이 인형을 앉혔다. 곰돌이는 마치 승리의 자동차를 지키는 수호신처럼 보이기도 했고, 곰돌이의 위력을 굴 속에 들어 있는 승리의 자동차에게 부여하려는 토테미즘의 표현 같기도 했으며, 승리의 자동차가 들어 있다는 것을 만방에 알리는 선전포고 같기도 했다.

마지막으로 민우는 팔짱을 낀 채 흐뭇하다는 듯 미소를 짓고 몇 분간 계속해서 그 모습을 지켜봤다. 그리고 그동안 조개처럼 꼭 다물었던 입을 열어 드디어 치료자에게 그 안에 들어간 자동차가 편하게 자야 하니까 자기가 집에 돌아갈 때까지 망가뜨리지 말고 보존해 달라고 부탁했다. 다음에 만날 때는 그 모양이 흐트러져 있더라도 서운하지 않다고 했다. 이런 종류의 놀이는 어린이가 이 세상에 태어나려고 엄마의 자궁에 들어간 상태를 표현할 때 또는 자신의 삶이 고달파서 긴 휴식이 필요할 때 자주 등장한다. 아마도 민우의 경우는 자동차가 굴 속을 통과하기 힘들어했던 앞의 놀이를 참고해볼 때, 수태와 임신의 과정이 모두 힘들었던 자신의 과거 삶을 다시 원만하고 새로운 것으로 조율하기 위해 한 번 더 마음으로 엄마의 자궁에 들어가서 편안한 휴식을 취하려는 표현인 것 같았다.

지루할 정도로 오래 진행된 싸움 놀이 끝에 어느 날 등장한, 앞에서 본 진지한 자궁 속 놀이 이후, 민우는 이것저것 다양한 놀이를 시도했다. 그중에서 가장 의미 있는 놀이가 그동안 외면했던 모래 놀이였다. 민우는 아기 욕조에 담긴 부드러운 마른 모래를 가지고 손바닥과 손등, 나아가 팔 전체에 모래를 흘러내리도록 하는 감촉 놀이를 즐겼다. 나중에는 아예 욕조에 들어가 모래 속에 묻히곤 했다. 이것은 마치 모래를 통해 엄마 뱃속에 있을 때처럼 양수의 감촉을 즐기거나 또는 신생아 시절의 목욕을 통해 엄마의 숨결과 손길을 느끼고 싶어하는 마음의 표현 같았다.

한동안 모래로 감촉을 즐기던 민우는 어느 정도 만족한 모양이었다. 다음 단계 놀이에서는, 큰 네모 상자에다 모래를 가득 채워 생일 케이크를 만들었다. 그리고 생일 케이크 한 가운데에 볼펜을 세우고, 볼펜 끝에 구멍 뚫린 붉은빛 투명 구슬을 꽂아 촛불이라고 했다. 케이크 가장자리는 모래에 섞여 있던 여러 가지 색구슬로 장식하면서 체리와 포도라고 했다. 치료자가 몇 살짜리 생일 케이크냐고 묻자 한 살짜리 케이크라고 대답했다. 민우는 스스로 자기를 한 살배기 아기로 퇴행시켰다.

민우는 감명 깊은 돌잡이 생일 케이크를 흡족하도록 먹은 것 같다. 이날 이후 잘 먹지 않아 엄마를 걱정시켰던 민우의 빈약한 식욕이 신기하게도 꽤 왕성해졌다. 뿐만 아니라 엄마에게 어리광도 늘고 무척 수다스러워졌다. 식욕이 왕성해지면서 성장에도 가속이 붙어 키도 많이 크고 살도 많이 올랐으며 얼굴에서도 윤기가 돌았다. 이런 상황은 어린이가 엄마와 애착 형성을 다지는 구강기 발달 단계를 건널 때 자주 볼 수 있다.

엄마와 많이 다정해진 뒤에 민우는 생일 케이크를 한 번 더 만들었다. 이번에 만든 케이크는 먼저 것보다 더 컸고 불꽃 달린 초도 두 개 세웠다. 치료자가 몇 살짜리 케이크냐고 묻자 두 살짜리 케이크라고 대답했다. 민우는 이날 만든 케이크를 먹고 비로소 두 살이 되었다. 그리고 또 다른 변화가 찾아왔다. 민우는 놀이할 때 목소리가 크고 밝아졌지만 그만큼 더 거칠어지고 말을 듣지 않는 때가 많아졌다. 가장 두드러진 특징은 똥 이야기를 많이 하고 똥 그림을 많이 그린다는 점이었다. 이런 상황은 어린이들의 자아(ego) 팽창이 왕성해지는 항문기 발달 단계를 건너갈 때 많이 나타난다.

다음 단계 놀이에서 민우는 똥에 대한 관심이 조금씩 줄었다. 그 대신 가족이 등장하는 인형의 집 놀이로 관심이 이동했다. 가족 인형 중에서 엄마는 매일 직장에 출근하고 아들은 엄마와 함께 등교하거나 엄마와 밀애를 즐기듯 엄마가 퇴근한 뒤에 시장 나들이에 나서곤 했다. 반면에 가족 인형의 아빠는 늘 휘리릭 먼 곳으로 던지거나, 이층 난간에서 떨어뜨려 죽이거나, 교통 사고로 중상을 입는 시달림을 받았다.

그러나 가족 인형 놀이에서 아빠가 늘 곤경에 빠진 것과 달리, 실생활에서 민우는 그간 멀리 지냈던 아빠와 가까워지고 있었다. 놀이에서 아빠의 가치와 권위를 약화시킨 대신 아빠가 갖춘 지식이나 취향을 자기 것으로 돌려 아빠와 동등한 지위를 얻으려 노력하는 것처럼 보였다. 또한 민우는 가끔 아빠에 관한 여러 이야기를 자랑스럽게 치료자에게 들려주었다.

그뿐 아니라 실생활에서 여동생과 맺는 관계에도 새로운 변화가 일어났다. 민우에게 여동생은 엄마 사랑을 빼앗아 간 강력한 경쟁자였기 때문에 많이 밉고 싫은 대상이었다. 그러면서도 집 밖에서 당황스러운 상황에 부딪혔을 때 때때로 무능한 자신을 대신해주는 동생에게 의지하지 않을 수 없었기에 갈등의 대상이었다. 민우는 그런 여동생을 이전과 달리 연인(戀人)처럼 우호적이고 협조적인 대상으로 인식을 바꿨다. 이런 상황은 어린이들이 남근기 발달 단계를 건너갈 때 많이 보이는 모습이다.

치료의 마지막 단계에 이르렀을 때 민우는 엄마와 치료자가 그렇게 기다리고 기다리던 친구 이야기를 들려주기 시작했다. 친구 이야기가 흘러나왔다는 것은 민우가 친구에게 관심을 기울이고 있고 또 미숙하지만 사회적 관계를 맺기 시작했다는 반증이었다.

자궁 속 삶의 보상

다음 사례의 주인공은 이란성 쌍생아다. 엄마는 현실 감각과 문제 해결 능력, 사회적 관계가 뛰어난 주부였다. 엄마는 골반이 작은 체형이었는데 쌍둥이를 낳게 되었다. 엄마는 두 어린이가 쌍둥이였기 때문에 나름대로 엄마 사랑이 그리울 것이라며 놀이 치료를 받게 했다.

두 어린이의 놀이는 시작부터 참으로 특이했다. 언니는 자주 짜임새 있는 인테리어로 정성스럽게 꾸민 집을 지었다. 그 집에는 늘 두 마리 동물이 각각 나뉜 공간에 놓여 있었는데, 한 마리는 언제나 좀 더 넓은 공간에 들어가 있었고 한 마리는 언제나 좁은 공간에 있었다. 먹이통은 늘 넓고 좁은 두 공간에 배치한 두 마리 곁에 각각 따로 놔주었다. 한편 동생은 주로 음식을 만들고, 아기를 보호하면서 아기에게 예쁘게 옷을 입히고 장식으로 꾸며주는 놀이에 정성을 기울였다.

두 어린이는 매번 이런 식으로 각각 자신만의 정해진 방식으로 심층 놀이를 즐기다가도, 둘이 함께 어울리면 놀이 내용이 달라져서 서로 갈등이나 배치되는 일 없이 균형 있고 조화로운 일상 생활을 연습하는 것처럼 놀이를 진행시키곤 했다. 두 어린이의 꼼꼼한 심층 놀이를 관찰하면서 치료자는 내심 언니는 인테리어 디자이너로서 재능을 발휘하고 동생은 패션 디자이너로서 재능을 발휘할 수 있겠다고 감탄했다.

그런데 어느 날 언니에게서 특이한 놀이 표현이 등장했다. 구석에 있던 인형 집을 놀이방 한가운데로 옮기고 가장 넓은 상태로 집을 펼친 것이다. 그리고 이층 중앙에 다른 동물보다 더 크고 위엄 있게 생긴 돼지 한 마리를 올려놓았다. 이어서 언니가 단호하게 여겨지는 큰 소리로 선전 포고를 했다. "여기는 나만 사는 집이야! 아무도 들어올 수 없어!"

치료자는 언니의 이 선전 포고를 의미심장하게 여겼다. 그래서 놀이가 끝난 뒤에 엄마에게 임신과 출산 상황이 어떠했는지를 물어보았다. 엄마 이야기를 듣고 나니 두 어린이가 서로 다른 정해진 방식의 놀이에 그토록 정성을 기울인 이유를 알 수 있었다.

엄마에게 들은 이야기는 다음과 같다. 언니는 태어났을 때 3.5킬로그램이었고, 낳자마자 할머니에게 맡겨졌으며 할머니의 사랑을 받으며 자랐다. 동생은 2.5킬로그램의 작은 아기로 태어났고 엄마 손에서 자랐지만 시집살이가 분주하여 엄마의 보살핌을 충분히 받지 못했다.

그랬다. 언니는 자궁이 비좁아 넓은 공간을 차지하는 것이 소원이었고, 동생은 자궁에서 공급 받는 영양분을 언니에게 빼앗겨 많이 먹는 것이 소원이었다. 그래서 언니는 넓은 공간을 자기 것으로 차지하는 공간 구성의 인테리어 놀이를 즐겼고, 동생은 많이 먹는 것과 엄마와의 피부 접촉이 더 필요했기 때문에 음식 놀이, 아기 양육 놀이, 아기 꾸며주기 놀이를 즐긴 것이었다.

치료자는 다시 엄마에게 두 어린이가 독특한 행동을 보이지는 않는지 물었다. 당연한 대답이었지만 엄마에게 들은 이야기는 놀라웠다. 언니는 누구와 살이 닿으면 갑갑하다고 멀리 밀어내는 특이한 행동을 하였다. 가족이 함께 차를 타더라도 뒷자석을 넓게 차지하고는 "여기는 내 자리니까 아무도 곁에 오지 마!" 하면서 혼자만 앉고 싶어했다. 그밖에 동생과 달리 다른 사람을 배려하는 데 둔감했다. 반면에 동생은 사람들과 어울리는 사회적 기술은 양호한데 식탐이 많은 편이었다.

그랬다. 두 어린이가 현실에서 보이는 독특한 행동은 자궁 속 삶에서 모자랐던 부분을 보상 받으려는 행동이었고, 놀이에서 보여준 내용 또한 그 부족한 부분을 채우고 싶은 소망을 표현한 것이었다.

두 어린이는 쌍둥이였지만 둘이 바라는 바가 서로 달랐기 때문에 문제를 극복하는 과정도 약간 달랐다. 언니는 공간에 대한 민감성이 줄고 → 엄마에게 어리광 부리고 → 합리적이지 않거나 이기적인 떼를 많이 쓰고 → 다른 사람의 마음을 이해하게 되는 순서를 밟으며 호전되었다. 아무래도 할머니 손에서 자랐으므로, 엄마에게 어리광 부리는 영아기 발달 과업도 보상받아야 했고 또 억지로 떼쓰는 항문기 발달 과업도 보상받아야 했던 모양이다. 그리고 영아기와 항문기의 발달 과업을 마친 뒤, 타인과의 관계로 관심이 이동하면서 다른 사람의 마음을 읽는 능력도 생긴 것 같다. 반면에 동생은 한동안 식탐이 더 심해졌다가 서서히 사라졌다. 아마 자궁에서 겪은 굶주림에 대해 한풀이가 끝난 것처럼 보였다. 그리고 바쁘고 고된 엄마에게서 받고 싶던 더 깊은 사랑은, 스스로 엄마가 되어 인형을 돌보고 먹이면서 치유해 나간 것으로 여겨졌다.

엄마의 아픔을 그대로 느껴요

정수는 취학 전 어린이였다. 인지 발달과 운동 기능 발달은 크게 지연된 상태가 아니었지만 눈 맞춤을 하지 않고 언어 발달과 사회성 발달이 매우 지연된 상태여서 자폐아 스펙트럼에 속한다는 진단을 받고 놀이 치료를 시작했다.

놀이 치료가 시작되고 치료자와 친밀감을 다지기 위해, 치료자는 비교적 적극적인 개입으로 정수가 치료자와 관계를 맺도록 촉진했다. 때때로 치료자가 어떤 색 옷을 입고 있는지, 치료자가 손에 쥔 물건은 무엇인지, 치료자가 안경을 썼는지 벗었는지, 치료자가 눈을 몇 번이나 감고 뜨는지 등등 관심을 일깨우는 질문을 했다. 때로는 눈을 맞추도록 치료자가 눈을 감고는 정수에게 엄지손가락과 집게손가락으로 벌려서 열게도 하고, 치료자와 접촉하도록 하려고 손뼉을 마주치게 하거나 또는 어깨와 등을 안마해 달라고 부탁했다. 그렇게 관계 맺기를 반복적으로 시도한 끝에 마침내 정수와 의사 소통 가능성이 열렸다. 더 나아가 정수는 놀잇감을 상징적으로 다루는 능력까지 향상을 보였다. 그래서 정수가 놀잇감을 상징적으로 다루기 시작한 시점을 기회로 삼아 치료자는 적극적 개입을 멈추었다.

놀잇감을 상징적으로 다루기 시작한 뒤 어느 날 정수는 기차 놀이를 시작했다. 처음에는 역사(驛舍)가 달린 한 레일의 기찻길 위로 기차 한 량을 굴렸다. 그러다가 차츰차츰 기찻길 연결이 여러 개로 늘었다. 시간이 지나면서 드디어 정수는 기찻길을 원형으로 연결하고 기차도 세 량으로 늘려서 굴리는 것도 알게 되었다. 여기서 주목할 점이 하나 있다. 정수가 철로를 만들 때 반드시 역사(驛舍)를 설치한다는 점이다. 어쩌면 정수가 세우는 역사는 바로 인생의 여정에서 안식을 취하려 머물러야 하는 엄마의 가슴이었는지도 모르겠다.

정수가 기찻길을 원형으로 연결한 다음 단계의 놀이는 매우 이색적이었다. 기찻길 위로는 언제나 수북하게 눈이 내리고(모래를 눈으로 사용했다) 그 길을 달리던 기차는 매번 탈선하고 뒤집혔다. 물론 탈선하여 뒤집힌 기차 위에도 눈이 수북이 쌓였다. 그러고는 정수가 아기 같은 목소리로 애절하게 외쳤다. "살려주세요, 살려주세요……." 그러면 그 다음에 남자 어른이 무겁고 굵은 목소리로 다급하게 "빨리 나와!" 하는 장면이 이어졌다. 이런 놀이는 언제나 정수가 한숨을 푹 내쉬는 것으로 끝났다. 이런 형식의 기차 놀이는 한동안 똑같이 반복되었다. 치료자는 이때까지 놀이를 단순히 여느 어린이의 경우처럼 험난한 인생살이의 상징으로만 여겼다.

그런데 어느 날 아주 극적인 장면이 연출되었다. 똑같이 반복되던 기차 놀이에서 정수가 한숨을 푹 내쉬더니 눈 내린 철로 위에 드러누워 신음처럼 "배 아파……." 하면서 두 손을 모아 잠시 배를 움켜쥐는 몸짓을 하고 일어났다. 정수의 이런 몸짓은 평소처럼 놀다가 그저 아파서 하는 몸짓과는 달랐다. 분명히 무심히 넘길 수 없는 어떤 상황을 재연한 것처럼 여겨졌다. 치료자는 정수를 불러 무릎에 앉혔다. 그러고는 치료자의 집게손가락으로 정수의 손바닥에 나선형 원을 그리면서 즉석에서 가락을 붙여 노래를 불러주었다. "우리 정수, 예쁜 정수, 배 아픈 것, 나았어요. 그리고 용감해서 벌떡 일어날 거예요……." 치료자의 노래가 끝나자 정수는 정말로 벌떡 일어났다. 그리고 배 아픈 것이 별 것 아니었다는 듯 치료자의 얼굴을 쳐다보며 씨익 웃었다.

이런 놀이가 끝난 후 치료자는 엄마에게 정수가 태어났을 때 상황을 자세히 물었다. 그리고 비로소 그것이 어떤 상황의 놀이였는지 알 수 있었다.

정수는 엄마의 양수가 빨리 터져서 출산 예정일보다 두 주일 앞당겨 유도 분만으로 갑자기 세상에 태어났다. 아기는 자기가 이 세상에 태어나려면 두 주일 정도 남아 있었기 때문에 엄마 뱃속에서 바깥으로 나올 준비를 하지 않고 있었던지 유도 분만이 수월히 진행되지 않았다. 결국 아기도 세상 밖으로 나오느라 애쓰고, 엄마도 애를 낳느라 애쓰고, 의사도 사고 없이 분만을 마치려고 남달리 애써야 했다. 분만이 자꾸 지체되는 바람에 뱃속의 아기는 호흡이 불안정해졌다. 의사는 응급 처치로 엄마의 배를 손으로 누르고 여러 차례 밀어 뱃속의 아기가 바깥으로 나가게끔 도왔다. 마침내 아기는 뼈를 깎는 아픔 끝에 세상에 태어났지만, 이때 잠시 질식해서 울지 못했다. 마침내 다급한 상황을 모면하고 울기는 했지만 이때의 질식이 자폐적 성향과 연관 있는 후유증을 남겼을지도 모른다.

엄마는 아기를 낳았지만 꼼짝도 할 수 없는 기막힌 상황에 놓였다. 아기를 살리려고 의사가 엄마의 배를 강하게 누르고 쓸어내린 것이 엄마에게는 움직일 수 없는 아픔을 남겼던 것이다. 엄마는 아기를 옆에 뉘고 산후 조리를 했지만 꼼짝하지 못했기 때문에 두 주일 동안 아기에게 팔을 뻗어 세상에 나오느라 애썼다는 위로의 손길조차 보내줄 수 없었다.

정수는 태어날 때 겪었던 아픔을 치료실에서 놀이로 재현할 때까지 혼자 간직하고 있었다. 세상에 나오기 위해 필요한 40주 동안의 생(生)의 작업과 시간 조율에 실패했기 때문에 정수는 기차의 궤도를 벗어날 수밖에 없었다. 그리고 출산 상황이 아주 위험했으니 기차도 전복될 수밖에 없었다. 뱃속의 태아로서 숨 막히는 자신의 위험을 알릴 수 없었던 분만 당시의 안타까움이 되살아나서 정수는 놀이를 통해 애절하게 "살려주세요……."라고 그렇게 많이 외쳤던 것이다. 수북이 쌓인 눈 속에서 뒤집힌 기차를 꺼내며 "빨리 나와!" 하며 구조했던 정수의 마음은, 자신을 살리려고 애쓰던 의사 선생님과의 교감(交感)이었고, 의사 선생님의 노력에 보내는 이해와 감사였다. 태어남과 죽음의 사이가 경각에 달린 그 위험으로부터 탈출한 것이 얼마나 고맙고 안심되었으면 늘 기차 놀이 마지막을 그렇게 인상적인 한숨으로 장식했을까? 그때에 푸욱 내쉰 한숨은 정수의 먼 앞날까지 길고도 길게 이어지는 안도의 한숨이었으리라.

정수는 숨 막혔던 자기의 아픔만을 지우고 싶었던 것이 아니었다. 출산 당시의 아픔은 자기의 아픔이자 곧 엄마의 아픔이었다. 즉 두 사람의 아픔이 하나였지 둘이 아니었던 것이다. 그래서 정수는 엄마의 고통까지 함께 아파했고 엄마의 배 아픔을 함께 치유했다. 생명을 공유한 모자(母子)에게는 기쁨도 슬픔도 아픔도 하나이지 둘일 수 없었다.

치료자는 정수가 연출한 눈 내리는 장면이 궁금하여 정수가 어느 계절에 태어났는지 물었다. 엄마의 대답은 예상대로 추운 한겨울이었다. 정수는 삶과 죽음의 고비를 넘기며 애썼던 그 계절의 추위를 잊지 않고 있었던 것이다. 그리고 그렇게 오랫동안 그 추위 속에 머물러 있었던 것이다.

정수는 기특하게도 오래 간직했던 출생의 아픔을 그날의 마지막 한숨을 끝으로 말끔히 지웠다. 다음 단계 놀이부터는 기차가 눈이 내리지 않는 원형의 길을 쉬지 않고 달렸다. 더욱 놀라운 것은 지루하게 같은 내용으로 반복되었던 기차 놀이에 가속이 붙는 변화를 보였다는 점이다. 기차 위에 친구들이 올라탔고, 또 한 단계 나아갔을 때는 기차 뒤쪽에 연결된 화물칸 안에 먹을 것을 잔뜩 올렸다. 정수는 웃으며 기차를 향해 손을 흔들면서 말했다. "잘 갔다 와! 조심해서 갔다 와!" 또 다른 목소리로 기차를 굴리며 정수는 친구가 되어 응답했다. "알았어."

정수는 기차 놀이에서 세상에 태어난 아픔을 치유하고 또 다른 세상에 새로운 눈을 떴다. 이제 더는 자기만의 세계에 갇힌 혼자가 아니었다. 이야기를 건네고 대답을 들으며 마음을 나누는 누군가가 생겼다. 그리고 치료자와 정수는 온갖 실랑이를 거쳐 눈 내리는 혹한의 날씨에서 따스한 봄날로 건너왔다.

≫ **심리 읽기** ≪

출산 당시의 아기는 엄마와 한몸이며 한마음으로 생명을 공유하는 존재이기 때문에 그 아픔도 하나다. 그러므로 정수에게 엄마의 아픔은 남의 아픔이 아니며 자기의 아픔과 동일한 것이었다. 그 아픔을 치유하는 과정은 또 얼마나 진지하고 경건했는지……. 그런데 일반적으로 자폐아 치료를 담당하는 많은 치료자들은 발달적 측면의 향상에 초점을 두고 치료자가 계획한 교육 내용에 맞추어 치료 작업에 공을 들이지, 어린이 마음의 상처를 치료하는 작업에는 그다지 비중을 두지 않는 경향이 있다. 그러나 이 사례의 주인공 정수처럼 자폐아에게서도 종종 마음의 상처를 암시하는 집요한 표현들이 나타날 수 있다. 따라서 치료자는 어린이가 집요하게 표현하는 어떤 놀이의 흔적이 예사롭지 않다면 그들의 상처가 무엇인지 밝히려는 노력을 기울일 필요가 있다. 그 예사롭지 않은 반복적 흔적이 어쩌면 자폐아라서 나타나는 것이 아니고 상처가 깊어서 오랫동안 지속되며 나타나는 것일지도 모르기 때문이다.

풍선 놀이의 경이로움

다음 사례의 주인공인 윤기는 초등학교 2학년 남자 어린이로 투렛 증상이 심해 놀이 치료를 받게 되었다. 엄마는 임신이 힘들었다고 보고했고 윤기는 심리 검사에서 자기에 대한 인식이 건강하지 못한 것으로 나타났다.

윤기는 한결같이 축구를 즐기며 놀았다. 놀이실 좁은 공간을 마치 넓은 운동장처럼 누비며 오늘은 유명 선수 누구의 장기를 흉내 내고 다음날은 또 다른 선수의 교묘한 포즈를 따라하며 열심히 축구를 즐겼다. 놀이가 끝나면 언제나 이마에 땀방울이 흥건했다. 그러고는 늘 치료자에게 자신의 역량을 자랑하고 그 자랑스러움을 치료자에게 확인받았다. 투렛 증상은 공교롭게도 축구 놀이에 신명이 나면 날수록 더 요란해졌다. 엄마는 그래서 늘 치유가 불가능할까 봐 절망이 깊어지고 불안해했다.

윤기는 자신이 즐기는 축구 놀이에서 기운이 달릴 때에는 가끔씩 바구니에 공을 집어넣어 농구를 하거나 화살을 쏘곤 했다. 화살을 쏘는 몸 동작이 진짜 궁수처럼 멋져서 어느 날 치료자는 윤기를 위해 주인 공이 그려놓은 도깨비 얼굴 과녁 말고 또 다른 과녁을 벽에다가 하나 더 붙였다. 새로운 과녁은 흰자에 노른자를 올린 계란처럼 보이는 것 이었다. 도깨비 과녁보다 새 과녁에 흥미를 느낀 윤기는 축구 놀이보 다 화살 쏘기 놀이에 점점 더 많은 시간을 들였다.

하루는 놀이방에 오는 다른 어린이가 헝겊으로 묶어 꼬리가 달린 풍 선을 들고 왔다가 집에 돌아갈 때 그것을 놀이방에 기증했다. 그런데 꼬리 달린 풍선이 놀이방에 생긴 뒤로 윤기의 놀이에 변화가 생겼다. 골문에다가 발길로 공을 차는 축구를 하거나 새 과녁에 화살을 쏘는 놀이가 아닌, 헤딩으로 꼬리 달린 풍선을 과녁에 맞혀 골인을 외치는 축구 놀이에 열중하게 된 것이다. 그리고 꼬리 달린 풍선은 터지면 안 되니까 다른 어린이들이 모르게 감춰 달라고 요구했다. 치료자는 윤기 의 뜻에 따라 다른 어린이에게 꼬리 달린 풍선을 공개하지 않았다. 헤 딩을 하여 꼬리 달린 풍선으로 과녁을 맞히는 놀이는 기증된 풍선의 공기가 빠져서 갖고 놀 수 없을 때까지 줄곧 계속되었다. 그 풍선과 이 별한 이후 윤기의 놀이는 다른 것으로 바뀌었다. 축구에 몰입하는 시 간이 줄어들고 앉아서 작업하는 정적인 놀이들이 하나씩 둘씩 늘기 시 작했다.

지나친 해석일지도 모르겠으나, 치료자는 윤기가 골문에 발로 공을 넣는 축구나 화살을 과녁에 맞히는 놀이 대신, 새 과녁에 꼬리 달린 풍 선을 맞히려고 헤딩하며 땀 흘리는 장면을 볼 때마다, 마치 난자와 정자의 데이트 장면처럼 보였다. 왜냐하면 반복적인 이 놀이가 의미 있는 듯하여 나중에 치료자가 엄마에게 물어서 알게 된 사실에 따르면, 윤기는 인공 수정이라는 어려운 시도 끝에 태어난 외동이었다. 그리고 보니 과녁은 마치 노란 핵을 가진 난자처럼 보였으며, 꼬리 달린 풍선은 그 모양이 마치 정자 같았다. 그리고 과녁에 헤딩하는 윤기의 마음은 아주 진지했다. 그런데 신기한 것은 이런 놀이가 연출되는 시간이 흐를수록 윤기의 투렛 증상이 점점 줄어들었다는 점이다. 때때로 어린이의 놀이는 어른이 전혀 생각할 수 없는 방향으로 흘러가는 경이로움이 있는데 바로 이 경우가 그랬다.

Play Therapy
• ▲ •

성장을 거부하는 소년

다음 사례의 주인공인 준영이는 중학교 3학년 남학생이다. 유아기 어린이처럼 하얗고 투명한 얼굴, 섬섬옥수의 손, 부드러운 살결을 지니고 있어 도저히 남자로 보이지 않는 미소년이었다. 대부분 사춘기를 지나 일찌감치 어른의 용모를 갖춘 또래들 틈에 섞이면, 변성도 안 된 준영이만 유독 성장이 유아기에서 멈춘 어린이 같아서 걱정스러웠다. 엄마는 고등학교를 진학해야 하는 학년에 올랐는데도 학업 성적이 바닥이고, 말도 잘 안 하고, 스스로 알아서 하는 일이 아무것도 없어서 놀이 치료를 받고자 했다.

학업 성적이 바닥이라는 진술을 듣고 웩슬러 지능검사를 실시했더니 뜻밖에도 준영이의 지능지수는 평균보다 상위에 속했다. 그러나 특이하게도 차례 맞추기 소검사만은 홀로 뚝 떨어지는 점수를 보였다. 아마도 준영이는 퇴행 욕구가 강해서 철들기가 몹시도 싫었던 것 같다.

엄마의 면접으로 새롭게 더 알아낸 사실은 놀랍게도 준영이가 너무 어려서 중학교 3학년이면서도 엄마에게 의존하지 않고는 책가방도 챙기지 못하고, 준비물도 챙기지 못하며, 머리도 감지 못하고, 목욕을 하고 벌거벗은 몸으로 돌아다니며 6학년 여동생 앞에서 부끄러운 줄도 모른다는 것이었다. 엄마는 준영이가 얼마나 철부지인지, 목욕하고 벌거숭이가 된 오빠 행동이 어색해서 6학년 여동생이 오히려 부끄러워하며 오빠 곁을 피한다고 했다.

준영이는 주로 레고를 조립했고, 내용은 그 당시 대통령을 쇠창살 수레에 실어서 감옥으로 이동시키거나 감히 탈옥을 생각할 수 없는 경비가 삼엄한 감옥에 가두는 것이었다. 준영이의 용모와 대비하여 얼핏 생각하면 대통령을 감옥에 가두는 행동이 준영이와 어울리지 않는 것처럼 보일 수 있다. 그러나 대통령에게 그렇게 매몰찬 마음을 품은 까닭을 알면 충분히 납득이 간다.

정신의 나이는 매우 어렸지만 준영이는 알고 있는 지식이 꽤 많았다. 또 손가락 놀림이 매우 정교하고 공간 지각 능력이 우수해서 기계 설비 같은 분야에서는 우수한 재능을 발휘할 수 있는 싹이 보였다. 그래서 학업 성적은 바닥이었지만 다행히 기술계 고등학교로 진학할 수 있는 진로 선택의 여지가 있었다. 그러나 엄마는 다른 부모들이 대개 그렇듯 준영이를 기술 학교나 상업 학교가 아닌 인문계 고등학교로 진학시키고 싶었다. 아빠가 기술계 학교를 나온 것에 열등 의식을 지니고 있기 때문이었다. 아빠는 집안 형편 때문에 자신의 취향과 손재주를 살려 기술자가 되었지만 아들에게만큼은 자신과 같은 미래를 물려주지 않으려고 애썼다. 그래서 머리가 나쁘지 않은 것 같은 아들이 공부 잘하기를 기대했다. 아빠가 기술직에 종사하고 있어서 생계는 도리어 넉넉했는데도 아빠에게 비치는 현실은 고학력이면서 사무직종에 종사해야만 행복을 보장받을 수 있는 것이었다. 따라서 아들의 학업 성적은 아빠의 행복과 밀접한 관계가 있었다.

아빠와 엄마에게 준영이는 금쪽같은 아들이었다. 생김새도 예뻤고 마음씨도 순진하고 고왔으며 머리도 잘 돌아가는 것 같아서 많은 사람들에게 사랑을 받았다. 그런데 나이가 들면서 준영이는 점점 부모의 기대에서 벗어나는 아들이 되었다. 고등학교 진학을 앞두고 학업 성적은 절망적으로 떨어졌으며, 결국 부모의 기대는 준영이가 인문계 학교에 들어가는 것만으로 만족하는 수준이 되었다. 그리고 인문계 학교 입학에 희망을 걸기 위해 놀이 치료실을 찾은 것이었다.

준영이는 더없이 귀한 아들로 대접을 받을 때 여동생을 봤다. 여동생은 자라나면서 점점 똑똑하고 부모의 마음을 잘 헤아리는 성숙함을 보인 데다가 부모의 기대 이상으로 학업 성적이 좋았다. 그래서 끔찍이 아껴주던 부모의 사랑은 차츰차츰 상대적으로 부족한 점이 드러나는 준영이에게서 여동생에게로 옮겨 갔다. 준영이는 부모의 사랑을 되찾고 싶어 동생 같은 용모와 동생 같은 행동을 취했다. 그랬더니 정말로 부모의 관심이 돌아오는 듯했다. 준영이는 그렇게 해서 되찾은 부모의 관심을 놓치지 않으려고 점점 자신의 연령을 아래로 내려놓았고 드디어 어린 티를 벗지 않기로 작정했다. 어린 채로 오래 있으면 부모의 사랑을 오래 붙들 수 있으리라 여겼던 것이다. 그러나 준영이의 생각은 착오였다. 아빠는 점점 어려지는 아들이 못마땅해지기 시작했고 아빠의 사랑과 기대에 어긋날수록 점점 많은 실망과 비난을 준영이에게 표현하기 시작했다. 준영이는 아빠의 사랑과 비난 사이에서 마음이 혼란스러웠고 그 미움을 아빠와 동생에게 돌리기 시작했다.

준영이가 정교한 레고 작품을 만들면서 대통령을 감옥에 가두는 것은 바로 위와 같은 상황 전개에 따라 자라난 아빠에 대한 미움의 표시였다. 준영이도 아빠를 닮아 공간 지각 능력이나 사물을 조작하는 손재주가 남달랐다. 그런 유능함을 아빠에게 유감을 표시하는 데 활용한 것이었다. 매번 투옥되던 대통령은 준영이가 인문계 고등학교 입학이 결정되고서야 비로소 풀려났다. 석방되기까지 대통령은 숨소리까지 포착할 수 있는 오디오 시설과, 작은 움직임도 다 찾아내는 비디오 시설, 팔방으로 자유롭게 움직이는 감시 카메라, 일정 구역을 벗어나면 온몸이 터지는 감전 시설까지 완벽하게 갖춘 최첨단 경비 시설의 감옥에 갇혀 있었다. 아빠의 비난을 완전 차단하려면 그렇게 완벽한 경비 시설을 만들 수밖에 없었을 것이다.

준영이는 레고 조립을 변형해 가며 감옥을 만들고 대통령을 가두는 틈틈이 마구잡이 그림들을 그리곤 했다. 그 가운데 가장 인상적인 그림이 두 장 있었다. 한 장은 수염이 길고 눈이 크고 무섭게 그린 메기의 꼬리를 작은 물고기가 물어뜯는 그림이었고, 또 다른 한 장은 빨간 불이 켜져 있는 신호등 하나를 종이 한가운데 단조롭게 그린 그림이었다.

메기를 물어뜯는 그림은 물론 미워하는 아빠에게 심술을 부리는 마음이라고 쉽게 이해할 수 있다. 왜냐하면 수염이 긴 큰 물고기는 권위적이면서도 체격이 큰 남성을 상징하는 것이니 당연히 아빠이고, 작은 물고기가 아빠를 물고 싶었다면 그것은 당연히 아빠에 대한 준영이의 감정일 것이기 때문이다. 치료자는 준영이가 아빠에게서 받은 심리적 압박이 얼마나 컸을지 투옥된 대통령보다 이 그림의 물고기 크기의 차이에서 이해할 수 있었다.

빨간 불이 켜진 신호등 역시 성장을 멈추려는 준영이의 마음을 나타낸 것으로 보였다. 왜냐하면 치료자가 준영이를 만날 때마다 날짜와 요일을 물었는데 준영이는 언제나 스스로 시간의 흐름을 인식하지 못한 채 팔목의 시계를 보고 응답했기 때문이다. 그도 그럴 것이 성장을 멈추려면 시간을 멈추어야 하고, 마음의 세계가 시간이 정지되어 있는 한 준영이가 시간의 흐름을 챙기기는 어려웠을 것이다. 치료자가 날짜 인식에 어두운 준영이에게 "방학이나 개학날은 어떻게 알 수 있어?"라고 물었을 때 준영이는 당연하다는 듯 "엄마가 알아서 가르쳐줘요."라고 대답했다. 또 "수업에 필요한 교과서는 매일 바뀌는데 그것은 누가 챙겨?"라고 물었을 때도 "엄마가 알아서 준비해줘요."라고 했다.

치료자는 시간을 정지시킨 준영이의 문제가 가볍지 않다는 생각을 하면서 신호등 그림을 자세히 들여다보았다. 그런데 뜻밖에도 빨간 신호등 안에 그려진 인물의 동작이 걸어가는 그림으로 그려져 있었다. 이것은 바깥 세상에 대한 준영이의 지각이 둔감하기 때문에 그럴 수도 있고, 부주의함 때문에 그럴 수도 있으며, 반항적인 마음이 있어서 그럴 수도 있는 것이겠지만 치료자에게는 희망의 신호로 보였다. 시간을 정지시키고 성장을 멈추고 싶은 마음 한쪽으로는 앞으로 진행하려는 마음도 있는 것으로 여겨졌기 때문이다.

치료자는 엄마와 상담하면서 의학적 검사를 정밀하게 받아보도록 권했다. 나이가 나이인지라, 만약에 생리적 결함이 있어 정말로 사춘기가 오지 않는다면 성인이 되어서도 목소리와 용모 때문에 놀림감이 될 것이기 때문이었다. 또 의료적 조치가 가능해서 성장을 촉진하고 사춘기를 앞당길 수 있다면 매우 다행스러운 일이기 때문이었다. 엄마는 치료자의 권유에 따라 정밀 검사를 받았다. 다행스럽게도 준영이는 의학적으로 성장하는 데 결함이 없다는 판정을 받아 엄마도 치료자도 한시름 놓았다.

준영이는 아마도 아빠를 물어뜯고 가두면서 그 분노를 걸러내고 서서히 성장에 마음을 기울인 것 같았다. 눈도 잘 마주치지 않고 멋쩍어하던 준영이가 치료자에게 웃음을 보인 이후에는 치료자를 만나면 머리가 긴지 짧은지 운동화가 깔끔한지 아닌지 옷 차림은 마음에 드는지 아닌지 자기 용모에 신경을 썼기 때문이다.

용모에 관심이 생기고 몇 회기가 지난 어느 날이었다. 치료자는 레고를 조립하며 두런두런 이야기하는 준영이를 무심코 지켜보다가 예상 밖의 일을 발견했다. 이마에 좁쌀만 한 여드름이 솟아 있고 윗입술 주변에 시커멓게 수염 자국이 보이는 것이 아니겠는가? 그것은 준영이의 엄마보다 치료자가 더 손꼽아 기다리던 사춘기의 징표였다. "아아, 이 녀석에게 드디어 사춘기가 왔구나."라고 속으로 쾌재를 부르며 치료자는 치료자의 아들이 사춘기가 되었을 때보다 몇 갑절 더 큰 기뺨을 맛보았다. 그날 발견한 그 징표는 지난 회기에도 전혀 드러나지 않았던 것이어서 더욱 놀라웠다.

사춘기 징표가 보인 이후 엄마와 상담하며 치료자는 물었다. "저 녀석 아직도 엄마가 목욕시켜야 해요?" 엄마의 대답도 기쁨에 넘치는 대답이었다. "이제 철들었나 봐요. 세수도 혼자 하고, 머리도 혼자 감고, 목욕도 누가 볼까 봐 문을 단단히 잠그고 해요."

애초 부모 소원대로 준영이는 인문계 고등학교에 입학했다. 그러나 부모의 소원보다 더 큰 사춘기라는 선물을 얻었다.

Play Therapy

• ▲ •

자유 의지의 탄생

다희는 엄마가 출근하는 동안 할머니와 지내는 시간이 많았던 열 살 먹은 여자 어린이다. 양육의 주도권과 발언권을 쥔 할머니는 엄마에게도 다희에게도 엄밀한 후견인이었다. 다희는 엄마와 가까이 지내며 어리광 부려볼 기회도 없이 할머니 슬하에서 자랐다. 할머니는 다희에게 기대가 높았고, 할머니가 내리는 지침은 다희가 감당할 수 있는 능력 이상이었다. 시간이 흐르면서 다희는 점점 사람들과 관계가 어려워지고 자신의 의지를 발휘하기도 힘들어졌다.

다음 기록은, 마음에 드는 놀잇감을 어린이 스스로 고를 수 있고, 선택한 놀잇감으로 어떤 방식이든 자유롭게 놀면 된다고 치료자가 충분히 안내해주었는데도, 놀잇감 선택에서 자유 의지를 마음 놓고 누리지 못하다가 결국 스스로 놀잇감을 고르기까지 어린이의 노력을 들여다볼 수 있는 치료 사례이다.

제1회기에서 제6회기까지 다희는 계속 어떤 놀잇감을 고를지 몰라

한참 망설였다. 손에 닿게 진열되어 있는 이것저것을 눈으로만 살피며, 마치 그동안 누군가의 지시에만 수동적으로 응하며 살아온 듯 "뭐 할지 모르겠네."라고 아주 작은 소리로 혼잣말을 했다.

제7회기에서 제12회기까지 다희는 놀잇감을 고르기 위해 망설이는 시간이 이전보다 줄어들고 목소리는 조금 커졌지만 여전히 무언가 자기가 스스로 선택한다는 것이 힘든 일인 듯, 혼잣말로 "뭐하냐." 하고 중얼거리면서 고민하는 모습을 보였다. 그러나 정말로 자신이 어찌할지 몰라 막연한 듯 말했던 "뭐할지 모르겠네."라는 표현보다는 뭔가 해야겠다는 의지가 담긴 표현이었다. 그러나 "뭐하냐."라는 표현에는 놀이방에 들어왔으니 원하든 원하지 않든 놀아야 하니까 무언가를 해야 한다는 피동성이 포함되어 있다.

제13회기에 이르러 다희는 "뭐할지 생각났다."라고 혼잣말을 했다. 이 표현은 그동안 주인공이 자기 생각에 따라 무언가 해본 적이 없다는 듯 들렸다. 놀이실을 12회 경험한 뒤에 비로소 자기도 하고 싶은 어떤 것을 생각할 수 있음을 처음으로 터득한 듯 느껴지는 표현이었다.

제16회기에 이르러 다희는 치료자를 향해 처음으로 말을 건네며, "내가 무엇인가를 해도 되지요?"라는 뜻으로 "뭐해요?" 하고 물었다. 마치 치료자가 자기 곁에 있다는 것을 처음 느낀 듯한 표현이었다. 이 표현은 치료자의 지시에 따르겠다는 뜻을 어느 정도 담고 있어 자신의 소극적 의지를 나타냈다.

제17회기에 이르러 다희는 "이거 할래요."라고 하면서 자신의 의사를 망설임 없이 당당하게 표현하며 놀잇감을 골랐다. 드디어 아무 눈치도 볼 필요 없이 자신의 생각과 의지에 따라 무엇이든 마음 놓고 하 겠다는 적극적 의지를 보여주는 표현이 등장한 것이다. 아마도 이 순 간에 다희는 자기의 자유 의지를 스스로 확인했을 것이다.

제18회기에 이르러 다희는 어떤 놀잇감을 골라야 할지 주저하지 않 았고, 혼잣말도 없었으며, 치료자의 눈치를 살피거나 치료자를 탐색하 기 위해 말을 건네지도 않고 곧바로 놀잇감을 골랐다. 놀이실을 17회 경험한 끝에 자신의 의지를 자유롭게 발휘하는 방법을 터득한 것이다. 그 뒤로 다희의 자유 의지에는 날개가 달렸다. 자신의 능력에 대한 신 뢰감도 늘고 놀잇감 다루는 창의력도 무럭무럭 자랐다.

Play Therapy
● ▲ ▲
독도는 우리 땅

아래 글은 놀이 치료 사례가 아니고 예전에 어린이들이 불렀던 유희
곡이다. 노랫말이 어린이의 놀이 치료 전개 과정과 같고 참고로 알아
두면 좋을 내용이어서 소개한다.

1950년대 어린이들은 하늘과 땅과 공기와 물을 친구로 삼고, 흙과
돌과 풀잎과 새끼줄과 신발을 놀잇감 삼아 시간 가는 줄 모르고 놀았
다. 위에 열거한 것으로 각양각색의 행복한 놀이가 가능했으니 놀이에
필요한 거의 모든 것을 완벽히 갖추었다 할 것이다. 그때 그렇게 놀던
것을 회상하면 요즘 어린이들의 풍부한 놀잇감이 정말로 어린이들을
풍요롭고 행복하게 만드는 것인지 의문이 생긴다. 실내 공간에서 각종
미디어와 게임 기계에 온 종일 정신을 빼앗기는 요즘 어린이들은, 어
느 것도 내 것이 아니고 눈에도 보이지 않는 자연이란 놀잇감으로 놀
던 그때를 어찌 생각할는지…….
1950년대는 일본의 식민 통치에서 벗어나 조국의 광복에 들떴다가

(1945년) 불행하게도 강대국의 이념 싸움에 휘말려 우리 강산의 허리가 잘려 나가고(1948년) 서로 원수가 되어 총을 겨눈 뒤(1950~1953년) 겨우 목숨을 부지하고서 씻기 어려운 상처를 가슴에 안고 폐허에서 다시 일어나는 데 전력을 기울이던 시절이다. 또 온 겨레가 그 무엇보다 먼저 남북의 통일을 간절히 염원하던 시절이었다.

그런 시절에, 유머러스하여 많은 놀이에서 어린이들에게 사랑받는 노래가 있었다. 줄넘기 놀이에서 자주 불리던 노래였는데 앞부분은 말 잇기처럼 이어지는 말놀이이고 뒷부분은 네 소절로 구성된 노래였다.

"원숭이 똥구멍은 빨개 – 빨가면 사과 – 사과는 맛있어 – 맛있으면 바나나 – 바나나는 길어 – 길면 기차 – 기차는 빨라 – 빠르면 비행기 – 비행기는 높아 – 높으면 백두산 ~ 백두산 뻗어내려 반도 삼천리/ 무궁화 이 강산에 역사 반 만 년/ 대대로 이어가는 우리 삼천만/ 빛나도다 그 이름 대한이라네." 이것이 그 노래의 전체 노랫말이다.

누가 만들어서 부르기 시작한 노래인지 모르겠지만(아마도 우리 민족을 계몽하려는 어떤 선각자가 만들어 유포한 노래라고 짐작된다), 이 노래를 면밀히 들여다보면 원형적이라고 할 수 있는 은유와 상징이 절묘하게 엮인 여러 가지 재미있는 심리적 의미들을 찾아볼 수 있다. 그리고 놀랍게도 어린이들이 놀이 치료를 진행하면서 자기를 인식해 가는 과정과 매우 비슷한 과정을 밟으며 노랫말이 진행되고 있음을 발견할 수 있다. 이제 이 노래에 담긴 숨은 의미를 세세히 살펴보자.

첫째는, 노래 전체에 담긴 숨은 의미다. 지금은(1950년대) 우리가 우리의 뜻과 상관없이 어쩔 수 없는 분단의 아픔을 겪지만, 남북이 원래 같은 민족이니 장차 반드시 통일을 이뤄야 한다는 큰 명제를 담고 있다. 또 우리 민족이(그 당시는 남북의 인구를 모두 합쳐 삼천만이었다) 맥맥이 이어온 자긍심을 되찾고 손상된 민족 정체감을 재건하자는 격려가 숨어 있다. 그런데 이것은 마치 놀이 치료 과정의 어린이가 조각난 자기 정체감을 되찾는 것을 목표로 삼는 것과 매우 유사하다.

둘째는, 노래가 전하려는 중심 메시지인 뒷부분의 노래 앞에 "원숭이 똥구멍"으로 시작하는 말놀이 노래를 등장시킨 의미다. 이것은 아마도 민족 통일이라는 과업의 위대함을 강조하기 위해 워밍업으로 필요한 부분인 것 같다. 그리고 이것 또한 놀이 치료 과정의 어린이가 '자기 되찾기'의 큰 목표 지점을 향해 나아가려고 치료자와 관계에서 일정 기간 동안 워밍업 과정을(라포르rapport 형성) 밟는 것과 유사하다.

셋째는, 원숭이 등장의 의미다. 왜 많은 동물 가운데 원숭이를 등장시켰을까? 아마도 단군 시대부터 내려온 우리 민족의 역사가 그만큼 장구하다는 것을 강조한 것 같다. 다시 말하면, 인류의 조상인 유인원을 연상시키는 원숭이를 등장시킴으로써 우리 민족 역사의 시간적 우월성을 강조한 것이다. 이는 마치 놀이 치료 과정의 어린이가 우주적 존재에서 영웅적인 개별의 자기로 분화해 나오는 과정과 흡사하다.

넷째는, 원숭이의 빨간색 똥구멍을 등장시킨 의미다. 왜 하필 다른 곳이 아닌 똥구멍에 주목하였을까? 실제로 원숭이의 엉덩이는 빨간색을 띠고 있다. 어쩌면 원숭이도 짝짓기에 유리하도록 눈에 잘 띄는 외양을 갖추려고 엉덩이를 빨갛게 물들였는지도 모른다. 우리 민족도 신선한 정체감을 지닌, 그리고 질곡의 역사를 청산하고 통일된 새로운 민족으로 다시 태어나려면 엉덩이를 통해 남자와 여자가 만나는 과정을 밟아야 한다. 즉 남쪽과 북쪽의 겨레가 서로 만나 화합해야 하는 것이다. 그러므로 약간 선정적인 느낌이지만 우리 민족의 새로운 탄생을 위해서는 원숭이 똥구멍을 노래에 등장시킬 수밖에 없다. 이는 마치 놀이 치료 과정의 어린이가 엄마의 자궁을 선택하기 위해 성적(性的) 관심을 기울이는 과정과 유사하다.

다섯째는, 빨갛고 맛있는 사과와 맛나고 긴 바나나를 등장시킨 의미다. 재론할 여지 없이 이것은 훌륭한 여성과 훌륭한 남성의 만남을 상징한 것으로서 우리 배달 민족의 탄생을 자랑한 노랫말일 것이다. 더나아가 남쪽과 북쪽으로 갈라진 한민족의 통일은 아주 환상적인 역사를 창조할 것이라는 소망까지도 담겨 있는 노랫말일 것이다. 이는 마치 어린이의 놀이 치료 과정에서 만족스럽게 업그레이드시킨 남자와 여자를 만나게 하여 견고한 자기를 만들려는 작업과 많이 닮았다.

여섯째는, 우수한 성능의 기차와 비행기를 등장시킨 의미다. 노랫말의 이 부분은 아마도 우리 민족의 내공과 추진력의 성장을 격려하고 자랑하려고 끼워넣은 것처럼 여겨진다. 그리고 이 부분은 마치 놀이 치료 과정의 어린이가 엄마의 뱃속에서 자기의 성장에 전력을 기울이며 추진력을 붙이는 과정과 많이 유사하다.

일곱째는, 높고 눈 덮인 백두산을 등장시킨 의미다. 백두산은 호수를 가진 아름다운 산으로 세계적으로 드문 영산이다. 흰색이란 뜻의 산 이름을 갖게 된 것은 백의 민족인 한민족의 상징이기도 하며 깨끗하고 신신한 민족성을 상징한 것이기도 하다. 마찬가지로 머리라는 뜻의 산 이름을 갖게 된 것은, 백두대간을 척추로 삼고 뻗어 있는 한반도의 주인인 한민족이 맥맥이 살아 움직이며 세계인의 우두머리로서 존재한다는 뜻이기도 하다. 이 노래 앞부분의 마지막에서 백두산을 등장시킨 것은 이 노래를 부르는 사람들로 하여금 한민족의 자긍심을 최고로 북돋운 배려인 것이다. 그리고 원숭이를 등장시켜 우리 민족의 시간적 우월성을 강조한 것과 함께 높은 백두산을 등장시켜 우리 민족의 공간적 우월성도 드높인 것이다. 이 부분은 마치 놀이 치료 과정의 어린이가 엄마의 자궁에서 만족스러운 자기를 다 만들어내고 새로운 자기로 이 세상에 다시 태어나는 기쁨을 예찬하는 것 같다.

그리고 뒷부분의 노래는 과거와 미래를 꿰뚫고, 시간과 공간을 꿰뚫고, 종과 횡으로 조화를 이루며 씩씩하게 진군하는 한민족의 기상을 고무하는 노랫말로 이어진다. 마치 놀이 치료에서 어린이가 앞날을 기대하며 대장정의 막을 내릴 때에 즈음하여 태극기를 꽂거나, 〈애국가〉를 부르거나, 〈독도는 우리 땅〉이라는 노래를 부르거나, '대~한민국'이라는 구호를 크게 외치는 것처럼 말이다.

아빠의 칭찬을 받으려면 '엄마처럼'

은강이는 아빠를 매우 좋아하는 여섯 살배기 남자 어린이다. 아빠는 시집살이가 고된 엄마를 무척 아꼈다. 그리고 가사와 자녀 양육에도 꽤 적극적이었다. 그래서 은강이에게는 엄마의 손길 못지않게 아빠의 손길도 많이 머물렀다. 물론 엄마도 나무랄 데 없이 주부 역할에 충실하다. 그래서 가끔씩 아빠는 엄마의 훌륭한 역할 수행을 칭찬했고 그런 아빠의 여유로움은 은강이의 눈에 가장 멋진 모습으로 비쳤다. 엄마도 물론 그런 아빠를 참 고마워했다.

엄마와 아빠의 금슬이 좋아서 그런 것인지, 자신이 받을 엄마의 사랑을 가로채는 듯한 권위적인 아빠에게 못마땅한 감정이 많은 은강이 또래의 여느 남자 어린이들과 달리, 은강이는 아빠에게 매우 우호적이다. 평소에 자신감이 없어서 자신의 여러 가지 능력으로 아빠를 기쁘게 해드리기 어렵다는 것을 스스로 잘 아는 은강이는, 소꿉놀이를 할 때마다 아빠를 존경심으로 융숭히 대접하는 엄마의 모습으로 변신하여 아빠의 칭찬을 듣는다. 커피도 끓이고, 생선도 굽고, 과일도 푸짐히 담아서 속삭이듯 아빠에게 드린다. "제가 만든 거예요. 맛있게 드세요." 그리고 그 다음은 아빠가 된다. "아주 맛있군, 역시 은강이 솜씨가 최고야."

Play

8장

그림 속

마음 찾기 ▶ ▷

Therapy

Play Therapy

● ▲ ●

　사람들은 여러 가지 통로로 자기 마음을 표현한다. 말과 글로 나타내기도 하고, 얼굴 표정이나 몸짓으로 드러내기도 한다. 이런 마음의 표현 수단들이 단조로워서 흡족하지 않으면 좀 더 다양한 예술적 감성을 보탠 수단을 동원한다. 운율과 가락 또는 춤사위를 보태기도 하며, 한 걸음 더 나아가 기승전결의 긴장과 해방감도 더한다. 그러나 말이나 글, 표정이나 몸짓만으로 사람의 마음을 온전히 이해하기엔 한계가 있듯이 그림으로 사람의 마음을 이해하는 것 또한 한계가 있다. 따라서 우리가 그림으로 사람의 마음을 온전히 이해하려면 그림 밖의 여러 가지 개인적 정보들을 반드시 고려해야 한다.

　그림에 담긴 이야기를 좀 더 많이 이해하려면 그림을 한두 번 보는 것으로 그쳐서는 안 된다. 우리가 어떤 시를 감상할 때 여러 번 읽을수록 시인의 시심(詩心)에 좀 더 가까이 다가갈 수 있는 것처럼, 그림도 신중하고 진지한 마음으로 여러 번 들여다봄으로써 그림 속의 주인공이 전하려는 이야기를 더 잘 이해할 수 있다.

Play Therapy

• ▲ •

나는 상어를 물리치는 오징어

어린이들은 자신의 마음을 그림으로 표현할 때 어른보다 한결 더 솔직하고 자유분방하다. 그들의 경험이 어른처럼 복잡하게 얽히지 않았고 심리적 방어 기제가 어른처럼 두껍고 무겁지 않기 때문이다. 안과 밖을 살피는 어린이들의 마음이 순수하고 섬세한 만큼 어린이들의 그림은 보는 사람에게 감동을 일으킨다. 여기에 소개한 그림은 마음속에 얽혀 있는 느낌들을 자유롭게 만화로 표현하는 과제에서 선별한 것이다.

다음 그림의 주인공 준호는 초등학교 3학년 남자 어린이다. 겉으로 관찰했을 때 준호는 집에서는 두 동생에게 난폭하게 굴면서 학교에서는 친구들에게 따돌림당하는 무력한 어린이였다. 그리고 삶에 대한 의욕이 없어서 일상 생활 전반에 걸쳐 게을렀다. 학교에 갈 시간이 되어도 등교 준비를 할 줄 몰랐고, 잠들 시간이 다 되도록 숙제도 하지 않아서 늘 엄마의 애를 태우곤 했다.

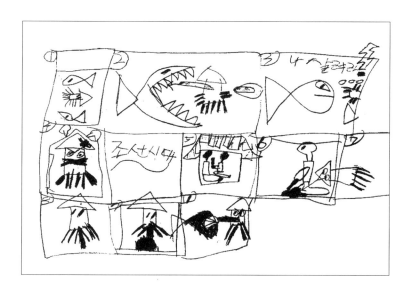

　준호의 하루 일과는 대략 동생들에게 빈정거리는 것, 혼자 군것질하
는 것, 몇 시간 동안 어두운 구석에 파묻혀 지루한 줄 모르고 책을 읽
는 것뿐이었다. 준호는 지능이 우수한 데다 책을 벗 삼았던 터라 머릿
속에는 해박한 지식이 가득했다. 그래서 말을 하면 매우 조리 있고 똑
똑해 보였다. 그러나 사회적 적응 측면에서는 아주 실천하기 쉬운 약
속조차 제대로 지키지 못하는 매우 미숙한 아이였다.

　마음속 깊은 곳을 바라볼 때 준호는 매우 큰 위협에 쫓기고 있었다.
외로운 자기를 둘러싼 모든 대상들이 자기에게는 상대하기 어려운 큰
적이었다. 큰 적을 마주한 자기가 너무나 왜소해서 마음 안으로, 더 깊
숙히 안으로 자꾸만 돌파구를 뚫었다. 집에서 마주치는 적은 거대한
아빠와 자기의 소유와 희망을 언제나 가로채는 동생들이고, 밖에서 마
주치는 적은 자기를 놀리는 또래들이었다.

이 어린이가 살아 있다고 느끼는 삶의 가치는 자기와 대치하는 모든 적들에게 빈정거리는 방식으로 적대감을 표현하면서 '나도 강력한 힘을 행사할 수 있는 힘센 남자'라는 사실을 간절하게 알리는 데 있었다.

준호가 만화를 그려 하소연했던 자기 속마음을 번호대로 살펴보면 다음과 같다.

① 아주 먼 옛날, 평화로운 바다 속에서 오징어는 다른 물고기들과 서로 사이좋게 어울려 놀고 있었다.

② 그러던 어느 날 무서운 이빨을 드러낸 거대한 상어가 갑자기 나타나 오징어에게 다가와서 깐죽거리고 놀리며 오징어를 잡아먹으려고 위협했다. 오징어와 놀던 다른 물고기는 놀람과 동시에 공포 분위기에 눌려 꼬리를 감추고 눈만 튀어나온 채 오징어 옆에서 쩔쩔매고 있다. 육식 물고기의 등장으로 평화가 깨진 바다에서 대적할 힘도 없이 무력하게 살아야 하는 오징어는 신세 한탄만 했다. 상어 이빨 가운데로 향한 화살표는 마치 오징어가 자신의 생식기를 거세당할까 봐 두려워한다는 듯이 강조되어 있다. 이런 상황에 놓인 오징어는 다만 살아남기 위해 외출할 때마다 육식 물고기의 위협을 피하려고 해캄으로 변장했다.

③ 상어는 입을 꼭 다문 무서운 얼굴로 호시탐탐 물고기들을 위협했다. 힘 없는 물고기들은 "나 살려라!" 외치며 원망스럽게 피해 다니기만 했다.

④ 아무런 잘못도 없는데 이빨로 물어뜯고 머리를 쥐어박고 하면서

자신에게 상처를 입힌 상어에게 오징어는 분노와 억울함이 치밀었다. 확확 열이 나고 얼굴이 달아오르고 아파서 찡그린 표정을 지은 오징어는 자기 집 안에서 꼼짝 않고 있었다.

⑤ 시간은 흐르고 흘러서 조선 시대로 접어들었다. 그리고 기와 지붕의 서당에서 훈장과 어린이가 마주앉아 글을 읽고 있었다.

⑥ 서당 한쪽 방에서는 붓글씨를 쓰려는 어린이가 벼루에 먹을 갈고 있다.

⑦ 오징어는 쓸모 있을 것 같은 그 먹물을 모두 마셔 두고 싶어서 조심스럽게 눈여겨 살펴보았다.

⑧ 그러고는 가게에서 빨대를 구해다가 먹물을 저장하려고 여러 개의 다리 중앙에 위치한 생식기에 끼워넣었다. 먹물을 빨아올린 빨대를 끼워 넣은 생식기는 마치 오징어가 남성다움을 자랑스럽게 표상하고 싶어 강조한 것처럼 느껴진다.

⑨ 글방 아이가 자리를 비운 사이에 오징어는 기회를 놓칠세라 재빨리 빨대로 먹물을 남김없이 들이마셨다.

⑩ 모처럼 기회를 포착한 오징어는 상어를 통쾌하게 공격했다. 아무리 큰 상어지만 온몸이 시커멓게 물드는 먹물 총 앞에서는 꼼짝할 수 없었다.

이 같은 만화 줄거리를 통해 준호의 심정을 다음과 같이 읽을 수 있다.

첫째, 준호는 옛날부터 조선 시대로 흘러온 시간의 흐름을 통해 자기의 지나온 생애를 표현하고 있다. 자기 생애 가운데 가장 행복하고 안온했던 시간은 엄마 뱃속에서 양수에 떠 있었을 때다. 주인공은 옛날의 평화로운 바다를 빌려 그때를 회상하고 있다.

둘째, 준호는 자신을 많은 물고기 가운데 오징어로 상징했다. 오징어는 먹물을 뿜을 수 있는 공격 무기를 가지고 있으며, 앞차기, 옆차기 등으로 상대를 제압하기 좋게 다리도 많다. 준호는 '오징어'라는 훌륭한 대상을 빌려 자신의 분노와 공격성을 긍정적으로 발산하고 있다.

셋째, 어느 날 나타난 거대한 상어는 아빠의 무서운 권위처럼 느껴진다. 준호는 그 힘센 권위 앞에 무력했던 자신의 심정과 적절히 항변하지 못하고 쌓아 두었던 분노, 힘든 상황을 직면해 헤쳐 나가기엔 미숙했던 사회적 기술 등을 차례로 술회하고 있다. 특히 주목할 만한 점은 프로이트가 이야기한 것 같은 거세의 위협을 준호도 느꼈을지 모른다는 점이다. 자연의 생태 또는 인류학적 관점에서 볼 때 남성의 생식기는 힘과 생명 보존의 원천이다. 생식기가 원활하게 기능할 수 있으려면 짝짓기 승부에서 이겨야 하며, 짝짓기 승부에서 이기는 것은 곧 힘을 과시하는 것이다. 짝을 얻은 남성은 생식 기능을 통해 자신의 생명을 영속적으로 보존할 수가 있다. 후손 대대로 자신의 유전 형질을 물려주는 것은 곧 자신이 영원한 생명을 얻는 것이기 때문이다. 따라서 남성 생식기는 힘, 그리고 영속되는 생명의 원천을 상징하는 것이다. 준호는 화살표를 이용하여 마치 자신이 생명의 위협이라도 느끼고 있는 듯, 오징어의 생식기가 상어 이빨 가운데로 삼켜질 것 같은 위기감을 강조했다. 이를 통해 준호가 아빠의 권위에 눌려 얼마나 고통스러워했는지를 짐작할 수 있다.

넷째, 조선 시대 서당에서 스승과 제자가 마주앉아 있는 장면은 마치 준호가 치료자와 만나 자신의 갈등을 해결해 가는 심리 치료 과정을 묘사한 것처럼 느껴졌다. 준호는 이 만화에서 오징어와 서당 학동에게도 자신의 인격을 부여하고 있다. 자신을 이처럼 다양한 인격으로 변신시키는 것은 어린이들이 지닌 자유이며 특권이다.

다섯째, 마지막 장면은 준호가 자신을 방어하는 묘책도 발견하고 힘 있는 상대와 맞서 이길 수 있는 자신감도 생겼음을 표현한 것이다. 이는 준호가 다행스럽게도 심리 치료를 통해 자신의 갈등을 극복하고 사회적 상황에 알맞게 적응할 만큼 인격적 성숙이 이루어졌음을 암시한다.

Play Therapy

• ▲ •

얼굴 뒤의 얼굴

겉으로 나타나는 인간의 언행과 표정 속에는 여러 메시지가 숨겨져 있다. 한두 가지 이상의 복잡한 메시지가 숨겨져 있기도 하고, 진실을 더 아름답게 채색하는 메시지가 숨겨져 있기도 하며, 속마음을 전혀 짐작할 수 없는 아리송한 메시지가 숨겨져 있기도 하다. 겉보기엔 다른 사람의 자랑거리를 기뻐해주는 것 같아도 실제로는 시새워하는 마음을 담고 있기도 하고, 다른 사람의 곤경을 안타까워하는 것 같아도 잘됐다고 고소해하는 마음을 담고 있기도 하다. 이런 미묘한 메시지를 어린이들은 날카롭고 정확하게 감수한다. 그리고 그것들을 아주 솔직하게 그림으로 표현한다. 아래 소개하는 그림 역시 이러한 감수성이 잘 드러난 것들이다.

〈그림 1〉은 초등학교 1학년인 상규가 '가면의 행렬'이라는 제목으로 그린 그림이다. 할아버지, 할머니, 아빠, 엄마, 그리고 주인공 남매가 모두 동물 가면을 쓰고 행진하는 그림이다.

〈그림 1〉

식구마다 어떤 동물 가면을 쓰고 있는지 탐색하면 상규가 지각하고 있는 가족의 특성을 좀 더 자세히 알 수 있겠지만 이 그림을 그릴 당시에는 그런 탐색이 어려웠다. 초등학교 1학년 어린이가 가족의 얼굴에 가면을 씌워 그리는 일은 그리 흔하지 않다.

가면을 쓰고 있는 것은 본래 얼굴을 가린 상태다. 한 가족이 모두 본래 얼굴을 가리고 있다는 것은 가족이 모두 본 마음을 드러내기 어려운 상황에 있다고 가정해볼 만하다.

그동안 상규의 삶은 여느 또래와는 달리 복잡한 데가 있었다. 초등학교 1학년이라는 어린 나이에 바르게 이해하고 수용하기에는 너무나 어려운 여러 가지 사연들이 상규를 혼란스럽게 만들곤 했다.

집안 어른들의 줄다리기 같은 언쟁도 자주 목격해야 했고, 생계비를 마련하느라 전전긍긍하는 엄마 모습도 자주 봐야 했다. 자기에게 생명을 물려준 할아버지, 할머니, 그리고 아빠, 엄마를 볼 때마다 어느 것이 진정한 모습인지 그 이미지를 알맞게 그리기가 결코 쉽지 않았다.

상규의 아빠는 가장 역할에 미숙했다. 자녀 양육에도 보탬이 되지 못했음은 물론 가계를 꾸려 나가는 데에도 보탬이 되지 못했다. 살림에 필요한 경비는 거의 상규의 할아버지에게 의존해야 하는 형편이었다. 그런데도 아빠는 두 집 살림을 차렸다. 상규는 아빠의 두 번째 아내에게서 태어난 아들이었다.

남편의 사랑을 믿고 두 아이를 낳은 상규의 엄마는 남편에게 첫 번째 아내가 있고 그 사이에 이미 아들이 하나 있다는 사실을 알게 되었다. 또 할아버지, 할머니가 자신의 가족보다 남편의 첫 번째 아내와 그 사이에서 태어난 아들을 더 감싸고 있음도 알았다. 위기를 느낀 상규의 엄마는 시부모와 남편에게 버림받지 않으려면 필사적인 노력이 필요했다. 자신과 아들, 딸이 경쟁에서 승리하기 위해 남편을 단단히 붙들어 둬야 하는 절대적인 생존 전략이 필요했던 것이다.

상규의 엄마는 시부모와 남편에게 인정받고 외면당하지 않으려고 경제적인 면에서 경쟁력을 키웠다. 자신이 경제적 능력을 발휘하는 것은 남편을 곁에 두기에도 유리했다. 상규의 엄마 덕분에 부모에게 고개 숙일 필요가 줄어든 아빠는 줄곧 상규의 집에 머물렀다. 그 대신 상규 남매는 엄마의 보살핌과 사랑에 목마름을 느껴야 하는 희생을 치르게 되었다.

할아버지, 할머니는 상규 가족을 며느리와 손주로 받아들여야 했지만 계속 상규 가족에게 차가웠다. 상규 가족의 눈을 피해 첫 며느리와 첫 손자에게만 애정과 경제적 도움을 베풀었고, 상규 가족은 마지못해 대면하는 정도였다. 그래서 상규 가족은 조부모의 마음에 거슬리는 언행은 가능하면 절제했다. 마음속에 미움이 솟아도 겉으로는 웃음을 지어야 했다.

상규와 여동생은 집안 어른들의 마음이 진솔해 보이지 않았다. 겉으로 나타내 보이는 얼굴 뒤에 또 다른 얼굴이 숨겨 있는 것이 보였다. 자기네 가족을 차갑게 대하는 할아버지, 할머니 얼굴에도 가면이 씌워 있는 것 같았고, 부모 얼굴에도 가면이 씌워 있는 것 같았다. 물론 믿음이 가지 않는 어른들을 대하는 자신과 여동생의 얼굴에도 가면이 씌워져 있는 것 같았다. 그러나 자신이 가면을 쓰고 살고 있음을 고백하는 이 그림의 주인공은 실제로 어느 누구보다 더 솔직하다.

〈그림 2〉는 초등학교 3학년 남자 어린이 호준이의 그림이다. 밑그림을 제시하고 표정을 넣어 완성하는 그림 과제를 표현한 것이다.

밑그림 왼쪽의 넥타이는 아빠를 연상시키는 자극이기 때문에 어린이가 아빠 이미지를 담아 그린다. 오른쪽 그림의 무늬는 여자 옷에 달린 레이스처럼 보이기도 하고 침을 흘리는 아기 목에 두르는 턱받이 같기도 해서 어린이에 따라 엄마 이미지를 담아 그리기도 하고, 아기가 된 자신의 마음을 투영해서 그리기도 한다. 밑그림을 여자 옷의 레이스 같기도 하고 아기의 턱받이 같기도 한 애매한 자극으로 그려주는 까닭은 자극이 모호할수록 그림을 완성하는 어린의 연상 활동이 좀 더 자유로워지기 때문이다. 아무래도 자극이 선명하면 투사 반응 또한 그

〈그림 2〉

범위가 좁아질 것이니 어린이가 자신의 마음을 투영할 수 있는 범위도
따라서 좁아질 것이다.

　때때로 퇴행적 욕구를 지닌 어린이, 아빠와 경쟁적 욕구를 표현하고
싶은 어린이는 오른쪽 그림을 아기처럼 지각한다. 그런데 〈그림 2〉의
주인공 호준이는 아빠와 엄마를 그려 넣었다. 호준이는 밑그림 위에다
엄마와 아빠의 싸움 뒤의 표정을 그려 넣었다. 아빠는 엄마와 격렬한
다툼 때문에 얼굴이 몹시 상했는데, 오른쪽 눈은 안구가 튀어 나갔고
왼쪽 눈은 멍이 들고 상처가 났다. 그리고 흉하게 변한 남편의 얼굴을
바라보는 엄마 표정은 아주 묘하다. "흥, 고소하다!"는 표정 같기도 하
고, "어휴, 웬수!" 하는 표정 같기도 한, 두 가지 표정이 한 얼굴에 엉
겨 있다. 이를테면 얼굴 뒤의 얼굴을 함께 그려 넣었다고 할 수 있다.

　이 그림에서 우리는 한 얼굴에서도 미묘하게 감춰진 여러 가지 메시지를 민감하게 느끼는 어린이들의 감수성을 엿볼 수 있다. 그러나 우리는 〈그림 2〉를 보면서 정말로 호준이의 부모가 그림처럼 격렬하게 부부 싸움을 하는 양 생각해서는 안 된다. 아빠의 험한 얼굴은 어쩌면 연인처럼 친해지고 싶은 엄마를 아빠가 자주 빼앗아 가니까 그 미움을 엄마를 빌려 표현한 것일 수도 있다. 아빠 얼굴에 그린 수염이 주인공의 이런 미움을 설명해주는데, 수염은 남성으로서 힘을 표현했을 가능성이 높기 때문이다. 한편으로 엄마의 얼굴 표정에 떠오른 미소와 머릿속에 감춰진 적대적 생각도 어쩌면 호준이 자신의 것인지도 모른다.

심리 치료를 받으면서 억누르고 있던 속마음을 자유롭게 공개할 수 있는 국면에 다다른 어린이들은 대체로 〈그림 2〉의 과제를 받으면 험한 표정의 부모를 그린다. 이것은 부모를 향해 그동안 쌓아 두었던 적대적 감정을 배설하는 행동이기도 하고 출구가 없었던 자신의 긴장감을 부모상을 빌려 이완시키는 행동이기도 하다. 아마도 얼굴 뒤의 또 다른 얼굴을 민감하게 관찰한 호준이 역시 여느 다른 어린이들과 똑같은 심정이었을 것이다.

Play Therapy

• ▲ •

강 건너 세상은?

'강'이라고 하면 자연 생태를 존재하게 한 생명의 젖줄로 여겨지기도 하고, 신화나 설화에서는 극복하기 힘든 장애를 나타내거나 사람과 사람 사이를 갈라놓는 이별의 계기로 등장하기도 한다. 심리 치료에서 '강'은 그 자체로 경계를 형성하여 자신이 서 있는 곳과 바라보는 곳에 대한 표상을 가능하게 한다. 이번에 소개하는 사례들은 어린이들이 강 건너편에 대한 표상을 통해 자신의 심리를 풀어 가는 과정이다.

〈그림 1〉은 '그림 과제 1'에 대한 그림이다. 즉 어떤 어린이가 강 줄기를 중심으로 하여 화면 위쪽에 서 있으면서 강 줄기 아래 편에서 벌어지고 있는 어떤 장면을 상상하여 그린 것이다. 그리고 이 그림 과제에서 등장 인물은 인체 앞쪽으로 나타난다. 〈그림 2〉는 '그림 과제 2'에 대한 그림이다. 즉 어떤 어린이가 강 줄기를 중심으로 하여 화면 아래에 있으면서 강 줄기 위쪽에서 벌어지고 있는 어떤 장면을 상상하여 그린 것이다. 그리고 이 그림 과제에서 등장 인물은 인체 뒤쪽으로 나

〈그림 1〉

〈그림 2〉

타난다.

　보는 바와 같이 그림 과제 정면의 인물은 남녀의 성별이 모호하고 또 얼굴엔 코만 그려져 있을 뿐 다른 감각 기관은 생략되어 있다. 이렇게 그림 과제에서 남녀의 성별이 모호하거나 감각 기관이 생략된 인물화를 제시하는 이유는 그림을 그리는 주인공이 그림 속의 인물과 자기를 동일시하기 쉽게 하려는 의도 때문이다. 만일 그림 속 인물이 남자로 그려져 있다면, 그림을 그리는 인물이 여자일 때는 아마도 그림 속의 인물과 자기를 동일시하기 어려울 것이다. 그리고 만일 그림 속 인물과 동일시하기 어려운 그림 자극을 제시한다면, 그림을 그리는 주인공이 자기의 무의식 세계를 화지(畵紙)에 표현하는 것 또한 기대하기 어려울 것이다. 또한 그림 속 인물에 눈과 입 같은 감각 기관을 그려넣음으로써 얼굴에 표정이 담기게 된다면, 그림을 그리는 주인공은 자신의 감정을 있는 그대로 표현하는 데 속박을 느낄 것이다. 만일 그림 과제에서 인물이 웃는 얼굴이라면 그림을 그리려는 주인공의 분노는 아마도 표현되기 어려울 것이다.

이와 같은 이유로 그림 과제 속 인물은 눈과 입 등의 감각 기관을 생략하여 제시하는 것이 바람직하다. 눈과 눈썹, 입 등은 코보다 한결 더 많이 표정과 감정이 노출되기 때문이다.

그림 과제 속에는 강이 흐르고 있다. 일반적으로 우리는 강을 대하면서 여러 가지를 연상한다. 생명의 창조와 생장(生長)에 필요한 기본적 요소를 연상할 수도 있고, 풍요로운 경작을 연상할 수도 있으며, 이별을 연상할 수도 있고, 이쪽 세상과 저쪽 세상의 경계를 연상할 수도 있으며, 마음속에 묻어둔 과거나 미래의 희망 등 시간의 흐름을 연상할 수도 있고, 육신과 영혼의 정화를 연상할 수도 있다. 그림을 그리는 주인공 역시 강을 통해 이런 주제들을 연상하고는 자신의 은밀한 마음을 표현하게 된다.

화지를 가로질러 흘러가는 강은 위 아래 두 공간을 전혀 다른 속성의 세계로 갈라놓는다. 시간적 차원에서 볼 때 위쪽이 미래 세계라면 아래쪽은 과거 세계다. 의식의 영역에서 볼 때 위쪽이 의식의 세계라면 아래쪽은 무의식의 세계다. 가족 체계의 측면에서 볼 때 위쪽이 자식이라면 아래쪽이 부모다. 심리적 에너지의 향방(向方)을 따질 때 위쪽이 외향적이라면 아래쪽은 내향적이다. 위쪽이 희망과 추진력이라면 아래쪽은 좌절과 은둔일 것이다.

따라서 두 그림 과제 속의 인물은 강이 표상하는 시간의 흐름과 어울린 상태로, 강이 나누어놓은 서로 다른 지점의 시간과 공간에 서 있는 자신을 바라보면서 주변 이야기를 전달할 수 있다. 즉 과제의 인물이 위에서 강 아래쪽을 내려다볼 때에는 과거의 무의식적 좌절감이 좀 더 잘 연상될 것이고, 아래에서 강 위쪽을 올려다볼 때에는 미래의 현실적인 소망이 좀 더 잘 연상될 것이다.

〈그림 3〉은 어깨를 격하게 움직이는 틱 장애 때문에 고생했던 초등학교 6학년 진서의 그림이다.

어린이가 내려다보고 있는 강 아래쪽에는 숏다리 선생님이 무서운 얼굴로 자기를 협박하고 있다. 선생님의 부릅뜬 눈, 굳세고 딱딱하게 느껴지는 턱, 맹수처럼 입을 크게 벌리며 드러낸 치아 등이 제법 공포 분위기를 자아내고 있다. 더구나 양손에 날카롭게 날이 선 도끼와 톱을 쥐고 있어 분위기가 더욱 위협적으로 느껴진다.

그림에서 위협하고 있는 선생님은 물론 치료자를 나타낸 것이다. 실제로 치료자가 어린이를 협박했을 리 없건만 진서는 선생님을 곱게 여기지 않고 있다. '숏다리'라고 이름 붙인 것을 보면 아마도 그림의 주인공은 선생님을 몹시 경멸하고 싶은가 보다. 그러나 실제로 진서가 마음에 지닌 분노의 대상은 선생님이 아닌 엄마다. 왜냐하면 진서가

〈그림 3〉

어렸을 때 질긴 울음을 그치게 하려고 엄마가 과일 깎는 칼로 위협적인 분위기를 연출한 적이 있었기 때문이다. 아마도 진서는 그때의 충격을 오래도록 지울 수가 없었나 보다.

그렇다면 진서는 왜 엄마 대신 선생님을 빌려 자신의 분노를 걸러냈을까? 치료자를 깊이 신뢰하는 심리 치료 장면에서는 어린이가 그동안의 괴로움을 걸러내기 위해서라면 어떤 마음이라도 자유롭게 노출할 수 있다. 설령 대단히 비난받을 것 같아서 깊숙이 감춰 뒀던 마음이라도 죄책감을 전혀 남기지 않고 깨끗하게 지울 수 있다. 그렇게 하려면 현실적 표현이 어려워 억압했던 갈등을 마음 놓고 전이시킬 다른 대상이 필요하다. 과도한 충격에 얽매였던 진서는 엄마를 향한 적대감

<그림 4>

을 풀려고 전이 대상으로 치료자를 선택한 것이다. 그러므로 치료 기
간 중 치료자에게 내보이는 자유로운 미움의 감정은 곧 엄마를 향한
미움의 속박으로부터 어린이가 해방되는 길이다.

〈그림 4〉는 형 노릇이 힘겹고 또래에게 난폭했던 초등학교 1학년 주
연이의 그림이다. 어린이가 서 있는 강 아래쪽은 어둠이 짙게 깔린 한
밤중이고, 주변에 가시나무들이 즐비하게 서 있다. 그리고 어린이가
바라보는 강 위쪽엔 대형 크리스마스 트리와 그것을 아주 행복한 마음
으로 바라보는 어린 토끼가 있다. 크리스마스 트리에는 토끼가 원하는
선물이 매달려 있고 사방 멀리까지 환하게 비추는 커다란 촛불들도 매

달려 있다.

주연이는 강을 사이에 두고 자신의 현실과 이상향을 퍽 대조적으로 표현하고 있다. 현실의 아픔이 얼마나 크기에 짙은 어둠과 가시나무 사이에 자신이 서 있으며, 그 아픔에서 벗어나고 싶은 희망이 얼마나 강하며 또 얼마나 많은 사랑을 소유하고 싶기에, 빛과 선물로 가득 채워진 트리 앞에 서 있을까 하는 생각이 든다. 한편 형 노릇에서 벗어나 아기 짓을 하고픈 마음이 얼마나 크기에 물활론적 사고(物活論的 思考, animism)로 의인화한 어린 토끼를 그렸을까 하는 애처로움도 느껴진다.

어린이들이 자기 희망이나 자신의 이미지를 표상하는 대상으로 많이 등장시키는 것으로 동물이 있다. 그리고 대체로 그 표상을 동물의 특징과 관련 짓는 경우가 많다. 예를 들어 똑같은 권위를 표상하더라도 이상적인 권위를 나타낼 때는 용을, 현실적인 권위를 나타낼 때는 사자를, 자유로운 권위를 나타낼 때는 독수리를 등장시키고, 그밖에 재롱을 나타낼 때는 원숭이를, 교활함을 나타낼 때는 여우를 등장시키는 것 등이다. 아기처럼 사랑과 보호를 받고 싶을 때에는 많은 경우 어린 토끼나 강아지로 표상한다. 아마도 토끼나 강아지가 어린이들의 애완 동물로 인기가 많기 때문인 것도 같고, 우리에게 전승된 언어 문화 가운데 자식을 표현하는 말 습관으로 "어이구, 우리 토깽이" 또는 "아이고 우리 강생이(강아지)"가 자주 사용되는 것도 이유가 될 것이다. 주연이 역시 자기 나이를 뒤로 돌림으로써 형이라는 무거운 짐을 벗어던지고 싶었던 것 같다.

사랑을 갈망하는 버드나무

어린이가 체구도 작고 살아온 세월이 짧다고 해서 삶의 괴로움도 작으리라고 생각하는 것은 옳지 않다. 어린이의 마음도 어른과 똑같이 쾌락과 고통에 물들어 있으며 희망과 좌절에 따라 물결을 일으킨다. 절망의 그림자가 너무 짙으면 죽고 싶다고 느끼고 안락의 농도가 짙을 때는 그것을 놓치지 않으려고 애쓴다. 어른과 전혀 다를 바 없이 어깨에 짊어진 희로애락의 무게에 따라 걸음걸이의 무게도 달라진다. 이번에 소개하는 사례는 이상과 현실의 괴리감 때문에 아픔에 힘겨워했던 어린이들의 하소연이 담긴 것들이다.

〈그림 1〉의 주인공은 유아기 후기의 외동 여자 어린이 태희다. 아빠는 알코올 중독자로 가계에 무관심했고 엄마는 살림과 자녀 양육에 관심이 없어 가출한 상태였다. 아빠도 엄마도 거두지 않아 외롭게 내던져진 태희를 보다 못한 고모가 데려다가 돌보는 신세였다. 그러나 안타깝게도 고모네 역시 고모부가 생활 능력이 없어 고모가 생활비를 벌

〈그림 1〉

어야 하는 아주 열악한 환경이었다. 고모는 태희에게 따뜻했지만 하루
일과가 너무 바빠 조카와 얼굴을 마주하는 시간이 거의 없었다. 태희
는 계속해서 적절한 자극을 받지 못해 성장과 발달이 위축되고 마음은
쓸쓸하고 아프게 얼룩져 있었다.

〈그림 1〉에는 집이 두 채 그려져 있다. 하나는 작은 집이고 하나는
큰 집이다. 그리고 두 집을 연결하는 구름다리 통로를 진하게 색칠해
강조해서 그려놓았다. 작은 집은 몸집이 왜소하고 대문도 창문도 없
다. 그래서 마치 집 안이 텅 비어 있고 인적이 오래도록 끊긴 낡고 초
라한 집처럼 보인다. 그에 비해 큰 집은 몸집도 크고 두 개의 손잡이를
강조하여 두 층으로 나누어 그린 대문 역시 크게 보이는 데 반해 창문
은 아주 작게 그렸다. 그래서 마치 밖에 있는 사람들이 안을 잘 들여다
보지 못하도록 많을 재물을 쟁여놓고 비밀스럽게 사는 큰 대문의 부잣

집처럼 보인다. 그리고 그 부잣집에는 사람도 살고 있다. 그런데 큰 집에 그려놓은 인물들의 사연이 곧바로 우리의 관심을 끈다. 한 아기는 엄마 품에 안겨 있지만 또 다른 아기는 미움을 받아 바닥에 내쳐진 채 눈물을 흘리고 있으며, 그 눈물의 양도 결코 적어 보이지 않기 때문이다.

크기도 하고 작기도 한 두 채의 집 그림을 통해, 그리고 안겨 있기도 하고 내쳐지기도 한 두 아기를 통해 우리는 태희 자신의 상반된 두 가지 자기상, 즉 (자신이) 꿈꾸는 자기 모습과 현실의 자기 모습을 이해할 수 있다. 그동안 비록 짧은 생애였지만 가까워지기 어려운 두 모습 사이에서 태희가 얼마나 많은 괴로움과 씨름했을지 가늠되어 애처롭고 안타깝기 이를 데 없다.

태희에게는 인적도 없고 초라하게 느껴지는 변두리의 작은 집이 지금 있는 그대로의 자기 집이며 자기 모습이다. 엄마도 없고 아빠도 없고 온기도 없고 살림살이도 거의 없이 텅 빈 자기네 집, 변변한 기억이라고 할 만한 것도 거의 없이 허전하고 휑한 자기 마음 내부의 모습이다. 어디 그뿐이랴. 버림받아 슬피 우는 아기 모습도 지금의 자기 모습이며, 허허벌판에서 홀로 살아남아야 하는 무거운 숙제 앞에 무력하게 마주 선 자기 모습이다. 얼마나 슬프고 고달팠으면, 얼마나 마음이 옹색했으면 큰 집을 그려서라도 그 허전한 마음을 달랬을까. 태희는 아마 처마도 높고 담도 두껍고 창고 속에 땔감과 먹을 것이 가득 쌓인 큰 대문의 부잣집에서 하루 종일 엄마 품에 안겨 아기처럼 응석도 부리고 안락하게 살고 싶었을 것이다. 자신의 허전한 마음이 엄마의 따뜻한 사랑으로 가득 채워지길 바라면서.

태희는 자기의 이상향인 큰 집에 엄마와 아기만을 그렸다. 이것은 아빠의 존재가 너무 미미해서 아예 아빠의 이미지가 자기 마음에 생겨 나지 않았음을, 엄마의 사랑에 대한 갈증에 압도되어 아빠를 지각할 마음의 공간이 없음을 의미한다. 또한 아빠에 대한 인식이 나빠서 아 빠를 가족에서 무의식적으로 제외시킨 것을 의미하기도 한다.

태희는 자기를 실제 나이보다 어린 아기로 표현했다. 이것은 자기가 영원히 자라지 않는 응석받이였으면 좋겠다는 뜻이다. 응석받이여야 만 엄마의 따뜻한 품에 영원히 머무를 수 있기 때문이다.

우리는 나이 어린 주인공이 결코 말로 전달할 수 없는 자신의 많은 아픔을 이렇게 세세한 그림으로 전달할 수 있음에 주목해야 한다. 그 리고 이상향으로서 엄마 품에 안긴 자기와 홀로 내던져진 현실의 자기 사이에서 느낄 깊은 외로움을 충분히 이해하고 다독여야 한다.

〈그림 2〉의 주인공은 초등학교 2학년 여자 어린이 비아다. 넉넉한 가정에서 부러울 것이 없이 살았는데, 어느 날 갑자기 교통 사고로 아 빠를 잃었다. 엄마는 여기저기 아픈 곳이 많은 데다 남편을 잃은 상실 감이 너무 커서 똘똘하고 재주 많은 주인공을 제대로 돌보기가 힘들었 다. 예고 없이 몰아닥친 폭풍우가 행복했던 가정을 휩쓸고 지나간 뒤 삶의 의미를 모조리 상실한 비아는 아무것도 하기 싫었고 아무것도 먹 기 싫었다. 학교에서는 말하는 입을 다물었고 집에서는 먹는 입을 굳 게 다물었다. 어린 비아는 나날이 죽음의 길을 향해 걸음을 옮기는 듯

〈그림 2〉

보였다.

〈그림 2〉는 가느다란 가지가 아래로 축축 늘어진 버드나무다. 버드나무는 흔히 물가에 서 있으면서 저쪽 언덕을 향해 나룻배를 건너는 나그네를 배웅하며 오랜 세월 동안 갖가지 이별의 아픔을 나누는 나무다. 물가란 이곳과 저곳을 나누는 경계선이며 우리는 언제나 그 경계선이 가르는 이곳에서 저곳으로 또는 이승에서 저승으로 향하며 보이지 않는 길은 더듬는 나그네다. 저쪽 언덕은 때때로 앞날의 희망을 의미할 수도 있고 언젠가는 우리가 닿아야 할 저 세상일 수도 있다. 어쨌거나 보이지 않는 길을 떠나는 나그네에게 남 몰래 버들잎으로 눈물을 뿌리면서 이별의 아픔을 삭이는 버드나무다. 그래서 다른 나무와는 달

리 생명의 에너지를 실어 나르는 나뭇가지를 위로 뻗지도 못한 채 가벼운 바람에도 흐느적거린다. 비아가 이런 버드나무를 자기의 표상으로 삼아 그렸다는 것이 그만큼 현실 속의 자기가 많이 지쳐 있다고 하소연하는 것이다.

그러나 비아는 지쳐서 늘어진 버드나무에게 '해피 버드나무'라는 이름을 지어주었다. 죽음과 다름 없는 자기의 삶에서 한 가닥 희망이라도 붙잡고 싶어서였는지도 모르고, 자기가 추구하는 이상적 목표가 행복이라서 그런 이름을 붙여주었는지도 모른다. 축 늘어진 버드나무 이름이 해피 버드나무라서 오히려 보는 사람으로 하여금 안타까움을 더하게 한다.

비아는 해피 버드나무라는 이름 밑에 하트를 그려 넣었다. 아마도 사랑을 빨아 올리면 이 세상에서 가장 즐겁고 행복한 버드나무가 될 수 있다고 생각한 모양이다. 그것은 아마도 아낌 없는 사랑을 갈망하고 있는 자신의 현실과, 사랑을 만끽하는 이상적인 자기 모습을 동시에 알려주려는 비아의 메시지일 것이다. 이런 메시지를 접하면 이상과 현실의 간격에서 방황했을 비아의 모습이 떠올라 너무나 애달파진다.

한편 나무 기둥 중앙에 그려진 하트는 마치 새들이 지치면 날개라도 쉬었다 가라고 파놓은 둥지처럼 여겨진다. 먼 여행길에서 잠시라도 몸을 녹일 그 둥지는 분명 사랑의 둥지일 테니 마냥 편히 깃들 수 있을 것 같다. 어쩌면 비아는 자신의 가슴 한가운데에다 자신의 상처를 달래줄 편안한 공간을 만들고 그곳을 사랑으로 가득 채우고 싶었는지 모른다.

Play Therapy

• ▲ •

해방감 뒤에 숨은 살의

〈그림 1〉은 초등학교 3학년 남자 어린이 기원이 그림이다. 상단 좌
우에 흐릿한 선으로 리본 테이프를 어슷하게 걸친 것으로 미루어보아
빈소에 놓여 있는 어떤 남자의 영정을 표현한 것임에 틀림없다. 그리

〈그림 1〉

고 그 남자의 얼굴 표정은 아주 험하며 이름 옆에는 어세(語勢)가 강조된 욕설이 적혀 있다. 그림 분위기로 추측하건대 아마도 기원이가 어떤 대상에게 느끼는 강렬한 적대감을 표현한 것 같다. 적대감의 대상이 얼마나 미웠으면 자신의 심정을 위로하려고 죽은 사람으로 표현했을까.

어린이들은 섬세해서 감정의 변화와 표정 변화에 민감하고, 그 표현이 아주 솔직하다. 여기 영정의 인물 표정에서도 우리는 적대감의 대상에게 기원이가 느끼는 세세한 감정을 읽을 수 있다. 터럭이 솟아오른 눈썹, 안경 속에 감추어진 눈, 직각으로 떡 벌어진 어깨, 상대를 꿰뚫을 듯한 눈동자, 무섭게 드러낸 치아 등에서 우리는 기원이가 영정 인물의 권위에서 느끼는 두려움에 공감할 수 있다.

일반적으로 감정이 격해지면 여러 가지 신체적 변화가 뒤따라 일어난다. 상황에 따라 동공이 커지기도 하고, 아드레날린 분비가 늘어나기도 하며, 심장 박동이 빨라지기도 하고, 거꾸로 숨이 잠깐 멈추거나 온몸이 경직되기도 한다. 그런 변화 가운데에는 온몸의 터럭이 솟는 경우도 있다. 공포의 강도가 높으면 소름이 돋고 터럭이 솟는다. 몹시 심하게 화가 나도 머리카락이 솟구치고 눈썹이 일그러지면서 눈썹 터럭도 솟는다. 격한 감정일 때 이렇게 터럭이 솟구치는 것은 비단 인간에게 국한된 것이 아니다. 동물들도 긴장이 높아지거나 적을 상대해서 싸울 때에는 터럭이 솟는다. 투견과 투계(鬪鷄)의 싸움 장면을 보면 쉽게 이런 사실을 확인할 수 있다. 아마 기원이도 자신의 두려움과 영정 인물에 대한 격분을 솟아오른 눈썹을 통해 하소연하고 있는지 모른다.

안경과 직각으로 떡 벌어진 어깨는 권위의 상징으로 이해할 수 있다. 우리는 누구라도 근엄하게 안경 쓴 얼굴을 마주 대하면 자신도 모르게 긴장하게 된다. 널찍하게 벌어진 어깨를 봐도 누구나 할 것 없이 어쩐지 마음이 위축될 것이다. 기원이 역시 영정 인물에게 느끼는 이런 감정을 안경과 어깨에 실었을 것이다.

어쩌면 기원이는 영정 인물에게 안경을 씌워줌으로써 권위와 마주설 때 느끼는 자신의 굴욕감 이외에 또 다른 심정을 전달하고 있는지도 모른다. 비록 투명하긴 해도 초상화 인물의 무서운 눈초리를 조금이라도 차단해 자신의 두려움을 감소시키려는 심리적 의도에서 안경을 그려 넣을 수도 있기 때문이다. 동공이 훤히 드러나도록 커진 눈, 치아가 험하게 드러난 표정은 어지간한 노여움이 아니고는 보기 어려운 표정이다. 이런 표정을 통해 우리는 기원이가 영정 인물에게 느끼는 두려움의 정도가 얼마나 큰지 짐작할 수 있다.

화지의 상단 구석 좌우로 흐릿하게 그린 리본 테이프 역시 기원이의 심정을 헤아리는 데 단서를 제공해준다. 아마도 기원이는 영정 인물을 과감하게 죽이기에는 일말의 망설임이 있었던 모양이다. 어쩌면 살해 의도에 양심의 가책이 있었던지 아니면 초상화 인물에 압도된 기원이의 자아 강도가 약해서 그랬을지도 모른다.

기원이는 화지 한쪽에다 욕설을 적어 넣었다. 단순히 초상화를 그리는 것만으로는 자신의 뜻이 제대로 전달되지 못하고, 억압하고 있는 감정 배설이 시원스럽지 않아서였을 것이다. 실제로 자기 내면의 적대적 감정을 있는 그대로 발설하려면 얼마나 많은 용기가 필요할 것인가? 그러나 그림에서는 용기를 발휘하지 않더라도 욕설을 내뱉는 것이 얼마든지 가능하다. 그리고 그 배설의 만족감은 가히 환상적이다. 화지라는 표현의 무대에서는 어떤 종류의 말하기 리허설이라도 자유로울 수 있기 때문이다. 우리는 기원이가 초상화 인물에게 욕설을 내뱉으며 얼마나 흐뭇하게 여겼을지 상상할 수 있다.

그러면 기원이가 이다지도 적대적으로 생각하는 초상화의 인물은 대체 누구란 말인가? 아마도 안경을 쓰고 어깨가 넓은 것으로 보아 아빠일 가능성이 높다. 그러나 실제로 기원이의 아빠는 안경을 쓰지 않았고 용모도 아주 부드럽고 준수하다. 더구나 매우 건강하게 활동 중인 훌륭한 가장이다. 그런데 왜 기원이는 실제와 달리 안경을 쓰고 험한 표정을 지은 아빠의 초상화를 빈소에 놓았을까?

어린이 그림은 곧 어린이 자신의 주관적 지각과 느낌을 표현한 것이다. 그래서 객관적 현실과는 거리가 있게 마련이다. 그런데 우리가 정작 소중히 여겨야 할 점은 바로 객관적 현실과 다른 어린이 자신의 병리적 지각과 느낌이다. 따라서 우리는 훌륭한 가장인 아빠를 적대적인 눈으로 잘못 들여다보고 있는 기원이의 애처로운 노력과, 넓은 어깨로 강조한 아빠의 권위 앞에 무력하게 서 있는 기원이의 굴욕을 읽고 다독여야 하는 것이다.

어째서 기원이는 건실한 아빠를 미워하게 되었을까? 기원이의 가정은 너무도 평범해서 어림 보아 그럴 만한 이유를 찾기 어렵다. 아빠도 엄마도 여동생도 모두 건강한 심성을 지녔고, 상호 협력하며 건강한 자세로 살아가고 있다. 그리고 기원이를 특별히 내치는 가족이 아무도 없다. 그러나 기원이는 오래도록 건강한 가족 안에서 혼자만 아주 외로운 삶을 살았다.

기원이는 엄마와 상호 애착이 아주 긴밀한 아기 때, 엄마의 건강이 좋지 않아 엄마와 헤어져 할머니 밑에서 자랐다. 엄마와 자기가 상호 의존하며 공생적으로 살아가는 관계에 있었는데 엄마를 상실했다는 것은 곧 주인공의 삶의 의미가 참담히 깨졌다는 뜻이기도 하다. 엄마를 상실한 기원이는 살아남기 위해 새롭게 할머니에게 정을 들였다. 하루 이틀, 엄마와 이별한 고통을 삭이고 시간의 흐름에 맞춰 상처를 보듬고 할머니와 정서적 교류를 나눌 즈음 기원이는 다시 엄마와 만났다. 다시 만난 엄마는 이미 정이 떨어져서 남이나 다름 없는 사이였고, 지난한 노력 끝에 친해질 수 있었던 할머니는 마음속 '엄마'였다. 그런데 마음의 '엄마'인 할머니를 또다시 잃게 되었으니 결국 기원이는 두 번의 '엄마 상실'을 경험했던 것이다. 이는 세상에 대한 불신의 싹이 더 크게 자랐다는 이야기도 된다.

남 같은 엄마와 다시 만났을 때 여동생이 태어나 있었다. 기원이에게는 엄마도 아기도 낯선 존재였다. 기원이의 기억 속에서 엄마의 사랑은 꺼져 가는 불빛처럼 희미하다. 그러나 아기에게 향하는 엄마의 눈길과 손길은 아주 색다른 느낌이 드는 것이었다. 그런 느낌이 들 때마다 기원이의 그리움과 사랑은 언제나 점점 더 멀어지기만 하는 혼자만의 짝사랑이었다. 여동생은 날이 갈수록 예뻐지고 재롱이 늘었다. 그리고 부모 사랑을 끌어들이는 여동생의 매력이 점점 커질수록 기원이의 존재는 점점 더 미미해졌다.

아빠는 기원이와 접촉할 시간이 별로 없었다. 왜냐하면 기원이가 태어난 이후 대부분의 시간을 지방에서 근무했기 때문이다. 그래서 기원이의 눈에 비친 아빠는 낯설고 거대한 이방인 같았다. 그런데 그 낯설고 거대한 이방인은 집에 있을 때마다 자신이 친해지고 싶어하는 엄마를 가로채곤 하는 것이었다. 기원이는 멀리 떨어져 있는 엄마에게 가 닿으려고 온갖 애를 다 쓰는데 아빠는 너무 손쉽게 엄마와 친해졌다. 기원이가 느끼기에 아빠는 자신이 소유하고 싶은 것을 가로채 가는 아주 나쁜 사람이었다. 그러니 어찌 죽이고 싶은 마음이 없으랴.

어린이들도 미움이 생기면 그 미움의 대상을 마음에서 지워버리고 싶어한다. 미움이라는 속박에서 벗어나 자유로워지고 싶은 것이다. 이 같은 자유로움을 추구하는 것은 인간의 본성이기 때문에 어린이라고 해서 그 마음이 결코 작지 않다. 그렇다고 기원이가 느끼는 것과 같은 죽이고 싶은 마음을 실행에 옮기겠다는 뜻으로 이해하면 안 된다. 다만 그런 마음을 언어로 충분히 설명할 수 없기 때문에 그림으로나마 진솔하게 하소연하여 주변 사람들의 이해와 위로를 구하는 것으로 이해하면 된다.

〈그림 2〉는 학교에서 싸움이 잦고 동생을 미워하는 초등학교 1학년 남자 어린이 세민이의 그림이다. 커다란 선인장 하나가 사막에 자라고 있는데, 이 선인장은 날카로운 가시가 많아 누구라도 가까이 접근했다가 찔리기라도 하면 몹시 고생한다. 그림 속의 날씨는 갑자기 먹구름이 몰려오고 회오리바람이 분다. 아무것도 모른 채 날아다니던 잠자리

〈그림 2〉

들이 놀라 우왕좌왕하고 그중 한 마리는 회오리바람에 휩쓸려 흔적도 없이 사라졌다. 땅 위로 얼굴을 내밀던 두더지도 놀라 땅 속으로 도로 숨어버렸다. 그래서 두더지는 안전하다. 그런데 그때 마침 모래 바람에 휩쓸려 들어온 잠자리가 두더지 눈에 띄었다. 두더지는 잠자리를 맛있게 먹을 수 있었다.

　세민이는 홀로 서 있는 선인장의 뿌리 부분에 화분 같은 선을 그려넣었다. 그림 속에 친지가 될 만한 선인장을 하나도 안 그렸으니 아마도 자기를 친구 하나 없는 외로운 존재로 생각하나 보다. 그리고 생명의 뿌리를 사막에 내린 것을 보면 아마도 자기가 살고 있는 이 세상을 아주 건조하고 척박하게 느끼는 것 같다. 물이 부족해서 갈증에 시달려야 하고, 뿌리를 보호하기 위해 울타리도 쳐야 하며, 자신을 방어하기 위해 무서운 가시를 내밀어야 하는 절박한 삶이라고 생각하나 보다. 가시 돋친 선인장처럼 세민이는 실제로 주먹이 유난히도 세고 날카로웠다. 자기 주먹의 힘이 강하다는 것을 과장하려고 세민이는 자기 입으로 선인장의 몸집이 커다랗다고 표현했다. 또한 드러나지 않게 몸을 사리고 주변 눈치를 보다가 위험에 직면할 것 같으면 빠르게 숨어버리는 두더지의 생존 전략과 방어 기술처럼 세민이는 실제로 눈치도 빠르고 행동도 날렵했다. 그래서 세민이는 학교에서 '무적의 싸움 대장'이라는 별명을 얻었다.

세민이는 동생이나 또래와 마찰을 일으키는 것 때문에 가끔씩 엄마에게 꾸중을 듣는다. 엄마는 어지간한 경우는 참다가 심하다고 느낄 때는 한꺼번에 몰아서 잘못을 들추어내며 소나기처럼 무섭게 회초리를 든다. 아마도 그래서 그림 속에 갑작스럽게 불어닥치는 회오리바람을 등장시킨 것 같다.

세민이는 동생 친구들을 모아놓고 골목대장 노릇을 곧잘 했다. 자기가 대장 노릇을 하는 데 제일 눈에 거슬리는 부하는 언제나 영리한 동생이었다. 세민이는 눈에 거슬렸던 동생에게 자신의 묵은 감정을 풀고 싶었던 것 같다. 평화롭게 놀고 있는 잠자리 무리에서 한 마리를 골라 모래 바람에 휩쓸리게 만들어놓고 자기 먹이로 삼았으니 말이다. 누군가 없어져버렸으면 속이 시원할 것 같은 평소 마음을 두더지 먹이로 삼아 해결하고 싶은 심정인 사람이 어찌 세민이 하나뿐일까.

나와 타인의 관계

　바닷속, 나무, 도형…… 어린이들은 종종 이러한 그림을 통해 자신과 다른 사람의 관계를 대입해 나타낸다. 심리적 친밀감이나 현실에서 드러내지 못했던 서운함, 평소에 미웠던 감정 등 다채로운 감정들이 표현되는 것이다. 조금씩 그 감정들을 해소하고 발전시키면서 어린이들은 더 나은 인간 관계를 갖게 될 것이다. 여기 소개하는 그림들은 주인공을 둘러싼 인간 관계를 표현한 것들이다. 〈그림 1〉에서는 주인공과 또래의 관계를, 〈그림 2〉에서는 주인공과 엄마 관계를 읽을 수 있다.

　〈그림 1〉은 또래들과 어울리는 기술이 부족해서 놀이 치료를 받던 초등학교 3학년 어린이의 그림이다. 무의식적 감정을 노출하기 쉽도록 바다에 마음대로 풍경을 그려 넣게 하는 그림 과제를 완성한 것이다. 바다를 배경으로 삼아 그림을 그릴 경우, 많은 어린이들은 자신의 무의식 세계를 곧잘 개방한다. 바다란 것이 아득히 먼 태초로부터 머

〈그림 1〉

나먼 미래까지 역사를 담은 비밀의 창고라서 그런지, 시간을 거슬러 올라가 만나는 엄마 뱃속의 양수에서 살던 과거 숨결이 회상되어서인 지, 우주 만물의 생명의 원천이라서 그런지, 마음속처럼 헤아릴 길 없 는 깊이를 지녀서인지, 어쨌든 바다를 소재로 한 그림에는 원초적인 무의식적 감정들이 흥건히 배어 있다.

　그림에서 사인펜으로 그린 것 같은 선들은 미리 제시된 부분이며, 색연필로 그린 것 같은 선들은 어린이가 완성시켜 가며 표현한 부분이 다. 그림 내용은 다음과 같다.

　문어란 녀석이 게가 잡은 먹이를 가로챘다. 게가 화나서 반격하여 문어를 골탕 먹였다. 게에게 반격을 받은 문어는 다시 복수심이 일었 다. 그리하여 먹물 뿜을 준비를 갖추고 게가 빈틈을 보일 때 재빨리 공격을 가하려 한다. 문어의 복수심은 게가 화해를 요청할 때까지 사그라들지 않는다. 곁에 있는 물고기들은 먹물을 뿜어대는 문어의 분노를 두려워하기 시작했다. 게의 먹이를 가로채고 도리어 화를 내고 있는 문어. 그러나 그 문어가 갈매기에게 잡아먹히지 않도록 물 밖으로 고개를 내밀어 주위를 살피는 물고기만은 문어를 두려워하지 않는다.

이 그림 속에 담긴 주인공의 마음을 읽어보자. 주인공은 실제로 문어 이미지와 흡사한 분위기와 외양을 지녔다. 자신의 이미지를 너무 그럴듯하게 문어에 비유한 주인공은 가위손을 내밀고 다니는 게라는 녀석이 마치 깐죽거리고 꼬집기 잘하는 학교의 또래 같았나 보다. 평소의 미웠던 감정이 살아나서 그림 과제를 통해 게에게 한 번 집적거려보는 것이다. 현실에서처럼, 만만치 않은 그림 속의 게도 문어에게 반격을 가했다.

평소에 당당하고 대담하게 또래를 제압하지 못했던 것처럼 그림 속의 문어는 여전히 게의 빈틈을 은밀히 노린다. 문어가 시작한 문제의 발단, 미숙한 해결 과정, 불합리한 복수심 등은 주인공이 또래 관계에서 보이는 미숙함을 그대로 옮겨놓은 상황이다. 만일 그림 속 문어가 엉큼하게도 은밀한 기회를 노려 게를 공격하지 않고 화난 즉시 검은 먹물을 힘차게 내뿜었더라면, 내뿜는 순간의 감정적 배설 덕분에 또래 관계는 한 발 더 진전될 것이다. 그러나 주인공은 아직 거기까지 용기를 낼 만한 힘이 축적되지 않았던 것 같다. 그래도 주변 물고기들이 문어를 두려워한다고 느끼는 것을 보니, 눈에 거슬리는 또래를 제압할 어느 정도의 자신감은 생긴 모양이다. 조만간 또래에게 자신감과 힘을 발휘할 계기를 만들 것처럼 보인다. 그리고 문어와 비록 먼 거리에 있긴 해도, 갈매기에게 먹히지 않도록 망을 보면서 살펴주는 동료도 생겼으니 주인공의 또래 관계에도 희망이 보일 것 같다. 게를 괴롭히기 때문에 갈매기가 문어를 잡아채려 한다는 위협적 상황은 마치 또래에게 집적거리는 것을 감독하고 나무라는 선생님의 위협처럼 느껴진다. 그러나 주인공은 선생님의 위협으로부터 자신을 옹호해줄 동료가 생겼으니 자신의 내적인 힘을 차곡차곡 쌓아 올릴 것이다.

〈그림 2〉는 연상된 내용을 통해 무의식적 감정들을 이해할 수 있게 떠오르는 생각대로 그리는 과제다. 여기에는 새로 맞이한 엄마와 갈등이 있어 우울증 경향이 높았던 남자 중학생의 표현이다.

연속적으로 제시된 하트형의 도형이 과제에 해당되는 부분인데, 제시된 도형을 통해 모성애와 관련된 느낌들 또는 생애 초기의 갈등과 관련된 느낌들이 노출되기 쉽다. 그림 내용을 번호대로 설명하면 다음과 같다.

① 무언가 기분 전환이 가능한 색다른 일이 생겼으면 하고 기대하고 있다.

② 배고프던 차에 마침 사과가 눈에 띄었다.

③ 먹어도 되는지 안 되는지 망설이다가 "에라, 모르겠다. 먹어보자." 하고 먹었다.

④ 입맛을 다시면서 먹지 못하는 사과의 속부분은 아무 데나 버렸

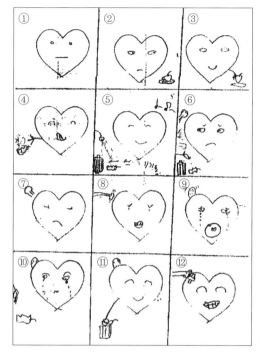

〈그림 2〉

다.

　⑤ 사과 먹은 뒷맛이 기분 좋아 흥얼거리는데, 엄마가 쓰레기통을 디밀었다.

　⑥ 쓰레기를 아무 데나 버리는 버릇 때문에 엄마에게 꾸중을 듣고 기분이 상했다.

　⑦ 생각할수록 기분은 나빠지고 쓰레기통에 버리고 싶은 생각도 점점 달아난다.

　⑧ 오기를 부리던 끝에 결국 엄마에게 얻어맞게 된다.

　⑨ 맞은 자리에 혹이 생기고 속상하고 슬픈 마음은 극에 달한다.

⑩ 사과 속을 집어올리라는 엄마의 지시가 다시 내려진다.

⑪ 결국 엄마 지시를 따르고 상황도 호전되어 기분을 돌린다.

⑫ 어색한 기분이지만, 지시를 따른 대가로 엄마는 상처에 약을 발라준다.

그림에 표현된 주인공의 마음은 다음과 같이 읽어볼 수 있다. 유아 시절에 아빠와 이혼한 친엄마를 대신해서 주인공을 양육해 온 새엄마는, 엄마 없는 공백 기간 동안 생활 습관이 엉망이 된 주인공에게 짐스러울 만큼 빈틈없는 성격이다. 엄마의 완벽주의와 주인공의 흐트러진 생활은 시간이 흐르면서 두 사람 사이를 갈라놓았다. 때와 장소에 알맞게 행동하는 것을 익히지 못한 주인공과 그것을 고쳐보려는 새엄마의 노력과 훈육 방식, 새엄마와 주인공 사이에 오가는 서로의 감정 흐름 등이 아주 잘 표현되어 있다.

외로운 소년의 항해

인간에게 바다는 태초의 꿈과 끝없는 동경을 간직한 대상이다. 모든 생명의 원천인 바다는 그림 속에 표현되어 생생한 인생 여정과 희로애락을 담아내기도 한다. 이번에 소개하는 그림은 부모-형제 간 관계에서 주인공이 겪는 심리적 중압감과 문제점이 '바다'를 배경으로 잘 드러나 있다.

바다를 소재로 그림을 그릴 경우, 어떤 경우에는 노를 저어 앞으로 나아가는 인생의 여정을 표현하기도 하는데, 어린이들이 바다를 무대로 펼쳐놓는 파노라마에는 놀라운 인생살이와 갖가지 희로애락이 빚어지기도 하고, 어른 못지않은 실존적 의문이 제기되기도 하다.

이 그림의 주인공인 승주는 두 살 터울의 남동생을 둔 초등학교 4학년 남자 어린이다. 기분이 자주 변하는 엄마의 기대와 요구가 지나쳐서 그 중압감을 견디다 못해 무력해진 어린이였다. 승주는 인생살이가 너무도 고달프고 짜증이 나서 치료자와 처음 만났을 때는 아무것에도

〈그림 1〉

관심이 없었으며 아무것도 하기 싫은 상태였다. 그래서 머리가 좋은데도 학업 성적이 형편없었고, 제때 알아서 해야 할 일도 거의 신경 쓰지 못했다.

승주는 경제적으로나 사회적으로 비교적 상류 가정에서 자랐지만, 마음이 항상 가난했다. 아빠는 대기업 중견 간부로 근면하고 성실한 가장이어서 승주가 때때로 자랑스러워했다. 동생은 여러 면에서 적응력이 높고 똘똘해서 엄마의 칭찬을 많이 받았는데, 그래서 상대적으로 승주의 열등감은 높아만 갔다. 엄마는 공학 계열의 남녀 공학에서 두각을 나타냈다. 그래서 미래에 큰 꿈을 품고 공부를 더하고 싶었지만 현실이 받쳐주지 못해 포기해야 했다. 엄마는 좀 더 높은 이상을 실현하고 사회적으로 성공해 각광받고 싶었던 욕구가 좌절당한 뒤로 현실을 지각하는 능력이 흐려졌다. 엄마는 자녀를 양육하는 일보다 대학

강단에 서서 제자를 가르치는 자신만이 가치가 있을 뿐이었다.

엄마는 결혼하고 나서 자녀를 낳기 전에 남편의 도움을 얻어 공부를 계속하고 싶었다. 그러나 결혼 생활은 엄마의 모든 꿈을 무너뜨렸다. 자신의 학업보다 먼저 시댁을 돌보고 집도 장만해야 했다. 생각처럼 공부할 만한 경제적 여력도 생기지 않았고, 오히려 돈 때문에 점점 더 마음은 초조해지고 삶에 허덕이는 것 같아 짜증만 늘어 갔다.

엄마는 항상 책을 읽으면서 달아오르는 자신의 학구열을 식히곤 했다. 그리고 두 아들에게도 자기처럼 늘 공부할 것을 종용했다. 마치 자신이 이루지 못한 꿈을 두 아들이 이루어주기를 기대하는 것 같았다. 그러나 승주는 학업에는 별 관심이 없었다. 한창 놀고 싶을 때 놀지 못했던 승주는 학업보다는 노는 데 더 열중했다. 그러니 엄마는 기대에 못 미치는 아들의 학업 성적에 실망할 수밖에 없었다. 엄마는 성적이 형편없는 아들을 보면서 자존심이 무너져 내렸고, 이 때문에 모자 관계는 점점 나빠졌으며, 결국 엄마 기분은 들쑥날쑥 종잡을 수 없게 되고 말았다. 이런 엄마 앞에서 승주는 그저 주변을 맴도는 회오리바람 앞에서처럼 무력하기만 했다.

이 그림은 제목이 '항해'다. 가족끼리 풍랑을 만나 오랫동안 표류하다가 멀리서 비치는 등대 불빛을 발견했다. 피곤에 지쳤지만 등대 불빛을 따라 섬에 오를 희망을 안고 그곳을 향해 앞으로 나아가고 있다. 배 안에 있는 아빠는 갈매기들의 마중을 받으면서 조금이라도 더 빨리 섬에 다다르기 위해 혼신의 힘을 기울여 노를 젓고 있다. 엄마는 단지 책을 읽고 있을 뿐이다.

큰아들의 낚싯대에는 오징어 세 마리가 꿰어 있다. 큰아들이 차지하고 있는 영역 밖에서는 무서운 상어가 위협하고 있지만 특수한 망을 쳐서 방비했기 때문에 안전하게 낚시를 즐길 수 있다. 배 안에서 엄마 곁에 앉아 있는 작은아들은 커다란 그물을 쳐놓고 낚시를 즐긴다. 작은아들의 그물 속에는 많은 물고기가 잡혀 있다. 배 안의 또 다른 한 사람은 낚아 올린 물고기로 요리하는 조리사다.

배는 곧 섬에 도착할 것이기 때문에 이제 구조를 요청하는 SOS 깃발은 필요하지 않다. 깃대가 부러졌어도 상관 없다. 멀리 지나가는 다른 배가 구조대를 요청해놓았을 것이기 때문에 일단 섬에 올라 기다리면 아마도 헬리콥터가 와서 집까지 데려다줄 것이다.

이 그림에는 승주는 물론 가족의 삶의 방식이 아주 잘 표현되어 있다. 비교적 넉넉한 생활을 누리고 있는데도 승주는 항상 돈 문제로 걱정하는 엄마 푸념 때문인지 가족의 삶이 마치 바다에서 표류하는 것 같은 위기감을 느끼는 것 같다. 그래도 등대 불빛을 따라 섬에 이르고 곧 헬리콥터로 구조될 것을 기대하는 것으로 보아 승주에게는 아마 희망과 안도감이 있는 것 같다. 그 밝은 전망은 물론 승주가 늘 자랑스러워하는 아빠의 근면성과 성실함이 있기 때문일 것이다. 승주는 풍랑의 위기를 극복하여 육지에 닿기 위해 부지런히 노를 젓는 그림 속의 아빠처럼 성실한 현실의 아빠에게 믿음이 강하다.

학문적 성취에 대한 욕구가 컸으나 현실 때문에 좌절한 승주의 엄마는 그림 속에서도 여전히 향학열을 불태운다. 삶과 죽음의 기로에서도 여전히 책을 들여다보고 있다. 그래서 아빠가 가족을 위해 짊어진 가장의 책임이 더 무겁고 애처로워 보인다. 엄마에 비하면 그래도 두 아들은 비록 놀이 삼아 낚시를 하지만, 그 일은 결국 아빠와 함께 생존에 필요한 일을 돕는 것이다.

승주는 엄마 곁에 있는 동생과 달리 가족으로부터 뚝 떨어져 나와 있다. 아마도 자신을 엄마가 받아들이지 않고 있다는 느낌을, 그리고 자신은 가족끼리의 결속에서 벗어난 국외자라는 느낌을 표현한 것 같다. 그래도 승주는 혈연의 끈을 매어놓음으로써 자신이 가족의 한 사람임을 은근히 알리고 있다. 마치 자궁에 있을 때 탯줄로 엄마와 자신이 생명을 공유했던 것처럼 엄마에게 자신을 소중히 여겨 달라고 하소연하는 것 같다. 그 끈을 통해 승주는 비상시에 가족이라는 울타리 안으로 얼른 들어갈 태세다.

승주는 배에 닿는 끈에 이어진 산소통을 메고 상어의 위협을 받지 않아도 되는 안전 영역에서 낚시하고 있다. 상어처럼 무서운 위협이 존재하는 세상에 비한다면 엄마의 자궁은 특별하고도 튼튼하게 방비된 안전 영역이다. 승주는 마치 탯줄을 통해 산소를 공급받고 숨 쉬며 자궁에서 헤엄치던 시절은 행복했다고 속삭이는 것 같다. 동시에 지금의 삶은 숨쉬기 답답하니까 산소 마스크를 쓰고 숨 쉬듯 신선한 바람을 흠뻑 마시면 좋겠다는 듯 느껴지기도 한다.

승주는 지금은 가족과 멀리 떨어진 국외자로 존재하지만, 자신이 홀로 살아가는 데 필요한 생존 전략과 방어 태세는 든든히 갖춰놓았다. 배에 연결된 끈, 등에 멘 산소통, 상어의 침입을 막는 특수한 그물 등은 엄마의 압력을 비롯한 어떤 외부 위협으로부터도 자신을 넉넉히 보호하고도 남음이 있을 것 같다.

승주는 가정을 이끄는 아빠를 모방하고 돕는 남성으로서 역할 학습과 현실적 감각이 어쩐지 동생보다 떨어져 보인다. 동생은 물고기를 많이 잡을 수 있도록 배에서 커다란 그물을 내리고 있지만 승주는 겨우 짧은 낚싯대로 낚시를 하고 있기 때문이다. 동생은 물고기를 많이 잡았다. 그러나 승주는 겨우 오징어 세 마리를 잡았을 뿐이다. 물고기 포획량을 비교해보더라도 승주는 동생에 비해 부모의 애정이나 물질에 대한 충족감이 매우 낮다고 생각하는 것 같다.

승주는 가족 이외에 자신을 구원해줄 가공의 인물을 설정했다. 부지런히 손을 놀리는 조리사가 바로 그런 인물이다. 조리사는 음식을 맛나게 제공하는 사람이며, 어린이에게 맛있는 음식이란 곧 따뜻한 부모의 사랑을 상징한다. 아마도 승주는 엄마를 통해 이룰 수 없는 자기의 원초적 희망을, 국외자 같은 외로움에서 벗어나고 싶은 간절한 희망을, 동생과 비교했을 때 느끼는 상대적인 결핍감과 허전함을 넉넉히 보상해줄 어떤 인물을 원하고 있는 것 같다. 아마도 그 인물은 치료자를 표상한 것일지 모른다.

대부분의 부모들은 형제를 기르면서 알게 모르게 많은 실수를 한다. 형은 나이보다 어른스럽게 바라보고, 동생은 자기 나이보다 어리게 어리광을 부려도 관용적이다. 실제로 형이나 아우나 철들어 가는 데는 도토리 키 재기만큼 거의 차이가 없는 어린아이건만 부모의 관념으로는 형제에게 부과하는 기대와 관용의 차이가 매우 크다. 이런 왜곡된 시각 때문에 많은 가정에서 형제의 위계 질서가 올바로 서지 않게 된다. 그런데 만일 형의 위상이 바로 서지 못하면 동생의 발달도 그릇되기 쉽다. 그러므로 형제 모두를 건강하게 키우려면 형의 위상을 바로 세워주는 것이 매우 중요하다.

형제 가운데 외로움이 큰 쪽은 형이다. 형에게는 자기 마음을 의지할 형이 없지만, 동생에게는 자기 마음을 의지할 형이 있기 때문이다. 형은 모방할 형이 없어 시행착오가 많지만 동생은 형을 통해 배우는 것이 많다. 이런 이유로 동생은 부모에게 유리한 입장에서 자신을 알릴 수 있다.

부모가 큰아들을 생활 연령 그대로 어린이로 바라보고 의존할 모델이 없는 큰아들의 외로움과 시행착오를 너그럽게 이해하면, 아마도 형으로 태어났기 때문에 겪는 마음의 괴로움은 쉽게 극복할 수 있을 것이다. 승주도 부모가 이렇게 자기를 이해해주기를 바랐을 것이다. 그러한 승주의 간절한 마음이 그림 속에 세세히 표현되어 있음을 알 수 있다.

Play Therapy

• ▲ •

행복한 원숭이

어린이들의 그림을 보면 엄마와 아빠 사이에 자신을 그려 넣는 경우를 많이 볼 수 있다. 자기가 엄마와 아빠의 사랑을 이어주는 존재라는 것을 자각해서 그렇게 그리는 경우도 있고, 아빠와 엄마의 모든 관심을 자기에게 집중시키려는 자기 중심적이고 자기애적인 표현인 경우도 있으며, 같은 성별의 부모에게 빼앗긴다고 느끼는 반대 성별 부모를 자기가 차지하고 싶은 어린이다운 연정과 경쟁 의식 때문에 자기가 가운데 끼여듦으로써 아빠와 엄마를 떼어놓는 무의식적 시도로 그렇게 그리는 경우도 있다. 어쨌든 그림 속에서나마 엄마와 아빠 사이에 자기가 있음으로써 어린이들은 무한한 행복감에 젖을 수 있다.

〈그림 1〉은 유치원에 다니는 남자 어린이의 그림이다. 바나나 나무와 사과나무를 연결한 나무 막대 위에서 원숭이가 재주를 부리고 있다. 바나나 나무 위에 해님이 미소 띤 얼굴을 내밀고 있고, 재주 부리는 원숭이 위에는 무지개가 떠올라 있다. 그리고 두 그루의 나무에는

<그림 1>

원숭이 이외에 또 다른 생물이 등장하고 있다. 바나나 나무 기둥에는 개미 한 마리가 기어오르고 있고, 사과나무 기둥에서는 딱따구리가 둥지를 틀려고 나무를 쪼고 있으며, 사과나무 꼭대기에는 새 한 마리가 앉아 쉬고 있다. 또 사과나무 아래쪽에는 다람쥐들이 들락날락하는 다람쥐 집도 있다.

　우리는 〈그림 1〉에서 주인공이 우리에게 전해주는 많은 이야기를 읽을 수 있다. 우선 주인공 자신의 건강한 자아, 외부 세계에 대한 섬세한 지각, 우수한 지능, 따스한 인정, 거침없는 행동, 풍요로운 정서 등을 느낄 수 있다. 또 바나나 나무를 빌려 표현한 아빠의 면모, 사과나무를 빌려 표현한 엄마의 면모, 원숭이를 빌려 표현한 자신의 면모를 보며, 우리는 이 가정의 분위기가 아주 흐뭇하고 정겹다는 것도 느낄 수 있다. 그리고 재주 부리는 원숭이, 나무를 기어오르는 개미, 나무를 쪼는 딱따구리에서도 생동감이 넘치는 주인공의 활력을 읽을 수 있다.

이 그림은 주로 상징을 빌려 자신의 지각과 느낌을 표현한 것이다. 그런데 그 상징들이 아주 재미있게 짝을 이루고 있다. 무지개-원숭이, 바나나 나무-개미-해님이 재미있게 짝지어 있으며, 사과나무-둥지 트는 딱따구리-꼭대기에서 쉬고 있는 새-기둥 밑에 있는 다람쥐 집이 아주 재미있게 짝을 이루고 있다.

주인공은 아빠와 엄마의 희망이다. 밝은 미래이며 무지개 빛 꿈이다. 아빠와 엄마의 사랑을 단단히 묶어주고 이 세상 무엇과도 바꿀 수 없는 즐거움을 새록새록 안겨주는 존재다. 마치 이 나무 저 나무를 옮겨 다니며 능숙하게 재롱 부려 어린이들에게 밝은 웃음을 주는 원숭이처럼 사랑스러운 존재다.

무지개에는 우리가 눈으로 볼 수 있는 이 세상의 모든 아름다운 색이 다 어우러져 있다. 무지개에 아롱진 갖가지 색은 우리가 가슴속에 품고 있는 온갖 꿈과 희망과도 같다. 비구름이 걷힌 맑은 하늘에 마치 땅과 하늘을 이어주듯 둥글게 떠 있으면 그 위에 가볍게 올라서 금방 하늘에 닿을 것 같다. 마치 어두운 차안(此岸)에서 환한 피안(彼岸)으로 건너가는 다리 같은 희망의 건널목이다. 주인공은 원숭이 머리 위에 무지개를 짝지어놓고 자신이 아빠와 엄마의 재롱둥이며 미래의 희망이라는 것을 잘 안다고 암시한다.

어린이들은 곧잘 나무에다 인간의 심성을 투사한다. 자신들처럼 하늘을 향해 성장하는 생명체며, 위로 팔을 뻗치는 운동 능력이 있고, 희로애락을 표현하는 감성이 있고, 엄마의 젖줄에서 수분과 영양분을 섭취하듯 대지에서 수분과 영양분을 빨아올리기 때문인 것 같다. 여기서 주인공도 바나나 나무를 통해서는 아빠의 성품을, 사과나무를 통해서는 엄마의 성품을 전달하고 있다.

바나나는 남성을 대변하는 대표적 상징 가운데 하나이며, 사과는 여성의 대표적 상징들 가운데 하나다. 우리네 엄마들이 전통적으로 태몽을 해석할 때 바나나를 얻으면 아들을 낳을 것이라고 기대하고 사과를 얻으면 딸을 낳을 것이라고 기대하는 것으로 미루어볼 때, 가히 바나나와 사과는 남녀의 대표적 상징이라 할 만하다.

그런데 주인공은 아빠 나무에 바나나 열매를 세 개 그려 넣었고 엄마 나무에 사과를 세 개 그려 넣었다. 우리 민족은 숫자 3에 애정이 깊다. 우리 민족이 숫자 3에 애정을 기울이는 예는 흔히 발견할 수 있다. 어떤 모임이 발전하기를 기대하면서 만세를 세 번 부르는 것, 게임의 우승을 바라면서 서로 고무할 때 '하나 둘 셋' 하고 손뼉을 마주치며 결의를 다지는 것, 시상식에서 보통 세 명까지 상을 주는 것, 세 번의 기회로 승부를 가리는 것, 삼칠일이 지나면 새로 태어난 아기를 볼 수 있게 허용하는 것 등이 숫자 3에 대한 애정과 관련이 있다. 이런 예에서 보듯 숫자 3은 일반적으로 완전, 완성, 안정, 통일, 일체감 등을 상징한다. 아마 주인공도 여느 한국인과 마찬가지로 숫자 3에 각별한 애정을 느끼나 보다. 그래서 아빠와 엄마 나무에 열매를 세 개씩 그려 넣었나 보다. 이렇게 열매를 세 개 그린 것은 그만큼 주인공에겐 아빠와 엄마가 이 세상에서 최고이기 때문일 것이다.

해는 우리 생명의 원천에 속한다. 우리는 생존에 필요한 빛과 에너지와 영양분을 해에게서 얻는다. 해의 움직임에 따라 인류는 농사를 지을 수 있었다. 그 때문에 인류는 해를 숭배하고 존귀하게 여겼다. 그 존귀함 때문에 인류는 흔히 남자를 해로 비유했고, 한 가정의 가장을 또한 해로 비유했다. 여기 주인공 역시 바나나 나무와 해를 밀착시킴으로써 아빠를 태양 같은 존재로 강조했다.

개미는 쉴 새 없이 부지런히 일하는 생물이다. 뙤약볕에서도 쉬지 않고 바람이 거칠게 불어도 쉬지 않고 일한다. 그리고 너, 나 없이 합심하여 일하고 저축한다. 주인공은 가족을 위해 열심히 살아가는 아빠의 성실함과 근면성을 개미와 짝지어 표현하고 있다. 아마도 주인공은 아빠의 이런 덕성을 본받아 장차 훌륭한 아빠 노릇을 해낼 것이다.

사과나무에서는 자애로운 엄마 모습을 떠올릴 수 있다. 날개를 접고 휴식을 취하도록 새에게 앉을 자리를 마련해주는 것도 그렇고, 몸이 아프도록 쪼아대는 딱따구리에게 둥지를 틀도록 허용해주는 너그러움도 그렇고, 바깥의 위협을 피해 들락날락거릴 수 있게 다람쥐에게 안전한 보금자리를 제공해주는 희생 정신도 그렇다.

우리에게 엄마는 마음의 고향이며 안식처다. 엄마의 사랑은 대지의 사랑처럼 끝이 없다. 삶이 고달플 때는 언제라도 안심하고 찾을 수 있는 집이 엄마다. 아마도 주인공은 피로할 때마다 새가 날개를 접듯 엄마 품에서 안식을 취할 것이며, 딱따구리가 나무를 쪼아대듯 엄마에게 응석을 부릴 것이다. 그리고 쑥스러운 장면에서는 다람쥐가 제 집 들락거리듯 엄마의 치마폭에 들락날락 숨어들 수 있을 것이다.

〈그림 2〉

〈그림 2〉도 역시 유치원 남자 어린이 그림이다. 이 그림에서는 아빠와 엄마 가운데에 주인공이 끼어들었다. 마치 아빠 자리에서 아빠를 밀어내고 자기가 대신 그 자리에 서서 승리의 노래를 부를 것처럼 보인다. 아마도 아빠를 엄마에게서 멀리 떼어놓고 엄마의 사랑을 주인공 혼자 독차지하려고 마음속으로 아빠와 힘 대결을 했나 보다.

주인공은 아빠와 자기를 비슷하게 그렸다. 이것은 발달적으로 주인공이 아빠를 통해 남성 역할을 배워 가고 있다는 뜻이다. 심층적으로는 아빠에게 쏠려 있는 엄마의 관심을 자신에게로 돌려야 하기 때문에 아빠의 모든 행동을 흉내 내고 있다는 뜻이기도 하다. 그런데 이 그림에서 흥미를 끄는 점은 주인공이 가장 남성다운 모습으로 엄마의 관심을 집중시키려고 정의의 검을 치켜든 기사로 분장했다는 점이다.

주인공은 아빠와 자기를 똑같은 정의의 기사로 그렸지만 자기가 아빠보다 한 등급 위라는 것을 은연중에 과시하고 있다. 아빠보다 더 넓게 다리를 벌리고 서 있는 모습도 그렇고, 자기 옷 소매에 장식을 한 모습도 그렇다. 또한 손에 잡은 검에서도 자신과 아빠의 우열을 표현하고 있다. 아빠 검은 부러진 상태고 검의 날개가 작지만, 자신의 검은 부러지지도 않았고 날개도 더 길다. 아마도 주인공은 이 그림을 그리는 순간 자신이야말로 진정한 엄마의 보호자라고 의기양양했을 것이다. 그리고 유치원 시기의 이런 환상은 장차 주인공의 남성 정체감 형성에 매우 긍정적일 것이 틀림없다.

내 안의 수많은 마음

　때때로 어린이들은 말보다 그림으로 표현할 때 자신의 마음을 더 생생하게 전달한다. 언어를 빌려 의사 소통하려면 한두 마디의 울타리 속에 넓고도 넓은 마음을 가두어야 하기 때문에 마음에 담겨 있는 많은 메시지가 축소될 수 있다. 그리고 말하는 사람과 듣는 사람이 각자의 경험에 따라서 말의 내용을 이해하므로 마음이 둘 사이를 겉돌게 될 우려가 있다. 그러나 그림으로 의사 소통할 때는 이성이라는 검열 없이 숨김없는 마음을 그대로 노출하기 때문에 이심전심으로 공감이 이루어질 수 있다. 그림을 보면 어린이들도 마음이 복잡한 양상을 띠고 있으며, 또 마음 안에서 상반되는 세력끼리 다투고 있다고 느끼는 것 같다.

　〈그림 1〉은 하트 모양의 경계 안에서 착한 사람 둘과 마귀 셋이 서로 싸우고 있는 것이다. 주인공은 싸움이 일어난 이유를 사람의 마음과 마귀의 마음이 서로 다르기 때문이라고 설명했다. 사람은 물론 선량한

마음을 지니고 있고, 마귀는 물론 나쁜 마음을 지니고 있다. 지금은 사람의 수가 마귀보다 적어서 마귀가 이기는 듯하겠지만 결국은 곧 사람이 이기고 말 것이라고 했다.

〈그림 1〉의 하트 모양은 그림을 그릴 당시 주인공의 마음 전체를 표상한 것이라 할 수 있다. 마음을 어떤 기호로 표상할 때 대체로 우리는 하트형을 떠올린다. 그리고 사람과 마귀가 서로 다투는 것은 주인공의 마음속에 선과 악이 서로 대립하는 갈등 구조가 있다는 뜻으로 볼 수 있다. 마귀의 세력이 좀 더 큰 것으로 보아 아마도 주인공은 이 그림을 그릴 당시에 자기가 버렸으면 좋겠다고 여기는 부정적인 마음이 더 크다고 여겼던 모양이다. 그러나 필경, 그리고 곧 사람이 이길 것이라 이야기했으니, 아마도 주인공은 머지않아 자기가 이상형의 모습으로 변하여 미소 지을 것을 예견했던 것 같다. 그동안 자신을 괴롭혔던 모든 부정적인 마음을 깨끗이 씻어내고 치료자와 새로운 경험을 하면서 발견하게 된 바람직한 자기로 거듭 태어날 것을 확신하고 있었나 보다.

〈그림 1〉에서 우리는 어린이들의 상징적 표현이 매우 원형적임을 발견할 수 있다. 마음을 하트형으로 나타낸 것도 그렇고, 인간의 순수한 마음을 좀먹는 갖가지 유혹의 세력이 폭풍우처럼 거세다는 것을 나타낸 것도 그렇고, 선악의 갈등 구조에서 마침내 선(善)이 승리하는 것도 그렇다. 또한 사람은 검(劍)을 쥔 것으로 그렸고 마귀는 창(槍)을 쥔 것으로 그린 점도 그렇다. 흔히 검은 정의와 자유, 권위와 지혜, 암흑을 쫓는 마술적 힘이 있는 것을 상징할 때가 많다. 그에 반해 검과 대비해 창은 분쟁, 충동적 욕망, 냉혹함을 의미할 때가 있다.

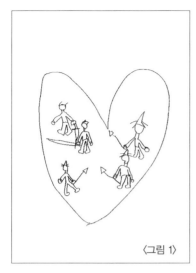

<그림 1>   <그림 2>

　〈그림 2〉는 천사의 마음과 악마의 마음, 둘로 갈라진 마음을 그린 것
이다. 그러나 이 그림에서는 천사의 마음이 훨씬 더 세력이 크다. 아마
도 이 그림의 주인공은 자기를 파멸로 이끄는 갖가지 유혹들을 잘 제
어할 수 있을 것처럼 여겨진다. 주인공은 자기 마음속에서 꿈틀거리는
선과 악을 매우 재미있는 대비로 표현했다. 선한 마음은 양날개를 달
고 하늘로 날아갈 듯 가벼운 느낌이며, 어린이 같으면서도 여성스럽고
위쪽으로는 광채를 발한다. 반면 악한 마음은 양손에 무거운 창을 들
어 어두운 땅 속으로 내려앉을 것 같고, 찡그린 눈썹과 치아를 드러낸
표정을 지어 아주 무서운 남자 어른처럼 느껴진다. 주인공의 인식에
선한 마음은 아마도 어린이처럼 순수한 마음이며 여성의 부드러움과
자비로움이 느껴지는 밝은 마음인 모양이다. 반대로 악한 마음은 여러
가지 탐욕으로 오염된 어른의 마음이며, 남성에게서 느껴지는 호전적

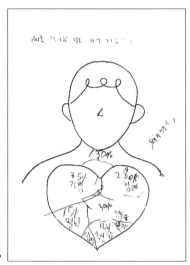

〈그림 3〉

이고도 공격적인 어두운 분위기의 마음인 모양이다.

　〈그림 3〉은 새해를 맞이하는 마음이 여러 갈래인 것을 수치로 따져 비교한 그림이다. 그림을 그린 주인공이 설명하기로는 한 살을 더 먹으니 기쁘기도 하고, 새 학년에 올라가서 학교 생활이 어떨지 약간 떨리기도 하고, 숙제가 많아질 것을 생각하니 나쁘기도 하고, 한 살 더 먹은 값을 하라고 부모의 꾸중이 많아질 테니 그것도 속상하고, 숙제는 늘어나고 동생의 방해도 더 커질 테니 그것이 싫기도 하고, 돼지해이기 때문에 자신에게 복이 들어올 것을 기대하니 상쾌하기도 하고, 지난 학년의 친구들과 나눈 정이 깊어서 아쉽다고도 했다. 이렇게 복잡하고 미묘한 생생한 마음을 수치 이상으로 표현하기란 쉬운 일이 아닐 것이다.

더구나 주인공은 주의 깊게도 각 마음이 차지하고 있는 크기와 수치를 알맞은 비율로 증감시켰다. 주인공은 역동적으로 변화하는 여러 갈래의 마음을 합쳐 130퍼센트로 표기했다. 이는 아직 덧셈은 능숙해도 퍼센트라는 점수가 다 합쳐서 100이 되어야 한다는 사실을 잘 모르는 학년의 어린이임을 짐작할 수 있게 하는 것이다. 마음을 수치로 따졌으니 어찌 보면 창의력이 감춰져 있는 듯하지만, 매우 합리적이고 과학적으로 사물을 살펴보는 어린이 같기도 하다. 그런 한편, 새롭고 낯선 것에 대한 가벼운 불안, 형 노릇에 대한 부모의 기대 때문에 생기는 중압감, 동생 때문에 생기는 불이익을 나름대로 수용하려는 노력, 행운을 만나고 싶은 생각, 정든 친구와의 교감이 소중하다는 생각 등 세심한 부분을 놓치지 않고 이야기했으니 감수성이 매우 높은 어린이로도 보인다.

〈그림 4〉는 놀이 치료 종료를 앞두고 그린 그림이다. 그림 내용은 주인공이 종료하고 난 다음에, 놀이 치료 종료한 것을 아쉬워하는 생각과 놀이 치료 종료한 것을 잘됐다고 여기는 두 개의 상반된 생각이 서로 세력을 다투어 자기를 힘들게 하면 어쩌나 하는 우려의 마음을 표현한 것이다. 그림 속의 주인공은 "아쉬워, 잘됐어, ⋯⋯ 아쉬워, 잘됐어" 하는 두 가지 생각 때문에 머릿속도 마음도 몹시 혼란스럽고 괴로워 보인다. 눈은 마치 마음의 괴로움을 피하고 유혹이 많아질 현실도 피하고 싶다는 듯 찡그린 채 꼭 감고 있다. 달갑게 들리는 속삭임은 모두 파멸로 이끄는 소리일지도 모른다는 의구심 때문인지 아예 모든 소

〈그림 4〉

리를 다 거절하려는 듯, 귀는 물음표로 그려놓았다.

　주인공의 "잘됐어" 하는 마음에는 친구랑 무절제하게 놀고 싶은 방탕이 있고, 편하고 싶은 게으름이 있으며, 뿌리쳐야 할 여러 가지 유혹이 있으니 악마라 했다. 그것도 그냥 악마가 아니고 뿔 달고, 창 들고, 삼킬 듯 입을 벌린 악마라고 했다. 그러나 이 그림을 그리며 주인공은 이미 우려와 달리 방탕과 게으름과 유혹을 경계할 마음의 준비를 모두 갖추고 있었다.

　심리 치료를 마치는 시점에 몇몇 어린이들은 〈그림 4〉의 주인공처럼 치료 후의 자신의 미래에 대해 가벼운 불안을 토로한다. 심리 치료가 진행되는 동안 치료자에게 의존했던 마음에서 벗어나 홀로 서기를 해야 하기 때문이다. 이것은 마치 어미 품을 떠날 준비를 하려고 처음으로 날갯짓을 시도하는 아기 새처럼 치료자에게 마지막 응석을 부려보는 것이다. 자신의 의지가 정말로 자신을 무너뜨리는 여러 가지 위협에 맞설 수 있을지, 자신이 정말로 성숙해진 것인지, 또다시 마주치는 새로운 국면들에 도전하는 짜릿함은 과연 어떨지, 가볍게나마 흥분과 불안이 스치기 때문이다. 따라서 이런 경우의 어린이들은 치료자가 종료 날짜를 선택하게 했을 때 생각보다 늦게 날짜를 잡아서 종료하려 한다. 왜냐하면 종료하기 위해서도 따로 마음의 준비가 필요하기 때문이다.

심리 치료에서 종료 시점을 어린이 스스로 선택하는 것은 매우 의미 있는 일이다. 이는 자신의 인생을 스스로 계획하는 일이자, 자율성을 스스로 체험하는 일이며, 자신의 선택에 스스로 책임지는 일이다. 또한 끝맺음을 아름답게 가꾸는 일이고, 새롭고 높은 도약을 위해 발판을 마련하는 일인 동시에 성공을 거머쥐는 일이기도 하다.

이런 과정을 거쳐 치료가 종료된 뒤 어린이를 지켜보면 스승이 없어도 혼자 힘으로 심리 치료 효과 이상으로 한층 더 성숙해졌음을 한 차례 더 발견할 수 있다.

종이 위 무대의 하소연

연극은 또 다른 '나'를 찾아가는 한 과정이다. 누구나 가슴 속에 간직하고 있을 법한 강한 불만과 울분들을, 내가 아닌 다른 사람의 모습에 이입하고 표출함으로써, 억압되어 있던 갈등을 해소할 수 있는 것이다. 이번에 소개하는 사례는 아동이 연극 속의 무대를 꾸밈으로써 자신의 심리를 풀어 가는 과정을 그려낸다.

인간의 삶은 광대한 우주를 무대로 삼아 펼쳐지는 연극이다. 즉 무한한 시간과 공간을 배경으로 하여 벌어지는 희로애락의 거대한 파노라마다. 어린이들에게 그림 자극을 제시하면 자신이 엮었던 삶 가운데 강하게 울분을 삼켰던 기억들 또는 험난한 삶의 굴레에서 잠시라도 위안을 얻을 수 있는 포근한 기억들을 재생하여 무대 위에 펼친다. 때로는 창 밖으로 온화하게 펼쳐진 정경을 묘사하여 마음을 쉬기도 하고 또는 흥분을 자극하는 어떤 사건을 전개하면서 짜릿한 쾌감을 느끼기도 한다.

여기에 소개하는 작품의 주인공도 그림 자극을 자신이 살아서 숨쉬

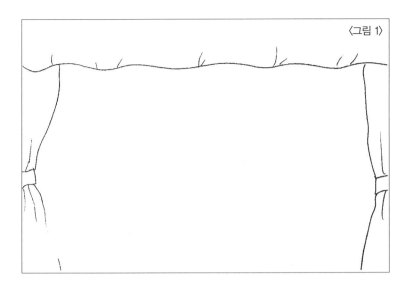

〈그림 1〉

는 무대로 여겼다. 그림에서 커튼을 친 것처럼 여겨지는 부분은 입체감이 느껴지도록 치료자가 색종이로 꾸며주었다. 단조로운 무대보다 장치가 멋지고 조명이 화려한 무대에서 우리의 몸짓과 예술적 끼가 좀 더 자유분방하게 솟아나듯이, 종이에도 장식을 해주면 어린이들의 감성이 좀 더 왕성해지고 창의력의 동기도 좀 더 높아진다.

어린이에게는 화지가 그들의 인생을 담는 무대다. 그러므로 치료자가 어린이의 감성을 좀 더 풍부하게 이끌어내고 싶을 때에는, 화지에다 입체감이 느껴지도록 꽃이나 리본 등 생활 주변의 여러 가지 소품을 활용하여 덧붙여주는 것이 효과적이다.

지훈이는 그동안 두 번 치료자를 찾아왔다. 첫 번째는 취학 전에 왔었고, 두 번째는 초등학교 2학년 때 방문했다. 취학 전에는 산만하고 또래 사이에서 고립되는 문제 때문이었다. 심리 평가 결과, 지훈이는 여러 면에서 부적응 신호를 나타냈다. 그래서 그 당시에 부적응이 더 심해질 것을 염려하여 전문가의 도움을 얻도록 놀이 치료를 권했다. 그러나 부모는 가정 안에서 해결해보고자 노력했다. 부모의 노력이 별로 효과가 없었는지, 지훈이의 산만함과 또래 사이에서 고립감이 호전되지 않고 여전한 데다 학업에 대한 관심도 아주 낮은 상태여서 두 번째 방문이 있었다.

우리 몸은 어지간한 외상을 입었을 경우, 생명체 본유의 재활 능력으로 일정 기간이 지나면 자연 치유가 가능하다. 그러나 몸과 달리 마음의 상처는 눈에 확연히 보이지 않아서 무심코 지나치기 쉽다. 그리고 그러는 사이에 자연 치유의 가능성보다 점점 더 심각해질 가능성이 높아진다. 세월이 흐르면 흐를수록 상처가 가지를 치고 양파처럼 겹겹이 껍질을 씌우기 때문에, 문제의 실마리를 헤아리기 어려울 뿐만 아니라 시한폭탄처럼 폭발적 에너지를 집적하게 되므로 매우 위험하다.

따라서 어린이의 문제 행동을 처음 발견했을 때 적절한 조치를 취하는 것이 좋다. 만일 시의 적절한 조치가 없으면 마음의 치료는 시간이 흐를수록 효과가 반감되고 어려움은 배가된다. 부모가 노력했는데도, 이 작품의 주인공은 왜 다시 치료자를 찾아왔을까?

마음 안쪽 깊은 곳에는 대체로 불합리한 애정, 울분, 적개심 같은 부정적이고도 격렬한 감정들이 감춰져 있는데, 이 요동치는 마음들은 일상적인 생활 장면에서 노출되기가 어렵다. 부모와 함께 살아가는 일상에서는 어린이들도 그동안 터득한 이성과 도덕성을 작동해 비합리적인 감정들을 조절하고 통제하기 때문이다. 따라서 부모는 내면 깊숙한 곳에서 움직이는 어린이 마음을 살피기도 어렵고, 어린이의 문제가 호전되는 데 필요한 역할을 다 하기도 어렵다. 지훈이는 바로 이런 이유 때문에 치료자를 다시 찾게 된 것이다.

그렇다면 깊숙한 곳에 숨겨진 격렬한 마음들을 어떻게 달래줄 수 있을까? 평상시에 노출하기 어려운 부정적 마음들은 전문가가 중재하는 치료 장면에서 해결할 수 있다. 치료 장면에서는 어떤 마음이든지 수용하고 공감해주는 전문가의 도움으로, 여러 가지 제약 때문에 그동안 깊이 감춰두었던 마음들을 하나도 남김없이 자유롭게 토로할 수 있기 때문이다. 전문가는 어린이의 기쁨과 슬픔을 함께 나누는 동반자여서, 어린이와 심리적 결속이 아주 용이하다. 지훈이도 첫 번째 방문했을 때, 마음의 결박을 해결했으면 문제 해결이 좀 더 쉬웠을 것이다. 여기 소개하는 작품은 두 번째 방문 이후 시작한 심리 치료 기간 동안 자기가 하소연하고 싶었던 속마음이다. 그림 내용은 다음과 같다.

토끼와 거북이는 무대 왼쪽에 있는 달콤한 포도를 얻기 위해 내기를 걸었다. 결승점이라고 쓴 곳은 반대말이라고 표시했으니 출발 지점인데, 거북이는 출발 지점부터 땀을 흘리며 열심히 달렸다.

배가 고파도 참고 포도만 생각하며 달리다가 뜻밖에 거북이가 건너기 어려운 냇물이 나타났다. 물이 너무 깊고 소용돌이가 심했지만, 거북이는 혼신의 힘을 다했다. 네 발을 허우적거리며 달리게 되었어도 쉬지 않고 갈 길을 재촉했다.

거북이가 이렇게 힘든 경주를 하는 동안 토끼란 녀석은 신나게 놀고

〈그림 2〉

있었다. 그러고는 자기 재주를 이용하여 얌체같이 딱딱한 거북이 등을 디딤돌로 삼아 팔짝팔짝 뛰어서 노력하지 않고도 장애를 넘고 거북이도 앞질렀다. 거북이는 약이 올랐다. 그래서 "토끼란 녀석, 벼락이나 맞아라." 하고 빌었다. 아니나 다를까? 거북이의 소원대로 검은 구름이 두껍게 하늘을 덮더니 천둥이 치고, 곧 토끼는 포도를 눈앞에 둔 채 벼락을 맞아 죽었다.

토끼가 벼락을 맞았지만 지훈이는 만족스럽지 않았다. 치료자에게 종이 한 장을 더 달라고 하고는 거북이를 이용해서 자기 잇속만 챙긴 토끼가 고소하다는 듯, 아래 그림을 그리면서 이야기를 이어나갔다.

"토끼는요, 응, 통구이 신세가 되었어요. 밑에서는요. 음, 불이 시뻘겋게 활활 타오르고요. 여기에 세운 것은요, 고기를 걸치는 나무예요. 토끼는요, 죽어서 하늘나라에 가서도 울었어요. 눈물이 뚝뚝 흘러요."

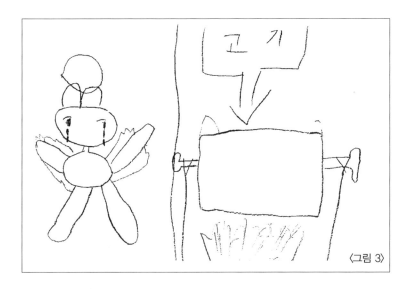

〈그림 3〉

지훈이는 외아들이었다. 고학력의 점잖은 부모는 외동인 지훈이가 잘 자라기를 기대하며 주인공을 매우 세심하게 대했다. 그러나 부모의 세심한 보살핌이 오히려 지훈이에게는 부담스러웠다. 은근한 부모의 기대가 지훈이의 마음을 무겁고도 무력하게 했다. 게다가 외동이라서 세련된 사회적 태도를 익히기가 어려웠다.

학교에 입학한 지훈이는 또래들이 자기 마음에 들지 않아 불만스러웠고, 또래들과 껄끄러운 일이 생겼을 때 잘 울었다. 그래서 지훈이는 또래들 사이에서 아기처럼 잘 우는 아이로 여겨졌다. 학급에서 짓궂은 몇몇 또래는 가끔씩 지훈이를 놀리거나 괴롭혔다.

지훈이는 자기 울분을 부모에게 하소연했지만, 부모는 주로 이성적인 대처에 초점을 맞추어 타일러주었다. 지훈이는 부모가 자신의 마음을 몰라주는 것 같아 어쩐지 마음 한구석이 허전했다.

거북이처럼 행동이 느리지만 꾸밈없는 성격의 지훈이는 작품 속에서 자기 마음에 들지 않는 약삭빠르고 짓궂은 또래에게 통쾌하게 골탕을 먹였다. 또래의 신세가 눈앞에 포도를 놔두고 벼락 맞은 처지만으로도 후련했을 터인데, 거기에 덧붙여 나뭇가지에 꿰인 채 타오르는 불길 속에 통구이가 되었으니 얼마나 흐뭇했을까? 아마도 그동안 쌓였던 울분이 모두 사라졌을 것이다.

지훈이는 고약한 또래에게 골탕을 먹이면서도 다른 한편으로는 자기 마음을 여러 갈래로 읽어 달라고 주문하고 있다. 출발 지점을 결승점이라 써놓음으로써 자신에게 반항적 욕구가 있음을 은연중에 알리고 있으며, 자신이 비록 느리긴 하지만 목표 지점을 향해서라면 참고 견디면서 꾸준히 혼신의 노력을 다해 어떠한 난관이라도 뚫고 나갈 의지가 있음을 알아 달라고도 주문하고 있다.

또 결승 지점에서 거북이가 달콤한 포도를 얻게 함으로써 자신이 궁극적으로 원하는 것이 알알이 맺힌 엄마의 달콤한 사랑이라는 것도 완곡하게 알리고 있다.

Play Therapy

● ▲ ●

가깝고도 먼 우리 엄마

여기에 소개하는 세 편의 그림은 취학을 앞둔 여자 어린이가 그린 것인데, 엄마에 대한 지각과 느낌이 잘 드러나 있다.

〈그림 1〉에서 두 인물이 창밖을 내다보고 있다. 얼굴 크기로 미루어 보아 왼쪽이 주인공이고 오른쪽은 엄마다. 얼굴 크기가 다른 것 말고 는 주인공의 얼굴과 엄마 얼굴이 아주 닮았다. 머리 스타일도 닮았고, 머리에 장식한 리본도 닮았으며, 웃고 있는 입 모양과 눈의 표정도 닮았다.

아마도 주인공은 엄마를 너무 좋아하는 나머지 엄마의 모든 행동을 그대로 닮고 싶은 모양이다. 크기는 하지만 자기와 닮은 모습으로 그린 엄마 얼굴을 통해 주인공이 아마도 여성으로서 성 역할과 성 정체감 훈습의 모델인 엄마를 아주 훌륭하게 여기고 있음을 이해할 수 있을 것 같다. 한편으로는 주인공이 취학 전 연령의 여러 발달 과업 가운데 성 역할 학습이라는 중요한 발달 과업을 잘 수행해 나가는 중이라

〈그림 1〉

고 짐작할 수도 있다. 아니면 엄마와 정서적 교류가 잘 이루어지기를 바라는 마음에서 또는 엄마와 동질감을 느끼고 싶어 똑같은 모습으로 그렸을 가능성도 있다. 어쨌든 여기서 우리가 주목해야 할 점은 엄마와 주인공이 일정한 공간을 사이에 두고 있다는 것이다. 이는 주인공이 엄마에게 심리적 거리를 느낄 가능성을 말하는 것이다. 따라서 좋아하기는 하지만 어쩐지 거리가 느껴지는 엄마를 주인공이 어떻게 느끼는지를 이해하는 것이 중요하다.

어린이는 이 그림만으로도 많은 메시지를 전달한다. 큰 창문에서 머리를 맞대고 엄마와 함께 밖을 내다볼 수도 있을 텐데, 주인공은 일정한 거리를 두고 엄마의 창문과 자신의 창문을 구별했다. 그 이유와 의미는 여러 가지로 생각해볼 수 있다. 실제로 주인공의 집에 엄마의 방과 자신의 방이 멀리 떨어져 있을 가능성을 생각해볼 수도 있고, 일상적인 집안일 가운데 엄마의 역할과 자신의 역할이 명확하게 구분되었기 때문일 가능성도 있으며, 엄마의 삶과 자신의 삶이 다르다고 느껴서 두 개의 창을 나누어 그렸을 가능성을 생각해볼 수도 있다.

주인공이 엄마를 어떻게 지각하고 느끼는가 하는 것 이외에도 〈그림 1〉에는 우리가 주목할 만한 주인공의 다른 심리적 측면들이 있다. 예를 들어 긴 머리, 머리에 장식한 리본, 창 밖을 바라보고 있지만 감고 있는 눈, 대문이 없는 것, 아빠가 없는 것 등이다.

길게 늘어뜨린 머리와 리본은 우선 주인공이 여성스러움에 눈뜨고 있음을 의미한다. 취학 전 어린이가 여성스러움에 눈뜨면 많은 경우 아빠에게 애교스럽고, 자신이 공주 또는 새색시가 된 것 같은 환상을 느낀다. 그런데 자신의 환상에 정도 이상으로 심취하게 되면 외부 세계 또는 타인과 관계하는 데 관심이 적어지는 나르시시즘에 빠질 수 있다. 주인공이 눈을 감고 있는 것은 이와 유사한 나르시시즘의 표현일 가능성이 있다. 대문은 내부 세계와 외부 세계의 경계 지점이자 내부 세계와 외부 세계를 연결하는 지점이기도 하다. 그림에서 대문이 없는 것은 어쩌면 주인공이 외부 세계 또는 타인과 관계를 맺는 데 관심이 적은 것을 표현한 것인지도 모른다.

공주나 새색시가 된 것 같은 환상을 현실적으로 해결하기 위해 취학 전 여자 어린이들은 신부의 드레스나 면사포를 걸치는 놀이를 좋아하며, 앞치마를 두르고 집안일에 힘쓰거나 아기를 돌보는 새색시 놀이를 좋아한다. 이런 취향은 취학 전 시기에 자연스럽게 일어나는 발달 현상이다. 이런 발달 현상을 고려한다면 주인공의 그림에도 아빠가 등장하는 것이 자연스럽다. 그러나 이 그림에는 아빠가 없다.

　아빠를 생략한 것은 주인공의 마음이 이 시기에 이르도록 엄마에게 머물러 있다는 의미다. 어린이 마음이 엄마에게 머물러 있다는 것은 엄마의 사랑에 아쉬움이 크게 남아 있다는 뜻이다. 그런데 어린이들이 엄마를 향한 마음에 압도되면, 마치 짝사랑하는 처녀가 애인에 대한 그리움에 압도되면 아무것도 눈에 들어오지 않듯이, 아빠의 존재를 지각하기 어렵다. 아빠에 대한 지각이 약하면 그림에서도 아빠를 생략하기 쉽다. 어린이들은 엄마의 사랑에 포만감을 느껴야 아빠에게도 건강하게 관심이 생기고 바람직한 관계를 맺을 수 있다. 또 아빠와 원만한 관계를 경험한 뒤라야 또래, 이웃과 관계 맺기를 향해 건강하게 한 걸음 내디딜 수 있는 것이다.

　엄마가 훌륭하여 닮고 싶은 것과 엄마의 사랑에 만족하는 것은 다르다. 엄마가 선망의 대상일 때에는 엄마의 모든 것을 닮고 싶다. 그러나 그것이 엄마와 정서적 교류가 잘되는 것을 의미하지는 않는다. 엄마와 심리적 거리가 있어 끈끈한 교감을 나누지 못한다면 어린이가 홀로 서기 준비를 마치지 못한 상태가 되기 쉽고 세월이 흐르는 만큼 철드는 나이를 먹기도 힘들어진다. 나이를 먹어도 여전히 어리광과 의존성을 보이기 쉽다.

　〈그림 2〉는 어른 나무와 어린 나무가 한 지면 위에 서 있는 것이다. 한 지면 위에 서 있는 나무들이니 아마도 한 집안 식구를 표현했을 것이다. 어린 나무는 물론 주인공을 표현한 것이고 어른 나무는 엄마를

<그림 2>   <그림 3>

표현했을 것이다. 여기서도 우리는 〈그림 1〉에서처럼 주인공이 아빠를 제외하고 있음을 발견할 수 있다.

어른 나무는 가느다란 기둥에 비해 잎이 넓게 퍼져 있는 편이다. 그런데 어린 나무는 엄마 나무의 그늘을 벗어나 일정한 공간을 사이에 두고 서 있다. 이는 마치 〈그림 1〉에서 엄마와 주인공이 심리적 거리를 두고 있는 것과 같은 형국이다.

주인공이 그린 엄마 나무를 자세히 관찰하면 주인공이 엄마를 어떻게 지각하고 있는지가 좀 더 분명해진다. 부드러운 곡선으로 꽃잎처럼 아름답게 표현한 관부, 한 선으로 가느다랗게 그린 연약한 나무줄기, 관부를 지탱하기에는 약하다고 느껴지는 뿌리가 눈길을 끈다.

연약한 나무줄기와 뿌리를 볼 때 주인공은 아마도 엄마가 내실을 추구하기보다는 외현적인 여러 조건을 더 중시하고, 감성보다는 지성에 더 자존심을 느끼는 성격 유형이라고 생각하는 것 같다. 그래서 어쩌면 주인공은 엄마 나무에 하트 모양의 도형을 많이 그려 넣으면서 엄마가 사랑 가득한 엄마이기를 바랐는지도 모른다.

〈그림 3〉은 여자 인물이 먼 산을 뒤에 두고 서 있는 것이다. 여자 인물은 물론 주인공의 표현일 것이고 엄마를 산으로 표현했을 가능성이 높다. 산은 문화적 배경에 따라 여러 가지 의미를 나타낼 수 있다.

그리스 주변의 문화적 배경이라면 신들이 살고 있는 신성한 장소일 수도 있고, 인도 주변의 문화적 배경이라면 사바 세계와 삼천 대천 세계를 연결하는 중심축일 수도 있고, 노장 사상이 배경이라면 은둔 장소일 수도 있고, 부드러운 곡선의 산자락이 겹겹으로 주름 지듯 드리운 우리나라에서라면 엄마를 의미할 수도 있다.

주인공 역시 산을 그릴 때엔 아마도 엄마를 생각했을 것이다. 그런데 우리 눈을 이끄는 것은 작은 봉우리로 이어진 주인공의 산이 인물과 멀리 떨어져 있는 느낌을 주는 것이다. 이는 마치 앞의 두 그림에서처럼 주인공과 엄마의 심리적 거리를 대변해주는 것 같다. 만일 주인공 생각에 엄마가 자신의 든든한 배경이라면 주인공 뒤에 아주 가깝게 바람막이를 해주듯이 큰 봉우리의 산을 둘러서 그렸을 것이다.

감은 눈, 리본으로 장식한 머리, 길게 늘인 머리 스타일, 땅까지 닿은 면사포, 발을 감출 만큼 긴 드레스의 여인상을 보면서 우리는 곧 〈그림 1〉에서처럼 주인공이 공주 또는 신부라는 환상적 느낌에 젖어 있을 가능성을 헤아릴 수 있다. 한편 〈그림 1〉에서 생략된 대문과 함께 여기에서 생략된 팔을 보면서, 주인공이 타인과의 관계나 외부 세계에 좀 더 적극적인 관심과 접촉이 생겼으면 좋겠다는 희망도 품어본다. 팔이 담당하고 있는 중요한 역할과 기능 가운데 외부 세계에 대한 적극적 탐색과 조절 능력, 악수 또는 어깨동무와 같은 사회적 기술 등이 위축된 것은 아닐까 하는 염려 때문이다.

　세 편의 그림을 보면서 우리는 주인공은 왼쪽 공간에, 엄마는 오른쪽 공간에 배치되어 있음을 알 수 있다. 일반적으로 왼쪽은 내향성, 수동성, 무의식, 과거, 고요함 등의 의미를 싣는 공간이고, 오른쪽은 외향성, 적극성, 의식, 미래, 활동성 등의 의미를 싣는 공간이다. 주인공은 재미있게도 연령에 따른 이 반대 성향을 두 공간에다 잘 대비시켰다. 주인공은 이렇게 우리 무의식 속에 잠겨 있는 보편적이고 원형적인 사고를 자신의 그림에 그대로 드러내고 있다.

Play Therapy

• ▲ •

지금 이대로가 좋아요

새로운 환경과 마주칠 때마다 적응하기가 쉽지 않은 어린이들은 때때로 자신의 현재 입지가 변하지 않고 현상을 유지하기를 바란다. 낯선 상황을 예견하면서 겪는 불안의 강도에 따라 가볍게는 외부 환경이 '지금 이대로였으면' 하고 바라기도 하고, 무거운 경우에는 외부 환경은 물론 자기 내면의 성장 동기마저 정지시킨다.

〈그림 1〉은 초등학교 6학년 여자 어린이 수현이의 작품이다. 치료자가 색종이 뜯어 붙이기로 흐르는 물결을 꾸미고 추가로 조각배와 여자를 접어주면서 마음대로 표현하도록 제시한 과제를 수행한 것이다. 색종이로 화지를 꾸며 과제를 제시하는 이유는 색종이의 장식 효과가 내면의 표현 동기를 자극하도록 유도하기 때문이다.

수현이는 엄마와 둘이 살고 있다. 장래가 촉망되던 아빠는 미국에서 거주하던 수현이의 유아 시절에 돌아가셨다. 남편을 갑작스럽게 잃은 후, 딸과 함께 외로운 나날을 지내던 엄마는 짙은 향수를 견디다 못해 수현이가 초등학교 저학년 때 귀국했다. 귀국 후 얼마 동안은 엄마의 외로움과 향수를 달랠 수 있었고, 수현이도 미국에서 경험하지 못했던 친척의 온정을 느낄 수 있었다. 그러나 수현이와 엄마가 미처 예기치 못했던 굴레가 조금씩 조금씩 삶을 조여 오기 시작했다. 그것은 다름 아닌 아빠가 없다는 이유 때문이었다. 미국 같으면 전혀 문제가 되지 않을 사소한 일에서도 고국 땅에서는 아빠가 없다는 사실이 이들 모녀의 삶을 여러 면에서 부자유스럽게 옭아맸다.

그래서 엄마는 수현이에게 교육 여건이 더 좋을 것 같은 미국으로 다시 나갈 계획을 세웠다. 미국에서는 아빠가 없어서 딸이 불편을 겪을 일이 거의 없을 거라고 생각했던 것이다. 그러나 엄마의 계획이 추진될수록 수현이는 도리어 우울해졌다.

이제 수현이가 그린 그림의 표현 내용을 세세히 살펴보자.

한 여자 아이가 유유히 흐르는 강 위에서 뱃놀이를 즐기고 있다. 하늘에는 구름 두 조각이 일정한 거리를 두고 떠 있다. 강변에는 부드러운 봉우리가 두 개인 나지막한 산이 솟아 있는데 산 둘레에 눈에 잘 드러나지 않게 그려진 네 그루의 나무가 띄엄띄엄 서 있다. 산 밑으로는 융단 같은 잔디밭이 산을 에워싸면서 넓게 펼쳐져 있고 강 양쪽으로 모래사장이 이어져 있다. 물 밑에는 수초와 더불어 물고기 떼가 살고 있다. 중앙의 가장 작은 물고기와 왼쪽의 큰 물고기는 서로 같은 분홍색이며 엄마와 딸의 관계다. 오른쪽 다섯 마리의 물고기는 서로 교류가 없다. 분홍색 어미 물고기는 수초에 가려 보이지 않는 작은 물고기

〈그림 1〉

에게 큰 소리로, "얘야, 이 강은 오염이 심해져서 다른 곳으로 떠나야 한다. 빨리빨리 헤엄쳐 와라." 하고 재촉하면서 부른다. 그러나 작은 물고기는 이 강을 떠나고 싶지 않아서 아주 느릿느릿 움직이고 있다.

수현이는 산, 구름, 수초, 물고기들을 아주 정성 들여 오려 붙였다. 그리고 자신의 마음을 위와 같이 표현했다.

수현이는 마치 엄마와 자신의 존재가 이 세상에 가득하듯, 큰 것과 작은 것으로 구별 지어 화지 곳곳에 구름이며 산이며 수초며 물고기를 쌍으로 넣었다. 그리고 같은 색을 사용함으로써 엄마와 자신의 동질성과 공생적 관계를 부각시켰다. 뿐만 아니라 정성 들여 오려 붙임으로써 엄마와 자신이 얼마나 소중한 존재인가를 알려주었다.

수현이는 모성애를 화면 가득 채웠다. 조각배를 가볍게 흔들며 리듬 있게 앞으로 밀어주는 강 물결, 젖가슴처럼 두 개의 봉우리를 내밀며

서 있는 신, 치마폭처럼 널따랗게 펼쳐진 잔디밭과 모래사장, 이 모두는 엄마 품처럼 삶에 지친 몸과 마음을 편안히 맡길 수 있는 안식처다. 그러나 화면 가득 채워진 모성애에 비해 수현이가 엄마에게 느끼는 심리적 거리는 어쩐지 가까워 보이지 않는다. 크고 작은 구름과 수초와 물고기가 서로 일정한 거리를 두고 있고, 또 작은 물고기는 수초를 사이에 두고 엄마에게 응답하고 있기 때문이다. 엄마가 생계를 꾸리느라 수현이를 세심하게 돌볼 새 없었던 생활이 반영된 것 같아 마음이 아프다. 수현이가 엄마 품에 안겨 얼마나 많이 응석 부리고 싶었을까를 생각하면 더더욱 그렇다.

이 그림에서 우리는 딸의 장래를 위해 환경을 바꾸어주려는 엄마의 노력과는 엇갈리게 한국에서 좀 더 안주하려는 딸의 생각을 발견할 수 있다. 그러나 큰 물고기와 작은 물고기에 대한 수현이의 설명을 통해, 엄마가 딸을 위해 미국에 건너가는 것이 좋을지 아니면 그냥 한국에 머무는 것이 좋을지를 결정해야 하는 중요한 시점에서 아주 의미 있는 해답을 얻을 수 있었다. 엄마는 딸의 마음을 존중해주었다.

한 모금

냉수와 온수를 마음대로 골라서 마실 수 있는 정수기가 새로 나왔을 때였다. 대체로 어린이들은 어떤 기계가 새로 나오면 호기심을 보이게 마련이다. 그래서 대기실의 정수기는 늘 기계와 친해지려고 목이 마르지 않은데도 공연히 물을 따르는 어린이를 위해 바삐 일해야 했고, 커피를 마시려고 물을 따르는 학부모에게도 열심히 봉사했다. 그리고 정수기 옆에는 언제나 종이컵이 정수기의 짝꿍처럼 봉사하기를 기꺼이 기다리고 있었다. 그 종이컵에는 푸른색 물결 무늬와 함께 '한 모금'이라는 이름이 붙어 있었다.

하루는 형을 따라와 대기실에서 기다리던 어떤 유아와 치환이가 정수기 앞에서 마주쳤다. 공부는 그런대로 잘하지만 사람을 잘 사귀지 않는 열 살의 치환이는 자신이 유아처럼 천진무구해서 그랬는지 정수기 앞에 다가온 유아와 금방 사귀었다. 잠깐 동안 몇 마디 서로 나누는가 싶더니 유아에게 먼저 물을 따라 마시라고 순서를 양보해줬다. 물을 이미 따라 마신 유아는 종이컵 하나를 더 꺼내 또 마시려고 했다. 그러자 치환이가 유아에게 한마디 가르침을 건넸다. "이 컵으로 마실 때는 딱 한 모금만 마시는 거야." 그리고 치료자에게 동의를 구하듯 쳐다보며 말했다. "선생님 그렇죠?"

9장

Play

Therapy

동양 정신에서 배우는
치료자의 자질과 덕목 ▶▷

Play Therapy

•▲•

　필자는 불가(佛家)의 스승을 만나 뵙기 전까지 서양 심리학이라는 좁은 눈으로 인간과 심리학을 이해했다. 그리고 그것을 과학적인 인간 이해라고 여겼다. 더욱 어리석은 것은 기후 풍토가 다르고, 역사가 다르고, 문화의 배경이 다르고, 정서의 표현 양식이 다르고, 정신적 뿌리가 다른 지구 반대편에서 그들에 맞게 발전한 심리학이 동서양 모두에 적용되는 글로벌 학문의 표준인 것처럼 알았다는 점이다. 그 생각이 얼마나 잘못되고 짧고 편협한 것인지를 불가의 가르침을 통해 비로소 알고 많이 부끄러웠다. 필자가 진지하게 관심을 기울였던 심리학은, 학점을 취득하거나 지식이란 범주의 호기심을 채우기 위해 학문의 전당이라는 곳에서 선택한 학과목에 있지 않았다. 이미 우리 선조들의 지혜에 지극히 넓고 당당하고 아름다운 모습으로 자리 잡고 있었으며 그것을 우리는 마음속에 이미 전승받고 있었는데 그 깊이와 가치를 어쩌다 망각하거나 잃어버렸던 것이다. 그래서 우리와 사유 체계의 풍토가 다른 서양에서 최고의 학위를 받고 최고의 임상 수련을 받았다고 내세우는 것이 어쩌면 아무 의미도 없을지 모른다.

필자는 종종, 융이 《주역(周易)》이나 《태을금화종지(太乙金華宗指)》나 《베다》 같은 힌두 경전 또는 불교 경전에 심취한 것과, 칼프가 마찬가지로 중국에 머무는 동안 관심을 기울이던 《주역》과 기타의 동양 사상에 매료되었던 것 등은 모두, 동양 정신이 그들이 알고 있는 서양의 정신의학이나 심리학보다 인간의 이해에 훨씬 더 큰 가르침을 주기 때문이라고 생각한다. 또 《소유냐 존재냐》라는 저술에서, 서양식 소유의 삶보다는 편견 없이 있는 그대로의 자연스러운 존재로서 자기를 관조하고 사유하는 동양식 삶이 훨씬 더 인간의 행복과 가깝다고 논한 에리히 프롬도, 어쩌면 서양의 정신의학이나 심리학이 당면한 한계를 극복하는 데 동양 정신이 필요하다는 것을 자각해서 그렇게 논했을지 모른다는 생각을 한다. 더불어 위에 언급한 큰 학자들이 동양 정신을 탐구했을 때엔 그만한 가치와 의의가 있었기 때문임을 생각하여, 우리가 이미 전승받은 우리 자신의 정신을 되찾는 노력을 하는 것도 선조들에게 면목을 세우는 일이라고 생각한다.

아래에 소개하는 글들은 현장에서 일을 잘하고 싶은 치료자들에게, 치료자로서 마땅히 갖추어야 할 심성을 스스로 점검하는 데 참고가 되도록, 필자의 스승에게서 받은 가르침을 혼자만 알기가 아까워서 전해주고 싶은 마음에, 필자의 견해를 보태어 압축하여 정리한 것들이다. 필자가 스승에게서 배운 동양 정신은 여기서 감히 언급할 수 없이 많고도 큰 가르침이지만, 필자의 능력이 짧고 미미하여 보잘것없고 부족함 많은 글이 되고 말았다. 그러나 글을 읽는 치료자들의 혜안으로 여기에 언급한 내용 이상으로 밝게 읽이시 도움이 되기를 희망한다.

만물을 키우는 그윽한 힘

노자의 《도덕경》에는 "생지축지 생이불유 위이불시 장이부재 시위
현덕(生之畜之 生而不有 爲而不恃 長而不宰 是謂玄德,《도덕경》 제10, 玄德
장)"이라는 글귀가 있다. 이는 "자연은 만물을 낳아서 기르는데, 낳아
서 기르지만 소유하려 들지 않고, 만물을 위해 일정한 질서를 갖추고
운행하지만 그 공을 내세워 자랑으로 여기지 않으며, 만물을 기르면서
도 좌지우지하지 않으니, 이것이 깊고도 그윽한 덕이다."라는 뜻이다.
이 글은 "아무것도 하는 바 없는 듯이 보이지만, 모든 것이 다 저절로
이루어져서 이루어지지 않는 바가 없다(爲無爲而無不爲)."는 노자의 무
위 철학에 관한 대표적인 가르침이다.

우리가 관찰할 수 있는 일반적 현상을 비유로 들어 좀 더 이해하기
쉽게 설명하면 다음과 같다. 봄은 만 가지 꽃을 피운다. 그러나 봄은
내가 꽃을 피우게 했노라는 공을 내세우지도 않고, 내가 꽃을 피웠으
니 나만이 꽃을 즐겨야 한다는 욕심을 부리지도 않는다. 또한 내가 꽃
을 피웠으니 꽃이 피고 지는 날짜를 내 마음대로 정하겠다는 오만도
부리지 않는다. 다만 가지 끝에 물 오른 꽃망울이 터지고, 땅 위로 고
개를 내미는 새싹들이 아름다운 자태를 드러낼 것이라는 꽃들의 자생
능력에 대한 신뢰를 바탕으로 봄은 그냥 있어만 주면 된다. 그저 있어

만 주는 것만으로도 봄은 만 가지 꽃들이 피어날 수 있도록 무량한 덕을 베푼다. 그것도 밋밋한 덕이 아닌 오묘하고 깊은 현덕(玄德)이다.

노자가 우리에게 가르치려고 자연의 덕(德)을 형용한 '현(玄)'은, 영원히 없어지는 것도 아니면서, 사람들의 인식이 닿을 수 없이 멀어서 가물가물하고, 심히 투명하고 깨끗하기 때문에 도리어 깜깜한 듯 보이는, 아득하고 그윽하고 깊숙한 상태를 말한다. 그 투명함과 깨끗함과 깊이를 이해하기 쉽게 비유한다면, 이 세상에서 가장 맑기 때문에 도리어 깜깜하게 보이는 깊은 우물 같은(淸無若水深還黑) 상태를 말한다. 우물의 물이 맑지 않을 때는 아무리 깊은 물이라도 뿌옇기만 하지 깜깜한 색을 띠지 않는다는 것을 생각하면, 깜깜한 우물은 그 물이 얼마나 깊고 맑을지 상상할 수 있을 것이다. 따라서 그저 있어주는 것만으로도 만향(萬香)의 꽃을 피우게 하는 봄의 덕은 단순히 밋밋함에 머물지 않는 맑고 투명하고 깊고 그윽하고 오묘한 현덕인 것이다.

노자가 우리를 향해 따스하고 조용히 들려주는 현덕은, 어린이를 만나고 그들의 성장 잠재력을 일깨워주는 우리네 치료자가 본받아야 할 최상의 덕목이다. 즉 치료자 자신이 깊고 맑고 그윽한 심덕(心德)을 갖추면 치료실에서 어린이가 저절로 변화를 일으켜 성장하게 될 것이라는 암시를 던져주는 가르침이다. 치료자의 성숙한 인격을 강조하면서 동시에 어린이가 본성적으로 지니고 있는 성장 잠재력과 어린이 자신의 자아 실현 능력을 최대한 존중해주는 로저스 학파*의 입장은 어쩌면 노자의 가르침에 잘 부합하는 것인지도 모른다. 만일 어떤 치료자가 어린이의 마음의 흐름을 존중하고, 그 마음의 흐름에 동반자가 되어주면서 어린이와 같은 공간에 있어주되, 그 자신의 계획대로 치료를 이끌어 나가지 않음으로써 도리어 어린이의 인격이 최대한 잘 성장할 수 있도록 촉진한다면, 아마도 그 치료자는 꽃을 피우는 봄처럼 무위로써 만 가지를 행하는, 세상에서 가장 본받을 만한 최상의 치료자일 것이다.

나를 드러내지 않는 밝은 힘

공자는, 군자 또는 성현의 덕을 일컬어 밝은 덕(明德)이라 했다. 명덕은 인(仁)에 머물러 백성을 날로 새롭게 하는 덕목이어서 냄새를 풍기지도 않고 색깔을 드러내지도 않는다고 했다. 공자의 가르침에 따르면 통치자가 어떤 냄새와 색깔을 드러내면서 백성을 다스린다면 그 통치 방법은 말단의 수법에 불과하다. 그러므로 태평성대를 이끄는 훌륭한 통치자는 요순 시대처럼 백성이 그 통치자가 누군지 모르면서도 편안한 삶을 누리게 하는 통치자다.

공자는 "하늘의 덕은 소리도 없고 냄새도 없기 때문에 가장 지극하다.(詩云 子懷明德 不大聲以色 子曰 聲色之於以化民 末也 詩云 德 如毛 毛猶有倫 上天之載 無聲無臭至矣,《中庸》제33장)"라면서 군자가 지녀야 할 최

....

* **로저스 학파** 미국의 심리학자 칼 로저스(Carl Rogers)의 인간 중심 치료를 따르는 심리 학파. 내담자 중심의 상담 요법을 취했는데, 치료자의 태도를 중시했다. 환자에 대한 긍정적 관심, 일치된 공감적 이해가 그 내용이다.

상의 덕을 하늘의 덕에서 찾았다. 이는 "하는 바 없어도 이루지 못하는 것 없다."며 도(道)의 현덕(玄德)을 언급한 노자의 가르침과 같다. 그리고 이 가르침은, 치료자가 주도하는 어떤 조작도 없이 어린이 자신의 자발적 의지에 따라 자신의 성장 잠재력을 최대로 이끌어내는 것을 돕는, 아동 중심 놀이 치료자의 바람직한 좌우명이다.

우리는 맹물을 마실 때에는 "아무 맛도 없다", "밍밍하다", "밋밋하다"라고 하고 과일 음료나 청량 음료를 마실 때에는 "달다", "시원하다", "짜릿하다" 등으로 혀끝에 느껴지는 맛을 강조하여 말한다. 하지만 우리가 매일 과일 음료나 청량 음료만 마시고 산다면 그 맛에 얼마나 실망하고 지루해하겠는가? 그리고 밍밍하다고 대수롭지 않게 여기던 맹물이 또 얼마나 그리워지겠는가? 이런 물 맛의 비유를 치료자의 경우로 돌려 생각해본다면, 어린이를 치료하기 위해서라는 명분으로 매일 색깔과 냄새와 소리가 요란한 오버 액션을 보이는 치료자와 마주하는 어린이의 심성이 어떻게 변할지 짐작할 수 있을 것이다. 거듭 강조하듯이 가장 훌륭한 치료자는 냄새도 색깔도 소리도 드러내지 않으면서 어린이로 하여금 가장 많은 변화를 이끌어내는 맹물 같은 치료자일 것이다.

조건 없는 깊은 사랑

공자가 말씀하신 성현의 '어짊(仁)'은, 치료자가 갖추어야 하는 인격의 자질이라는 측면에서 생각할 때, 만물에 대한 깊은 사랑, 겸양, 순발력 있는 기지(機智)와 해학, 치료자의 진실성, 온정, 조건 없는 수용 등을 모두 포함하면서 하나로 통일한 개념이다. 공자는 처음부터 끝까지 '인(仁)'을 기본으로 삼아 제자들을 가르치면서 이 세상의 평화를 추구했다. 어린이 심리 치료자도, 어린이의 마음이 평화로워야 세상이 평화로운 곳이 되며 또 그 평화의 터전을 닦는 역할을 맡은 것이 바로 치료자임을 자각한다면, 자신의 전문적 소양을 으뜸으로 가다듬고 올리기 위해 마음의 평온을 유지하도록 각별히 애써야 한다는 것을 잊을 수 없을 것이다.

공자가 다방면에 걸쳐 가르쳐준 '인(仁)' 가운데 치료자로서 마음에 새겨두면 좋을 인상적인 짧은 가르침을 살펴보면 다음과 같다.

유인자 능호인 능오인(唯仁者 能好人 能惡人, 《論語》里仁 편)

오직 어진 사람만 사람들을 능히 좋아할 수 있고 또 사람들을 능히 싫어할 수 있다는 뜻이다. 어질지 않은 사람이 사람을 싫어하게 되면 상대에게 큰 상처를 남기고 설령 누구를 좋아한다 해도 편견에 덮여 있으면 상대가 아픔을 겪기 쉽다. 그러므로 상대의 인격적 성장을 위해 마음 놓고 상대를 싫어할 수 있으려면 결단코 자신의 성품에 '인(仁)'을 갖추지 않으면 안 된다.

만일 심리 치료자에게 '인(仁)'이 온전히 갖춰져 있다면 내담자를 싫어한다 해서 내담자에게 상처를 주지는 않을 것이다. 왜냐하면 '인(仁)'을 갖춘 치료자가 어린이를 싫어한다는 것은 기실 내담자의 성숙을 촉진하는 방편일 뿐이지 결코 싫어하는 마음에서 일어나는 사사로운 감정이나 역전이(counter-transference)의 표현은 아닐 것이다. 반대로 '인(仁)'을 온전히 갖춘 치료자가 내담자를 좋아한다면 그것은 내담자의 성숙에 대한 안전한 공감일 뿐이지 내담자에게 자기 도취나 교만의 허물을 얹어주는 것도 결코 아닐 것이다.

인원호재 아욕인 사인지의(仁遠乎哉 我欲仁 斯仁至矣, 《論語》 述而 편)

'인(仁)'은 먼 데 있는 것이 아니고 내가 '인(仁)' 하고자 하면 그 '인(仁)'이 곧 지극한 내 것이 된다는 뜻이다. 흔히 치료자들은 "내가 참으로 치료자로서 자격이 있나?" 하며 전문성과 인격에 대해 수시로 회의하고 스스로 묻는다. 그중에서도 가장 많은 것이 "내가 정말 심리 분석을 통해 자각해야 할 많은 장애를 갖고 있지는 않을까?" 하는 의문이다. 그리고 자신의 옹졸함에서 벗어나려고 스승과 선배에게 분석과 조언을 구하려고 많은 노력을 기울인다. 이런 노력들은 치료자가 만나는 내담자에게 더할 수 없는 값진 성의 표시이며 필요한 과정이다. 그런 노력을 기울여야 치료자 자신에게나 내담자에게 미안한 마음을 덜 수 있다. 그런데 그런 가운데서도 '인(仁)'은 먼 데 있지 않고 '인(仁)' 하고자 하는 순간의 그 '인(仁)'이 가장 지극한 것이라는 공자님 말씀을 한결같이 마음에 새겨둔다면 아마 치료자는 자신의 옹졸함과 미안함을 많이 벗어버릴 수 있을 것이다. 왜냐하면 '인(仁)' 하고자 하는 마음을 내었을 때의 그 마음이야말로 바로 숨어 있는 우리 자신의 지고지

선(地高至善)의 이타적 본성일 것이기 때문이며, 바로 그 마음이야말로 작위 없이 어린이와 하나되는 마음일 것이기 때문이다.

대인불인(大仁不仁,《莊子(內篇)》濟物論)

《장자》에 나오는 이 구절은 어린이의 성장을 돕는 치료자가 마음에 새겨두면 좋은 가르침인데, 사사로운 감정의 작은 '인(仁)'을 베풀지 않는 것이 바로 크게 '인(仁)'을 베푸는 것이란 뜻이다. 예를 들어, 다리의 힘이 약해 층계를 오르내리는 수고를 덜려고 엄마에게 업어 달라는 자녀가 있을 때, 자녀가 안쓰러워 업어주는 엄마는 자녀 스스로 다리에 힘을 기르도록 용기를 내어 도전하게끔 이끌지 못한 어리석음을 보인 것이다. 즉 작은 '인(仁)'을 베풂으로써 큰 '인(仁)'을 저버린 것이다. 그러나 반대로 꾀 부리는 자녀를 달래면서 업어주지 않고 스스로 층계를 오르내리도록 격려했다면 그 엄마는 작은 '인(仁)'을 베풀지 않음으로써 오히려 큰 '인(仁)'을 행한 것이다. 친절과 사랑이 몸에 밴 치료자일수록 알게 모르게 작은 정성으로 어린이의 큰 성장을 가로막는 경우가 종종 생긴다. 그런 경우가 생길 것을 경고하는 의미에서 대인(大仁)은 불인(不仁)이란 장자의 말씀을 치료자가 몸에 익힌다면, 아마도 실제로 일어나는 치료 상황에서, 어린이의 성장을 도리어 방해하는 작은 정성 베풀기를 잘 경계할 수 있을 것이다. 진실로 어린이의 성장 잠재력을 믿고 어린이 자신이 노력하는 것을 존중해주는 현명한 치료자일수록 가벼운 선심은 베풀지 않을 것이다.

아픔을 어루만지는 천 개의 손, 천 개의 눈

많은 문화권에서 고통에서 구원해주는 존재의 이미지에 여성성을 부여한다. 우리가 쉽게 떠올리는 가장 대표적인 구원상은 아마도 성모 마리아와 관세음보살일 것이다. 서구의 문화나 종교에 친숙한 사람은 성모 마리아에 의지하여 인생의 고통을 하소연하고 위로받을 것이며, 동양의 문화나 불교에 친숙한 사람은 관세음보살에 의지하여 인생의 고통을 하소연하고 위로받을 것이다. 그런데 이 두 가지 구원상에서도 동양과 서양의 정신 문화의 차이가 존재한다.

성모 마리아가 주로 인간을 고통에서 구원하는 대표적 심상으로 자리 매김했다면, 관세음보살은 눈에 보이거나 보이지 않거나 인간을 포함한 세상 모든 존재의 고통을 살피고 구제하는 대표적 심상으로 자리 매김했다. 그리고 성모 마리아는 인간 고통의 구원상으로서 자리 매김될 때까지 구세주 예수를 낳은 역사적 기원이 있고, 관세음보살은 자비의 화신으로 자리 매김될 때까지 실존적 존재가 아닌 정신적 존재로서 만물의 구제와 가까웠다.

그런데 사실 불교에서 관세음보살은 여성과 남성이 갈라지기 이전의 형이상학적 존재로서 성별 초월의 이미지를 지니고 있다. 즉 역사적 시간을 초월한 관세음보살은 부성애와 모성애를 함께 지닌 자비의 화신인데도 많은 사람들이 여성성을 부여해 왔으며, 성모 마리아는 역사에 실존했던 어머니였기에 그대로 모성애 짙은 대표적 여성성의 구원의 이미지를 지니게 되었다.

불교에서 전해져 내려오는 관세음보살은 구원이 필요한 곳이라면 시간과 장소를 가리지 않고 언제나 어디에나 적절히 나투도록 32개의 몸(32應身)을 지니고 있으며, 11가지 모습의 얼굴(11面 觀音)을 지니고 있다. 또 사바 세계든 사바 밖의 세계든 세상 모든 고통을 섬세하고 모자람 없이 듣고 살피고 어루만지기 위해 천 개의 손과 천 개의 눈(千手千眼觀世音)을 지니고 있다. 관세음보살이 이렇게 몸과 얼굴과 손과 눈을 많이 갖추고 있는 까닭은 아무래도 세간 구석구석의 고통 소리를 보고 들으면서 남김 없는 자비를 골고루 행해야 하기 때문에 그런 것 같다.

놀이 치료자도, 비록 관세음보살의 천 개의 눈과 손을 빌리지는 못하더라도, 자신의 두 눈과 두 손을 아끼지 않고 잘 사용한다면 어린이의 고통을 알아차리거나 또는 알아차린 뒤에 사랑과 온정을 베푸는 데 모자람이 없을 것이다. 우리의 귀는 경청에 필요하지만 따뜻함을 전달하는 기능은 없다. 코는 침 냄새, 오줌 냄새, 대변 냄새 등 어린이에게 감지되는 체취를 통해 어린이의 고통을 헤아리는 데 유익한 정보를 주기는 하지만 고통을 나누고 공감하는 데에는 별로 도움이 되지 않는다. 입은 언어의 한계 때문에 오히려 따뜻한 마음과 기운을 제대로 전하지 못하고 왜곡하거나 축소할 위험이 따라다닌다. 따라서 이심전심의 교감과 온정을 베푸는 데는 눈과 손 이상의 것이 필요하지 않다. 눈은 입이 담당해주는 미소까지 대신 담아주고 손은 자비가 우러날수록 더욱 따스한 온기를 실어 나른다. 어린이와 고통을 나누고자 하는 치료자에게 관음보살 같은 눈과 손 이상의 어떤 것이 필요하겠는가? 그러므로 다음과 같은 말을 걸림 없이 강조해도 될 것이다. "자고로 치료자는 눈과 손을 아끼지 말지어다."

흙탕물을 정화하는 연꽃의 가르침

연꽃은 동서양을 막론하여 진리, 성인, 인격의 완성 등으로 비유되거나 이상향의 상징으로서 사랑받는 꽃이다. 연꽃을 예찬한 사람들이 많았는데 그 가운데 대표적인 사람을 들어보면 아마도 중국 북송의 주돈이(周敦頤, 1017~1073)일 것이다. 그는 〈애련설(愛蓮說)〉을 통해 연꽃의 청정한 아름다움을 다음과 같이 극찬했다. "나는 유독, 진흙에서 나왔으나 더러움에 물들지 않고 맑고 출렁이는 물에 씻겼으나 요염하지 않고 속은 비었고 밖은 곧으며 덩굴은 뻗지 않고 가지를 치지 아니하며 향기는 멀수록 더욱 맑고 꼿꼿하고 깨끗이 서 있어 멀리서 바라볼 수는 있으나 함부로 가지고 놀 수 없는 연꽃을 사랑한다."

주돈이의 연꽃 사랑을 굳이 들추지 않더라도 우리는 연꽃의 가르침을 은유적으로 남긴 우리의 고전을 이미 익히 들어서 알고 있다. 그것은 바로 《심청전》이다. 필자는 세월이 흘러서 선조들이 후세에 남긴 은유적 가르침의 뜻을 조금씩 알게 된 나이에 이르러서야 비로소 《심청전》 속에 숨어 있는 교훈의 진수를 찾을 수 있었다. 그 이야기 속에서 우리는 참으로 그윽한 선조들의 지혜와 연꽃의 향을 맡을 수 있다.

《심청전》의 줄거리는 간단하다. 눈이 안 보여 불편하게 사는 아버지를 봉양하던 심청이는 아버지의 눈을 뜨게 하려고 공양미 삼백 석을 목숨과 바꾸어 보시한다. 그리고 공양미를 대가로 뱃사람들과 맺은 약속을 지켜 그들의 안전을 위해 자신의 목숨을 바다에 던진다. 그러나 심청이는 몸을 던진 바다에서 용왕의 배려로 거듭 태어나 연꽃을 타고 이 세상에 돌아와 왕비가 된다. 왕비가 된 후 일구월심 소원했던 대로 맹인 잔치를 베풀고 드디어 아버지를 만나 아버지의 안맹(眼盲)을 깨뜨려 광명으로 인도한다.

《심청전》 속의 아버지는 맹인이다. 그를 맹인으로 설정한 것은 우리 인간이 욕심과 분노에 눈이 멀어서 본래 청정하고 밝고 자유로운 마음을 알지 못하고 어둡게 살아가는 모습을 비유한 것으로 보인다. 그 딸의 이름은 '맑다'는 뜻의 청(淸)이다. 그리고 청이는 뱃사람들의 안전을 위해 목숨을 던진다. 청이가 몸을 던진 바다는 고통에 휘말려 사는 우리의 인생살이(業海)를 상징한 것이고, 뱃사람들은 물론 고통의 바다에서 근근이 살아가는 우리를 상징하는 것으로 보인다. 따라서 《심청전》 이야기 속의 청이는, 몸과 마음을 바쳐 이타심을 내어 무지함 때문에 고통의 바다에서 허덕이는 인류의 구원자를 상징했을 것이다. 흥미롭게도 《심청전》 속의 구원자 역시 여성이다. 그리고 심청이가 수궁에서 환생하여 바다에 떠올라 이 세상에 돌아올 때 의지한 것은 연꽃이었다. 《심청전》에서 연꽃은 결국 구원자의 좌대(座臺)였으니, 어쩌면 그 연꽃은 범부의 무지(無知)를 밝히는 성인의 등불일 수도 있고, 삶과 죽음을 넘어 시간과 공간을 꿰뚫고 존재하는 생명의 본바탕일 수도 있고, 지혜의 상징이며 진리의 세계를 상징한 것일 수도 있겠다.

이야기 마지막 부분에서 심봉사가 눈을 뜰 때 궁궐에 함께 모여 있던 모든 맹인들이 동시에 다 광명을 찾는다. 이는 한 사람의 고통은 만인의 고통이며 한 사람의 기쁨이 만인의 기쁨인 것을 암시하는 것이다. 쉽게 비유하자면 손가락 하나가 아프면 손가락만 아픈 것이 아니라 몸 전체가 아프고 손가락의 아픔이 나으면 몸 전체의 아픔이 가시듯이, 이 우주는 서로의 어울림으로 움직이는 하나의 생명이라는 것을 계몽하는 것이다. 그리고 손가락 열 개와 온몸이 각각인 동시에 전체인 하나인 것처럼, 그 각각이자 전체인 하나의 생명은 곧 심청의 환생을 받쳐준 연꽃으로 집약되는 것이다.

치료자들에게 많은 것을 암시해주는 《심청전》의 청이와 심봉사의 관계는 치료 현장에서 치료자와 어린이의 관계와 많이 닮았다. 그리고 심청이가 의지한 연꽃은 치료자와 어린이가 서로 공유하는 마음의 세계를 잘 대변해준다. 따라서 치료자가 《심청전》을 마음에 새길 때는, 타인의 고통을 구제하려고 목숨을 던져 이타심을 발휘한 심청이의 마음을 치료자의 마음에 담아야 할 것이다. 또 심청의 좌대였던 연꽃이 치료자와 어린이의 청정무구한 마음이 공유하는 근본 자리임을 생각하여 치료 기간 동안의 만남이 연꽃의 가르침 속에서 이뤄지도록 노력해야 할 것이다.

주돈이의 연꽃 예찬이나 《심청전》의 연꽃 말고도 치료자의 귀감이라 할 수 있는 연꽃의 성품에 관한 예찬은 많다. 그 가운데 잘 알려진 것을 소개한다.

연꽃잎은 한 방울의 물도 몸에 닿기를 허용하지 않는다. 어쩌다 물방울이 떨어지면 그대로 곧 굴려서 떨어뜨리고 아무런 흔적도 남기지 않는다. 이는 우리 치료자가 자신의 치료 행위에 대해 마음에 어떠한 흔적도 남기지 말라는 뜻이다. 학식과 경력이 쌓여 치료가 잘 진행되더라도 자만심을 갖지 말고, 어린이와 그 가족 그리고 동료 치료자에게 어떠한 편견이나 의구심도 품지 말며, 치료 행위에서 실패를 경험해도 실망이나 열등감에 물들거나 미련을 남기지 말라는 뜻이다. (不與惡俱)

연꽃은 흙탕물에서 자라지만 결코 흙탕물에 물들지 않고 오히려 흙탕물을 정화한다. 그리고 연꽃 자신은 초지일관 깨끗한 상태를 유지한다. 그래서 자신이 자라는 터전이 더러워도 허물이 붙지 않고, 더러움 속에서 핀 그 아름다움에도 전혀 허물이 붙지 않는다. 이는 치료자가 주변의 부조리와 타협하지 말고, 전문가로서 윤리를 망각하지 않으면서, 고고한 인품을 반영해 치료의 성공이라는 아름다운 꽃을 피우라는 주문인 것이다. (離諸染汚)

연꽃이 피면 물 속의 냄새가 사라지는 대신 아름다운 향기가 가득 퍼진다. 이는 더러움을 향기로 돌려 그 더러움을 사라지게 하는 연꽃처럼, 치료자가 자신의 인격 가운데 모자라는 부분을 잘 가다듬어 충만한 인간애로 채우고 어린이를 행복한 삶으로 되돌려줌으로써 그 행복이 인류 전체의 행복으로 이어지도록 노력하라는 주문이다. (戒香充滿)

연꽃은 물 위에 솟은 줄기와 잎이 깨끗한 것은 물론이거니와, 오물이 즐비한 물 밑에서 자란 뿌리조차 청정하다. 연뿌리의 껍질을 벗겨보면 그 속살이 하얗게 드러나는 것을 볼 수 있다. 이는 치료자에게 아무리 더러운 비난과 욕설이 주변에 난무하더라도 동요하는 일 없이 자신의 바른 가치관과 양심에 따라 치료에 매진하라는 주문이다. (本體淸淨)

물 위에 떠 있는 연잎은 둥글고 원만하다. 또 허공에 얼굴을 내민 연꽃은 맑고 고고한 아름다움이 있어 보는 사람의 마음을 순화시키고 즐거움을 느끼게 해준다. 이는 치료자의 원만한 성격과 부드러운 미소와 온화한 말로써 어린이의 마음에 평화와 기쁨을 안겨주라는 가르침이다. (面相喜怡)

연꽃의 줄기는 부드럽고 유연하여 비바람에 쉽게 부러지지 않는다. 이는 치료자의 가치관과 사고가 유연하고 자유분방해서 치료 철학이 창의적이고 융통성 있게 운용되며 인간 관계에서 마찰도 일어나지 않아야 한다는 주문이다. (柔軟不澁)

연꽃은 생시에 볼 때도 물론이거니와 꿈에서 보더라도 길조라고 말한다. 이는 치료자가 덕행이 있어 많은 사람들에게 도움을 주며 치료자를 만나는 사람마다 그 덕행의 영향을 받아 감화가 일어나도록 하라는 가르침이다. (見者皆吉)

연꽃은 꽃이 피는 것과 동시에 열매가 맺힌다. 이는 치료자에게 자신이 본래부터 지니고 있는 깨끗한 본성과 이성이 자신의 일시적 허물을 잠시라도 떠나지 않고 지켜보고 있음을 자각하라는 가르침인 동시에, 사심 없는 치료 행위로 선행의 씨앗을 뿌린 만큼 반드시 그 결과를 얻는다는 가르침을 주는 것이다. (開敷具足)

연꽃은 활짝 폈을 때 색깔이 은근하고 곱기로 유명하다. 활짝 핀 연꽃은 보는 사람으로 하여금 맑고 포근한 느낌을 준다. 이는 치료자가 성숙한 인품을 지니고 있으면서 주변 사람들의 미망을 은연중에 눈뜨게 해주고 혼탁한 마음을 소리 없이 맑혀주라는 가르침이다. (成熟淸淨)

연꽃은 어린 싹일 때부터 다른 꽃들과 달리 구별하기가 쉽다. 둥글고 넓은 잎과 긴 꽃대가 있어 굳이 꽃이 피지 않더라도 연꽃인지 알 수 있다. 이는 치료자에게 누가 보든지 첫눈에 존경스럽고 기품 있는 사람인 줄 알아차리도록 끊임없이 인격의 고양을 위해 노력하라는 가르침이다. (生已有想)

물에서 배우는 덕

노자는 최고의 선(善)을 물에서 찾았다(《도덕경》 제8장 上善若水). 《도덕경》에 따르면 물은 부드러워서 온갖 것을 섬기고 다투는 일이 없으며 낮은 곳으로만 흐른다. 그리하여 물처럼 부단히 흐르고 움직이면서 살기만 하면 지혜롭고 어질고 정의롭고 겸양이 있으며, 때와 장소를 가릴 줄 알기 때문에 흠결이 없다.

우리는 매일 물과 가까이 마주하고 산다. 목마름을 해결하려고 마시기도 하고, 깨끗이 하려고 청소도 하고 몸도 씻는다. 그러면서도 물의 고마움을 모르거나 물이 우리에게 주는 교훈은 생각하지도 않는다. 우리가 연꽃의 미덕과 함께 매일 아침 한 번씩이라도 물을 대하며 물의 미덕을 되새긴다면 치료자로서 본분을 망각하는 일이 그만큼 적어질 것이다. 아래의 글은 물에서 찾아보는 치료자의 덕목을 요약해본 것이다.

물은 만물이 태어나고 자라는 데 결코 모자라서는 안 될 생명의 원천이다. 물이 생명의 원천이듯 치료자도 어린이의 성장의 원천이라 할 만큼 손색없는 존재여야 한다.

물은 부드럽다. 그러나 또 반대로 물만큼 강한 것도 없다. 이처럼 온유하면서도 강건한 양면성은 어린이와 마주하는 치료자가 가장 근본적으로 갖추어야 할 덕목이다. 아무리 거칠고 고집스럽고 파괴적인 어린이라 하더라도 치료자의 온유함 앞에서는 결국 고개를 숙여 바람직한 성품을 기르기 때문이다.

물은 흘러가는 성질이 있고 고여 있으면 썩는다. 치료자의 마음도, 내담자인 어린이의 마음도 역시 흘러가는 속성을 갖고 있다. 어린이의 심리 치료 현장에서는 치료자가 어린이의 심층 작업에서 동반자의 역할을 충실히 이행해야 할 의무가 있다. 만일 어린이의 심리적 흐름에 발맞추지 못하고 멈췄다가 잠시라도 흐름이 깨지면 어린이와 치료자의 마음에 거리가 생긴다. 그리고 치료자와 어린이 사이에 틈이 생기면 물이 고여 썩듯이 치료자와 내담자의 관계에 상처가 남는다. 따라서 치료자는 어린이 마음의 흐름에 발 맞추려는 부단한 노력을 기울여야 한다.

물은 흘러가면서 자기가 흘러온 길을 뒤돌아보거나 어디로 흘러갈지 그 앞길을 분별하지 않는다. 만일 치료자가 치료 현장에서 현재의 그 순간에 주목하지 않고 자신의 과거를 회상하거나 또는 지나간 치료 과정을 반추한다면, 그리고 자신의 미래 또는 치료 과정의 미래를 두고 좋고 나쁜 것을 예단하거나 공상을 한다면, 치료자 자신의 마음이 흔들려 안정을 해칠 것이고 따라서 어린이의 마음도 흔들릴 것이다.

물은 언제나 아래를 향해 흐른다. 이는 곧 치료자에게 타인을 존중하고 자신의 마음은 낮추도록 겸양을 가르쳐주는 것이다.

물은 서로 다른 길을 흘러가다가도 자기네끼리 만나면 서로 어울리면서 큰 바다를 향해 나아간다. 그리고 큰 바다에서 서로 만난 물은 너와 나를 가르거나 흩어지는 일 없이 한몸을 이룬다. 이는 치료자가 박애 정신을 바탕으로 타인과 조화를 이루도록 힘을 기울이라는 가르침이다. 타인과의 조화는 물론, 치료자와 아동을 포함하여 학부모, 동료, 윗사람과 아랫사람을 모두 포함한 인간 관계에서 원만한 어울림을 말한다.

물은 빈 곳을 채운다. 이는 타인의 추위와 굶주림을 내 것처럼 여기고 따뜻하게 채워주라는 가르침이다. 특히 어린이 마음 속에 상처로 남아 있는 굶주림을 채워주는 일은 치료자 자신의 근본 임무이니 더욱 그렇다.

물은 네모난 그릇에서는 네모의 모양을 갖추고 둥근 그릇에서는 둥근 모양을 갖춘다. 내담자와 일체감을 유지하려 노력하는 치료자라면 내담자의 그릇됨과 일거수일투족에 동화될 수 있어야 한다.

물은 장애물을 만나더라도 장애물과 부딪치지 않고 피해서 돌아간다. 이는 치료를 진행하면서 순간순간 부딪치는 여러 가지 마찰에 어떻게 대응해야 현명한지에 대한 가르침을 주는 것이다. 또 인간 관계에서 생기는 마찰에 대한 해답이기도 하다.

물은 정화 작용이 있다. 이 세상의 어떤 더러움이라도 그것을 씻어내는 것은 물이다. 치료자가 물과 같은 사람이라면 자신은 물론 타인의 허물까지도 정화시켜 온누리의 평화에 기여하는 바가 클 것이다.

해답은 멀리 있지 않다

벌가벌가 기칙불원(伐柯伐柯 其則不遠)
이 글귀는 《시경(詩經)》에 실려 있는 것을 《중용》 13장에서 인용한 것이다. 도끼 자루를 만들 나무를 베려면, 손에 쥐고서 나무를 베고 있는 바로 그 도끼 자루를 보고 알맞은 재질과 크기의 나무를 베라는 뜻이다. 즉 해답을 멀리서 찾지 말고 가까운 곳에서 찾으라는 가르침이다.

우리 치료자들은 전문성을 중시하다가, 아주 가까운 곳에서 찾은 해답은 시시하고 그 대신 먼 곳에 있는 전문가 또는 전문 서적에서 해답을 구해야만 전문적이라고 여기는 오류에 빠지기 쉽다. 그러나 정말로 훌륭한 답은 평범한 것으로 아주 가까운 곳에서 그리고 아주 쉬운 것에서 찾아낼 수 있다.

예를 들어 손가락 움직임이 매우 둔한 어린이를 학부모가 집에서 어떻게 도와주면 좋을지 질문했다고 치자. 이럴 때 치료자는 전문성을 살려 조언하는 것이 더 성실하다고 여기고 대체로 아주 점진적이고도 치밀한 프로그램을 짜서 제공해주려 한다. 그러나 치료자가 전문성을 살려 계획한 프로그램은 좀 더 멀리 있는 것이다. 더 훌륭한 해답은 가정에서 벌어지는 일상 생활에서 찾아주는 것이다. 이를테면 엄마와 함께 콩나물을 다듬게 하거나, 마늘 껍질을 까게 하거나, 감자나 계란을 삶아주되 어린이 스스로 껍데기를 벗겨 먹게 해주라는 조언을 하는 것이다. 이렇게 생활 속에서 찾아주는 해답은 가깝고도 쉬워서 가장 훌륭한 해답이 될 수 있다. 그리고 그것이야말로 어쩌면 가장 전문적이고도 훌륭한 정답인 것이다.

또 다른 예를 들어보자. 어떤 어린이가 발성과 발음 책략은 알고 있는데 단순히 혀의 움직임이 둔해서 발음이 나쁘다면 좀 더 정확한 발음 연습을 위해 언어 치료실을 다니며 많은 경비와 많은 시간을 소모하기보다는 껌을 자주 씹도록 하는 것이 더 쉽고 가까운 해답이 될 수 있다.

또 어떤 어린이가 주의가 산만하다면 전문화된 주의 집중 프로그램으로 훈련시키려 애쓸 것이다. 그러나 치료자와 눈을 마주치고 인사하는 시간을 연장하여 선생님이 어떤 색깔의 옷을 입었는지, 머리 모양은 어떻게 달라졌는지, 지금 어린이 앞에 보이는 물건들은 무엇이 있는지, 벽에 걸린 시계의 긴 바늘과 짧은 바늘은 어떤 숫자에 걸쳐 있는지, 거울에 비치는 물건들은 무엇인지 따위로 주변 사물을 활용한 질문을 한다면 어린이가 외부 환경에 기울이는 관심도 늘리고, 사회적 관계의 기술도 늘리고, 주의 집중 시간도 연장시키는 해답을 찾은 것이 된다.

따라서 치료자는 전문성을 놓쳐서도 안 되지만 전문성의 덫에도 걸리지 않도록 노력해야 한다. 언제나 '그 순간 그 현장에서' 가장 적절하고 효과적인 해답을 찾아내도록 지혜를 길러야 한다.

한국 여성의 천부적 모성애

우리나라 사람들은 본성적으로 상담자로서 천부적 능력을 지니고 있다. 그중에서도 한국 어머니의 모성애는 특히 더 그렇다. 상담자에게 절대적으로 필요한 온정, 조건 없는 수용, 공감 등이 바로 한국 어머니들의 유전 형질 안에 풍부하게 전승되었기 때문이다. 그래서 어쩌면 한국의 자녀들에게는 얼마 전까지만 해도 상담이라는 것이 불필요했는지도 모른다. 이 말을 거꾸로 생각하면 서구인의 삶에서는 자녀 양육 방식이나 모성애 표현 방식에 문제가 있어서 상담이라는 것이 하나의 학문 체계로 일찍이 발전하게 되었을지도 모른다는 추측이 가능하다.

한국인이 대체로 모성 지향적이고, 그 모성 지향적인 한국인에게 상담자로서 천부적 능력이 있다고 말할 수 있는 배경은 어디에 있을까? 아마도 다음에 열거하는 한국의 기후 풍토와 삶의 방식에서 찾아볼 수 있을 것이다.

첫째, 한국의 산세는 여성스럽다.

한국의 지형은 금강산 같은 골산(骨山)을 제외하고는 대부분이 부드러운 능선의 육산(肉山)으로 이루어져 있다. 그리고 그 능선들이 겹겹으로 주름져 있기 때문에, 마치 부끄럽고 서러우면 숨어들기 좋은 어머니의 치마폭처럼 아늑하다. 또 그 산으로부터 우리는 어머니의 젖처럼 귀중한 골짜기의 물을 얻으며, 약재와 산채도 넉넉히 얻는다.

둘째, 겹겹의 산자락 아래로 눈을 옮겨보자.

대체로 산등성이가 병풍처럼 둘러져 바람막이를 해주는 곳에 한국인의 안정적 생활 근거지인 마을이 모여 있다. 마을 뒤편 조금 높은 곳에는 어머니 품 같은 둥근 모양의 봉분들이 가지런히 자리잡고 있다. 그 속에 누워 있는 조상들은 자손의 삶을 지켜보며 명절마다 효도를 받는다. 이렇게 하여 선대의 어른들과 후대의 자손들은 맥맥이 한국의 따뜻한 정신 문화를 이어간다. 명절마다 오랜 시간이 걸리더라도 선물을 손에 들고 기어이 고향을 찾아가는 귀향 행렬이 이를 잘 말해준다. 어머니 품으로 돌아가려는 한국인의 향수는 가히 세계적일 것이다. 그리고 그 어머니 품과 같은 마을에서 태어나고 자란 한국인의 정서에는 여전히 따뜻하고 부드러운 모성애가 배어 있을 것이다.

셋째, 조상의 쉼터 아래로 눈을 옮겨보자.

옹기종기 모여 있는 마을의 주거지는 대체로 선산을 뒤로 하고 그 아래에 펼쳐져 있는데 거의 모든 지붕의 모양은 기와집이거나 초가집이거나 주로 여성스러운 곡선으로 이루어져 있다. 특히 초가 지붕은 모양이나 질감 자체로도 어머니 품을 떠올리게 한다. 둥그런 봉분 아래에, 둥그런 초가 지붕 위에, 가지를 뻗은 덩굴 사이로 둥그런 박이 탐스럽게 드러나면 더욱 모성애 짙은 어머니를 떠올리게 된다. 어디 그뿐인가? 울타리 옆에 서 있는 감나무의 붉은 열매, 양지 바른 장독대에 가지런히 서 있는 둥근 항아리들, 마당에 펼쳐진 둥근 멍석 등등 어느 곳으로 눈을 돌려도 어머니 사랑을 느끼지 않을 수 없는 생활 방식으로 온통 덮여 있다.

넷째, 이번에는 둥근 능선, 둥근 묘, 둥근 지붕, 둥근 항아리에서 멀리 나가보자.

마을과 마을 뒷산을 뒤로 남기고 앞으로 나가면 멀지 않은 곳에 냇물이 있다. 마을을 가까이 두면서 산야를 가로질러 흐르는 한국의 냇물은 맑고도 부드럽고 정감이 풍부하다. 냇물 속에서 춤추며 흘러가는 구름을 바라보며 냇물의 노래를 듣노라면 어느새 바로 그곳에서 어머니의 음성으로 부르는 듯한 동편제와 서편제가 울린다.

그리고 좀 더 멀리 나가면 바다에 이른다. 바다는 인류의 고향이어서 엄마의 자궁 속 양수처럼 짙은 향수를 일으킨다(바다의 성분과 양수의 성분은 같다고 한다). 이렇게 산과 들판과 냇물과 바다를 동시에 아기자기하게 소유한 나라가 얼마나 있겠는가? 그리고 그런 국토에서 키워진 한국인의 정서는 또 얼마나 다정다감하겠는가?

다섯째, 한국의 기후를 생각해보자.

한국의 기후는 춘하추동의 변화가 뚜렷하다. 그래서 계절의 변화에 따른 하늘빛과 산천의 경계가 오색실로 수놓은 듯 매우 다채롭고 아름답다. 그 덕에 한국인이 다정다감한 것은 어쩌면 당연한지도 모른다. 또 한국의 기후는 여름 더위와 겨울 추위를 오가는 기온차가 매우 크다. 그런 기후에 적응하는 동안 구축된 한국인의 인내력과 유연성은 어쩌면 다른 어느 민족보다 뛰어날지도 모른다. 그리고 바로 이런 것들이 모성애의 속성이기도 하다.

여섯째, 한국 사회를 구성했던 기본 단위를 생각해보자.

한국의 산야는 주거지 이동이 어렵고 기후는 농경 문화에 적합했기 때문에 대체로 씨족 단위 중심으로 정착하면서 사회 생활이 이루어졌다. 그런데 서로 모여 사는 씨족 중심의 사회는 아무래도 유전 형질이 비슷하게 전승되므로 체질과 기질, 정서와 사고 등이 공유되기 쉽다. 이를테면 유전적으로 코드가 같아서 이심전심이 쉽다는 이야기가 된다. 요사이 새로 알려진 대뇌생리학자들의 용어를 빌려 거울 신경 세포*의 발달이 자연스럽게 증폭되었다고나 해야 할까?

일곱째, 한국 어머니의 모성애에는 찰시(察施 또는 察視, 눈치껏 살피고 알아서 상대의 모자람을 베풀어주는 것)가 몸에 배어 있었다.

한국 사람들은 전통적으로 말을 삼갔다(語吝十成, 말은 완벽함을 이루기가 어렵다는 뜻). 말은 마음의 표현을 축소하고, 또 말이 도리어 자꾸만 마음이 통하는 것을 막는다는 생각 때문이었다. 그런 혜안이 있었기 때문에 전통적으로 마음의 거리를 만드는 말보다 도리어 말없이 잘 통하는 이심전심의 교류를 더 발달시켰는지도 모른다. 엄마와 자녀 사이에서도 우리 선대의 어머니들에게 물려받은 이 전통이 있어서 우리는 아직도 다른 나라의 어머니보다 훨씬 더 훌륭하게 어머니 역할을 수행할 수 있을지 모른다. 우리가 물려받은 이 모성애의 유산이야말로 어린이를 만나는 치료자에게는 가장 값진 치료적 자질이 아니겠는가?

이처럼 한국인의 정서에는 기후 풍토와 삶의 방식에 영향받은 깊은 모성애가 배어 있다. 그리고 그 전통을 이어받아 한국 여성의 손에서 자란 한국의 자녀들은 매우 안정적이었다. 그런데 요즈음 들어 그런 전통이 어긋나는 추세여서 매우 걱정스럽다. 그렇지만 적어도 어린이를 만나는 치료자만큼은 천부적으로 훌륭하게 물려받은 모성적 자질과 전통을 치료 현장에서라도 잘 살려 전문성으로 이어가야 하지 않을까? 그러려면 설령 외국에서 학위를 받고 전문가 훈련을 받았다손 치더라도 다시 한국인의 정서에 동화되려는 노력을 아끼지 말아야 한다.

....

* **거울 신경 세포(Mirror neuron)** 다른 사람의 행동을 보는 것만으로 자신의 뇌 속에 그 활동과 관련된 부분들을 활성화시키는 세포군.

귀를 크게 열어라

뜻 글자인 한자에서 지덕(知德)이 뛰어나고 거룩함을 나타내는 글자는 '성(聖)'이다. 이 글자는 귀(耳)와 입(口)을 으뜸(王)되게 사용하라는 의미를 담고 있다. 그런데 우리가 주목해야 할 것은 '성(聖)'자를 쓸 때 귀와 입 가운데 귀가 먼저 쓰이며 더 크게 쓰인다는 점이다. 글자의 모양이 이렇게 이루어졌다는 것은, 지덕을 갖추고 거룩한 일을 행하는 사람들은 모름지기 말하는 일보다 듣는 일에 더 정성을 기울인다는 뜻이다.

우리는 인류에게 큰 스승이었던 역사적 인물, 즉 석가모니, 예수, 공자, 소크라테스를 성인(聖人)이라고 여긴다. 이 네 분의 스승에게 성인이라는 칭호를 붙여주는 이유는 바로 대중과의 만남에서 입을 사용하는 것보다 귀를 더 훌륭하게 많이 사용했으며, 그 귀가 주로 인간의 고뇌를 평화로움으로 이끄는 데 쓰였기 때문이다. 더욱이 대중의 자존감을 최대로 존중하면서……. 인간의 자존감을 최대로 존중하면서 고뇌를 평화로움으로 바꾸는 일은 곧 심리 치료가 목표하는 바이니 이 네 분 성인이야말로 진정 심리 치료자의 귀감이 아니겠는가!

우리가 익히 들어왔던 인본주의 심리 치료에서는 치료자가 말을 아끼는 대신 내담자의 말에 귀 기울이는 '경청'을 매우 중시한다. 바로 인류의 4대 스승처럼 '성(聖)'의 실천을 강조한 것이다. 그러나 어린이를 대상으로 하는 심리 치료자에게 '성(聖)'에 담긴 실천 덕목은 비단 말에 대한 귀 기울임으로 그치는 것이 아니다. 어린이 몸짓 전체에 대한 귀 기울임이며, 어린이에게 친구가 되어주는 놀잇감 모두에 대한 귀 기울임이며, 치료에서 전개되는 상황 모두에 대한 귀 기울임이다

차고도 따뜻한 호옥의 마음으로

호옥(皓玉)은 하얀 옥이라는 뜻이다. '호(皓)'자는 깨끗하고 맑고 밝은 상태를 뜻하는 글자다. 따라서 호옥은 맑고도 밝으면서도 하얀 빛을 띤 순수한 옥을 말한다. 그렇지만 하얀 빛을 띠고 있기 때문에 동시에 갖가지 색을 다 머금은 빛을 띨 수도 있다. 이것이 동양에서 호옥이 사랑받는 이유의 하나이다.

호옥이 사랑받는 또 다른 이유는 호옥이 빛을 흡수하는 보석이기 때문이다. 서양 사람들이 다이아몬드처럼 빛을 발하는 보석을 좋아하는 것과 달리, 동양 사람들은 옥, 비취, 호박처럼 빛을 흡수하는 보석을 예찬한다. 아마도 동양 사람들은 자기를 내세우기보다 자기를 낮추는 겸양을 더 큰 미덕으로 여겼기 때문에 그럴 것이다. 우리의 옛 어른들도 "벼가 익으면 고개를 숙인다.", "수레가 가득 차면 소리가 나지 않는다." 같은 격언으로 자신을 드러내지 않는 미덕을 가르쳐 왔다. 장자는 우화를 통해 눈에 띄는 나무가 더 빨리 베어진다는 것으로 겸양의 중요함을 암시했고, 《시경》에서는 비단옷을 입으면 그 비단의 화려한 무늬를 감추기 위해서 홑옷을 한 겹 더 입으라는(衣錦上絅) 가르침을 남기고 있다. 이렇게 동양에서는 겸양의 미덕을 다양한 은유로 가르쳐

왔다.

호옥과 자주 짝 지어 예찬되는 것 가운데 달이 있다. 어쩌면 어둠을 환히 밝히는 달도 호옥처럼 빛을 흡수하면서 별무리 가운데 홀로 가장 빛나 그럴지도 모른다. 서양 사람들이 강렬한 빛을 발하는 태양을 예찬하는 것과 달리, 동양에서는 구름 한 점 없이 하늘 한가운데 고고하게 떠 있는 보름달을 우리 마음의 맑은 본성으로 많은 선사(禪師)들이 은유했고, 조각달 역시 시인과 예술인들에게 많이 사랑받았다.

호옥이 사랑받는 또 다른 이유는 옥의 성질에 있다. 옥을 만져보면 차가운 느낌이 든다. 그러나 차가운 느낌 이면에는 부드러운 모양과 따뜻한 기운이 숨어 있음을 느낄 수 있다. 많은 사람들이 옥을 몸에 지니고자 하는 것도 그 따스한 기운을 발생시키는 성질 때문이다. 이렇게 차갑고 따뜻한 양쪽의 성질을 다 갖추고 있기 때문에 동양 사람들, 특히 관료들이 옥을 더 사랑했는지도 모른다. 겉으로는 차가운 이성으로 행정을 하고 안으로는 따뜻한 마음으로 백성을 사랑해야 한다는 뜻으로 말이다.

빛을 흡수하는 성품을 지닌 듯 자신의 겸양을 쌓아 가는 것, 차가운 이성과 따뜻한 감성으로 인류를 사랑하는 것, 이것 이상 가는 치료자의 덕목이 얼마나 더 있겠는가? 호옥을 생각하면 때때로 자괴에 빠지다가도 치료자로서 각성이 새로워질 것이다.

치료자가 어린이를 대할 때마다 교훈으로 삼을, 호옥에 관한 좋은 선시(禪詩)가 있다.

"호옥무하조문상덕 호옥무하탁마증휘(皓玉無瑕彫文喪德 皓玉無瑕琢

磨增輝)"

이는 호옥에 무늬를 새기면 호옥이 지니고 있는 덕(德)을 죽이는 것이고, 호옥을 갈고 닦으면 오히려 호옥이 지니고 있는 덕이 빛을 발한다는 뜻이다. 우리가 흔히 옥으로 만든 예술품을 찾을 때에는, 옥에 무늬를 새긴 작품은 별로 볼 수 없고, 대부분 갈고 닦아서 만든 작품들을 보게 된다. 이는 옥에 무늬를 새기면 옥의 예술적 가치가 떨어지기 때문이다. 이 글은 본래 우리의 청정한 본성을 잃지 말고 잘 갈고 닦으라는 가르침이지만, 치료자에게도 자신의 마음을 순화시킴과 동시에 어린이를 만나서 치료할 때에 그 윤리적 책무와 덕목을 깊이 명심하라는 좋은 가르침이기도 하다. 호옥에 무늬를 새기지 않는다는 것은 치료자가 자신의 의도대로 어린이를 만들려 하지 말라는 뜻이며, 호옥을 갈고 닦을 때 그 빛이 더해진다 함은 어린이의 성장 잠재력을 있는 그대로 믿고, 수용하고, 공감해준다는 뜻이기 때문이다.

나는 곡예사

수호는 피에로의 연극도 좋아하고 곡예사의 재주도 좋아한다. 자기에게도 그런 재주가 있었으면 하고 늘 부러워했다. 그러다가 우연히 놀잇감 상자에서 잘 튀어 오르는 스프링을 발견했다. 스프링을 발견한 수호는 그동안 부러워만 했던 일을 해볼 수 있어 몹시 기뻤다. 수호는 45도 각도로, 팔다리를 모으고 몸을 구부려 스프링을 깔고 앉았다. 그러고는 피에로와 곡예사가 재주를 부리듯 팔짝 튀어 스프링에서 튕겨 올랐다. 그런 다음 매우 흡족한 미소를 지었다. 올챙이에서 벗어난 개구리가 처음으로 멀리까지 도약하고 스스로 대견스럽게 여기는 것처럼……. 아마도 이 순간 수호는 실제로 자신의 성장을 축하했을 것이다. 자신의 성장에 스스로 즐거워하는 이 순간, 누가, 무엇이 더 필요하겠는가?

어린이 마음 치료 — 상처를 힘으로 바꾸는 놀이 치료 심리학

2008년 6월 27일 초판 1쇄 발행
2024년 4월 19일 초판 9쇄 발행

- 지은이 ─────── 정혜자
- 펴낸이 ─────── 한예원
- 편집 ───────── 이승희, 윤슬기, 양경아, 김지희, 유가람
- 본문 조판 ───── 성인기획
- 펴낸곳   교양인
      우 04015 서울 마포구 망원로6길 57 3층
      전화 : 02)2266-2776 팩스 : 02)2266-2771
      e-mail : gyoyangin@naver.com

ISBN 979-11-87064-50-3   03180

* 잘못 만들어진 책은 바꾸어드립니다.
* 값은 뒤표지에 있습니다.

이 도서의 국립중앙도서관 출판예정도서목록(CIP)은 서지정보유통지원시스템 홈페이지(http://seoji.nl.go.kr)와 국가자료종합목록시스템(http://www.nl.go. kr/kolisnet)에서 이용하실 수 있습니다.(CIP제어번호: CIP2020015259)